O Guia dos Curiosos

CB057683

Marcelo Duarte
Jairo Bouer

O Guia dos Curiosos

SEXO

2ª impressão

Coleção O Guia dos Curiosos © Marcelo Duarte
© Marcelo Duarte e Jairo Bouer

Diretor editorial Marcelo Duarte	**Projeto gráfico** Mariana Bernd	**Revisão** Telma Baeza Gonçalves Dias Alessandra Miranda de Sá Cristiane Goulart Carmen T. S. Costa
Diretora comercial Patty Pachas	**Diagramação** Ana Miadaira Kiki Millan	
Diretora de projetos especiais Tatiana Fulas	**Ilustração do título** Arthur Carvalho	**Impressão** Cromosete
Coordenadora editorial Vanessa Sayuri Sawada	**Ilustração de capa** Stefan	
Assistentes editoriais Juliana Paula de Souza Alice Vasques de Camargo	**Ilustradores** Jefferson Costa Moa Stefan	
Assistentes de arte Alex Yamaki Daniel Argento		

CIP – BRASIL. CATALOGAÇÃO NA FONTE
SINDICATO NACIONAL DOS EDITORES DE LIVROS, RJ

Duarte, Marcelo
O guia dos curiosos: sexo/ Marcelo Duarte e Jairo Bouer – 1.ed. – São Paulo: Panda Books, 2008. 380 pp.

ISBN: 978-85-88948-80-8

1. Sexo – Miscelânea. I. Bouer, Jairo. II Título. III. Série.

08-0929	CDD: 306.7 CDU: 392.6

2013
Todos os direitos reservados à Panda Books.
Um selo da Editora Original Ltda.
Rua Henrique Schaumann, 286, cj. 41
05413-010 – São Paulo – SP
Tel./Fax: (11) 3088-8444
edoriginal@pandabooks.com.br
www.pandabooks.com.br
twitter.com/pandabooks
Visite também nossa página no Facebook.

Nenhuma parte desta publicação poderá ser reproduzida por qualquer meio ou forma sem a prévia autorização da Editora Original Ltda. A violação dos direitos autorais é crime estabelecido na Lei nº 9.610/98 e punido pelo artigo 184 do Código Penal.

Dedicamos este livro a todas as pessoas que fazem ou que ainda vão fazer uma das melhores coisas desta vida: sexo!

Eu, Jairo, dedico este livro, em especial, a minha avó Regina Fichiman, minha principal incentivadora nas artes da comunicação e na elaboração deste trabalho.

SUMÁRIO

1. ..... Preliminares 9
2. ..... O corpo do homem 23
3. ..... O corpo da mulher 45
4. ..... História 79
5. ..... Masturbação 97
6. ..... Gente 107
7. ..... Beijos & prazer 139
8. ..... Anticoncepcionais 167
9. ..... Pepinos 193
10. ..... Todas as formas de amor 221
11. ..... Fetiches e outras fantasias 249
12. ..... Mundo animal 275
13. ..... Sexo no cinema 291
14. ..... Sexo no mundo 321
15. ..... Rapidinhas 369

Referências bibliográficas 374

Obras dos autores 378

As respostas dos testes propostos ao longo do livro encontram-se na página 377.

1

Por que escovar os dentes quatro vezes
ao dia e fazer sexo duas vezes por semana?
Por que não o contrário?

WOODY ALLEN
(1935-), diretor de cinema

Preliminares

Por que sexo?

A palavra nasceu do verbo latino *secare*, que quer dizer "cortar" ou "dividir", o que significa, portanto, a divisão da humanidade em homens e mulheres, segundo o critério anatômico.
Mas será mesmo que sexo é só isso?

Alguns números, para começar

Acontecem 114 milhões de relações sexuais todos os dias ao redor do planeta. Isso significa 4,75 milhões de transas por hora ou 79.166 por minuto.

✪ Considerando que dois é o número mais comum de pessoas numa relação sexual, temos 228 milhões de pessoas transando ao redor do mundo todos os dias, ou seja, 3,8% da população mundial.

✪ Imaginando que todos gozassem, teríamos 2.638 orgasmos por segundo.

✪ Levando em conta que metade desse contingente é de homens e que cada ejaculação média é de 3 mililitros, a produção seria de cerca de 4 litros de líquido seminal por segundo – em uma hora, portanto, 14.400 litros. Seriam necessários cinco dias, onze horas e quinze minutos para se encher uma piscina olímpica (1,89 milhão de litros) de líquido seminal.

✪ Desse total, 910 mil relações resultam em fecundação, mas apenas 390 mil bebês chegam a nascer. E mais: 356 mil delas resultam em algum tipo de infecção, causada por bactérias e vírus sexualmente transmissíveis.
Fonte: International Planned Parenthood Federation.

Os números do sexo

✪ Entre os brasileiros, aos 15 anos, metade dos meninos e um terço das meninas já tiveram a primeira relação sexual.

○ Apenas 32% dos jovens dão valor à virgindade feminina na hora do casamento. Em 1985, 95% dos homens manifestaram desejo de se casar com moças virgens.

○ Somente 15% dos jovens usam algum tipo de anticoncepcional na primeira relação sexual. Um em cada dez jovens pensa que a mulher não engravida na primeira vez.

○ A cada dois minutos, uma mulher é espancada pelo namorado ou pelo marido no Brasil, segundo dados da ONU.

○ Cerca de 80 mil pessoas já morreram de aids no Brasil (dados coletados até o ano 2000). Mais de 50% das contaminações por HIV no país se deram por vias sexuais, sendo 48% delas em relações heterossexuais.

○ O Ministério da Saúde anunciou que 80% dos homens entre 25 e 40 anos transam sem camisinha no Brasil.

○ De acordo com pesquisa da Fundação Getúlio Vargas, 60% dos clientes de *sex shops* são mulheres.

○ Uma pesquisa do Núcleo de Prevenção à aids da USP mostrou que 80% dos homens disseram que se masturbam. Apenas 10% das mulheres assumem a prática.

○ Segundo o Instituto Kinsey, 54% dos homens pensam em sexo todos os dias ou várias vezes ao dia, 43% várias vezes por mês ou por semana e 4% uma vez ao mês. O Instituto Kinsey também informa que 19% das mulheres pensam em sexo todos os dias ou várias vezes ao dia, 67% várias vezes ao mês ou várias vezes por semana, e 14% uma vez ao mês.

VOCÊ SABIA QUE...

... o prefeito de Bocaiúva do Sul, no Paraná, proibiu a venda de camisinhas e preservativos em novembro de 1997? Ele alegou que a população da cidade estava diminuindo, por isso as verbas federais que o município recebia também escassearam. A pressão foi tão grande que ele voltou atrás um dia depois.

Idade	Quantidade média de orgasmos por ano
20	104
30	121
40	84
50	52
60	35
70	22

VOCÊ SABIA QUE...

... todo ser humano nasce com um potencial médio de 5 mil orgasmos para toda a vida? Esse estudo foi feito pelo Instituto Internacional de Análise Bioenergética, de Nova York, nos Estados Unidos.

VAI SER BOM, NÃO FOI?

Quantos minutos cada povo gasta, em média, numa relação sexual? Existem inúmeras pesquisas, com dados bem conflitantes. Um levantamento realizado em 1995 pela revista italiana *Riza Psicosomatica* mostrou que os italianos são os melhores da Europa. Demoram oito minutos, em média, em cada relação. É mais que os franceses (seis minutos) e que os ingleses (três minutos). No início do ano 2000, porém, o Royal College of Physicians, da Inglaterra, publicou um estudo em que os números eram bem diferentes. Veja alguns dados:

Brasil	30 minutos
Estados Unidos	28 minutos
Inglaterra	21 minutos
Alemanha	17 minutos
Tailândia	10 minutos

PRONTO PARA OUTRA?

Quantas relações sexuais um jovem tem, em média, por ano:

Inglaterra	133
Estados Unidos	128
Alemanha	116
Canadá	113
Grécia	100
França	99
Tailândia	92
Taiwan	84
Itália	78
Polônia	75
México	69
Espanha	66
Cingapura	63

Fonte: Durex, fabricante inglês de preservativos.
O Brasil não aparece na pesquisa.

Juntando as duas pesquisas, chegamos a mais algumas conclusões: um jovem americano gasta sessenta horas fazendo sexo por ano. São quase quinze horas a mais que um inglês (46,5) e um pouco menos que o dobro de um alemão (32). Um tailandês gasta quinze horas por ano com sexo.

VOCÊ SABIA QUE...

... a média mundial de relações sexuais é de 96 vezes por ano (ou cerca de duas vezes por semana)? Os franceses têm o maior número de parceiros sexuais durante a vida (16,7). Os brasileiros somam, em média, 12,5.

A PRIMEIRA VEZ

A primeira transa é um momento importante e delicado na vida das pessoas. Há muita tensão, expectativa, ansiedade, medo de falhar. Mas ela deve ser encarada como o primeiro passo de um longo aprendizado. Todos precisam começar para depois aprender o que mais agrada os parceiros e a si mesmo.

A primeira vez não tem idade certa para acontecer. Não é porque todos os amigos já começaram a transar que você também precisa tomar a iniciativa. Ninguém melhor do que você mesmo para saber qual é o momento ideal.

O QUE É VIRGINDADE?

Quem ainda não teve sua primeira vez é chamado de virgem. A palavra, no contexto mais popular, se refere a homens e mulheres que nunca tiveram relações sexuais com penetração vaginal. Quem só pratica o sexo oral ou anal, tecnicamente, mantém a virgindade. Mas será que, na prática, é isso mesmo? Hoje em dia, muitos defendem a ideia de que os praticantes de sexo oral e anal já iniciaram sua vida sexual, o que significaria que não são mais virgens.

POR QUE SE DÁ TANTA IMPORTÂNCIA À VIRGINDADE DA MULHER?

Até a Idade Média, pouca importância se dava a isso. Mas a virgindade feminina começou a ser usada como objeto de troca nas alianças comerciais e econômicas entre os membros das classes ricas entre os séculos IV e XV. A presença do hímen intacto era fator de honra para o pai e de valorização para a mulher. A virgindade tornou-se importante quando os homens começaram a pagar dotes, exigindo que "sua mercadoria" estivesse em perfeito estado. Com o tempo, valorizar o hímen passou a ser sinônimo de *status*, e isso acabou se estendendo a todas as camadas sociais.

MINHA PRIMEIRA VEZ

Confira a idade com que gente famosa declarou ter tido sua primeira experiência sexual:

Adriane Galisteu	14 anos	Ginger Rogers	17 anos
Ana Paula (vôlei)	18 anos	Grace Kelly	18 anos
Antonio Banderas	15 anos	Iggy Pop	20 anos
Ava Gardner	19 anos	Hortência	21 anos
Ayrton Senna	12 anos	Jayne Mansfield	16 anos
Barbra Streisand	18 anos	Julia Roberts	16 anos
B. B. King	6 anos	Luiza Brunet	15 anos
Billie Holiday	12 anos	Luiza Tomé	17 anos
Boy George	16 anos	Madonna	15 anos
Brad Pitt	13 anos	Marcelo Novaes	15 anos
Brigitte Bardot	15 anos	Marisa Orth	17 anos
Britney Spears	14 anos	Marlon Brando	20 anos
Brooke Shields	18 anos	Martina Navratilova	16 anos
Bruce Willis	16 anos	Matilde Mastrangi	18 anos
Bruna Lombardi	16 anos	Melanie Griffith	14 anos
Carla Camuratti	15 anos	Patrícia Pillar	16 anos
Catherine Deneuve	17 anos	Paula Lavigne	13 anos
Cher	14 anos	Paulo Coelho	17 anos
Cláudia Ohana	15 anos	Regina Casé	17 anos
Cláudia Raia	14 anos	Renato Gaúcho	15 anos
David Bowie	14 anos	Rita Cadillac	15 anos
Denise Fraga	19 anos	Sabrina Sato	20 anos
Elba Ramalho	21 anos	Sharon Stone	18 anos
Fernanda Abreu	18 anos	Vera Fischer	14 anos
Fernanda Venturini	18 anos	Victor Fasano	14 anos
Fernando Vanucci	15 anos	Vivien Leigh	18 anos
Flávia Monteiro	17 anos	Xuxa	17 anos
Geena Davis	18 anos		

Fonte: Revistas *Playboy* e *Nova*

O CURIOSO RESPONDE
Qual é a melhor idade para começar a transar?
Não dá para dizer. Você deve transar quando tiver vontade e sentir que está preparado para se relacionar com outra pessoa. Se você ainda não está se sentindo pronto, qual é o problema de esperar mais um pouquinho? A primeira vez pode ser melhor quando existe alguma intimidade, afeto e confiança entre os parceiros.

É verdade que uma garota não fica grávida em sua primeira vez?
Mentira! Vamos repetir: mentira! Se a primeira transa acontecer quando os ovários da garota já estiverem maduros, ela pode estar em um ciclo fértil, e o risco de engravidar existe. Portanto, não se esqueça dos métodos anticoncepcionais quando for encarar sua primeira vez.

Sou um garoto de 16 anos, já fiquei com algumas garotas, mas ainda não transei "de verdade" com ninguém. Devo procurar um médico antes de iniciar minha vida sexual?
Em rigor, todo mundo deveria estar muito bem informado antes de começar a transar. Muitas garotas conseguem falar com seu ginecologista antes da primeira relação e ficam sabendo quais são os cuidados necessários. Já os garotos, muitas vezes, não têm esse tipo de informação. Não vão mais ao pediatra, não querem saber de conversar com a família e não confiam muito nos ensinamentos dos amigos. E aí fica a pergunta: como aprender? Basicamente, o melhor caminho seria consultar um médico. Pode ser o próprio pediatra, um clínico geral, um urologista ou um infectologista.

VOCÊ SABIA QUE...

... os donos dos antigos bordéis inventaram um jeito de fazer com que suas moças passassem por virgem várias vezes? Encharcavam de sangue um pedaço de esponja e o colocavam na vagina da mulher. Quando o pênis do cliente a penetrava, a esponja liberava o sangue.

Dizem que as garotas sentem dor na primeira transa com penetração. Isso também acontece com os garotos?
Nem sempre as garotas sentem dor na primeira transa. Se ela estiver tranquila e muito excitada, essa dor pode nem aparecer. Quando acontece, a dor está relacionada, principalmente, com a contração dos músculos vaginais (quando a mulher está tensa) e falha na lubrificação (quando a mulher não está muito excitada).
Não é comum que os garotos sintam dor durante as relações sexuais, mas isso pode até acontecer. Chama-se dispareunia, termo também utilizado para as mulheres que sentem dor nas relações sexuais.

TRÊS DICAS IMPORTANTES SOBRE LUBRIFICAÇÃO
1. Não economizar nas preliminares – As carícias antes da relação sexual ajudam a garota a relaxar. Quanto mais excitada ela estiver, mais lubrificada ficará sua vagina. As preliminares também ajudam a criar um clima de intimidade entre os parceiros.
2. Usar camisinhas lubrificadas – Elas ajudam a suavizar ainda mais a penetração do pênis.
3. Recorrer a um lubrificante – O produto, vendido em qualquer farmácia, garante uma dose extra de suavidade na hora da penetração. Compre um lubrificante à base de água, o único que não corrói o látex da camisinha.

Toda mulher sangra ao perder a virgindade?
Não. Esse negócio de dores insuportáveis e lençóis banhados de sangue ficam bem apenas em filmes. É tudo exagero! É lógico que algumas garotas sentem um pouco mais de dor ou têm um sangramento maior. Mas essa não é a regra. A primeira vez pode rolar numa boa, sem grandes traumas. O sangramento acontece por causa do rompimento do hímen, membrana que fica na entrada da vagina. Dependendo de sua forma e do local em que ela é rompida, pode acontecer um sangramento mais ou menos intenso. É importante saber que nem todas as garotas sangram na primeira vez.

Não sou mais virgem. Depois que isso aconteceu, nunca mais fui ao ginecologista. É que ele também é médico de minha mãe. Estou certa por ter medo de que o médico conte tudo a ela?
Do ponto de vista ético, você está garantida. O artigo 103 do Código de Ética Médica garante o sigilo profissional. Ele diz o seguinte: "É vedado ao médico

revelar segredo profissional referente a menor de idade, inclusive a seus pais ou responsáveis legais, desde que o menor tenha capacidade de avaliar seu problema e de conduzir-se por seus próprios meios para solucioná-lo, salvo quando a não revelação possa acarretar danos ao paciente". Mas, se você não se sente à vontade para continuar com o mesmo profissional que atende a sua mãe, não hesite em procurar alguém com quem você possa se abrir. Só não deixe de ir ao médico!

Ao transar, o homem pode descobrir se a mulher é virgem?
Não é muito fácil. O hímen, algumas vezes, não se rompe nas primeiras relações sexuais e, mesmo que se rompa, nem sempre acontece sangramento, que talvez seja o sinal mais evidente da tal "perda da virgindade". Dor, desconforto e falta de prática não são bons parâmetros para avaliar se a mulher ainda é virgem. Muitas mulheres com vida sexual ativa podem ter esses problemas. Que tal perguntar para ela?

Se eu andar a cavalo, posso perder a virgindade?
É muito pouco provável que as garotas percam a virgindade (rompimento do hímen) andando a cavalo. O mesmo vale para bicicletas.

Para colocar o pênis na vagina, o homem precisa de ajuda?
É normal que o homem ou a mulher use a mão para guiar o pênis e facilitar a penetração. Garotos virgens se preocupam se vão saber o que fazer. Por isso, nesse caso, a ajuda da parceira é importante.

Absorvente íntimo tira a virgindade?
Pode até tirar, sim. Por isso é importante que a mulher procure o ginecologista antes de optar por essa forma de absorvente. Alguns tipos de hímen não permitem a colocação de absorventes internos. É importante também que o absorvente seja adequado ao tamanho da vagina e da abertura do hímen.

ACREDITE, SE QUISER
Duas grandes personalidades da história morreram virgens: o cientista inglês Isaac Newton (1642-1727) e o filósofo alemão Emanuel Kant (1724-1804). O dramaturgo inglês George Bernard Shaw (1856-1950) perdeu a virgindade aos 29 anos, quando foi seduzido por uma viúva. Ficou tão chocado com a experiência que passou quinze anos sem a repetir.

PAPO-CABEÇA
Os homens vivem querendo sexo no primeiro encontro. Se isso rola, eles acabam se decepcionando, achando que a mulher é fácil. Por que os homens são assim?
Não é todo homem que pensa desse jeito. Historicamente, essa situação era muito pior do que hoje em dia. Mulher que transava no primeiro encontro era "fácil". Com elas, o homem achava que não valia a pena investir em uma relação. Os tempos estão mudando, e alguns preconceitos também. Se o homem pode transar da primeira vez que se encontra com uma mulher, por que as mulheres não podem fazer o mesmo? De uma maneira geral, para a mulher, o sexo ainda está muito mais vinculado à emoção e ao afeto do que para o homem. Mas até esse jeito de ver a sexualidade, para as mulheres, está mudando. Definitivamente, não é o fato de transar ou não da primeira vez que deve ditar a durabilidade de uma relação.
Uma pesquisa realizada nos Estados Unidos mostrou que 86% dos homens sentiram prazer em sua primeira relação sexual, contra 41% das mulheres.

QUANDO OS JOVENS COMEÇAM
Esta é a média de idade em que acontecem as primeiras relações sexuais em alguns países do mundo:

Estados Unidos	15,8 anos
Canadá	16,2 anos
Alemanha	16,2 anos
Brasil	16,5 anos
França	16,8 anos
Austrália	17 anos
Inglaterra	17 anos
África do Sul	17 anos
Itália	17,3 anos
Espanha	17,6 anos
Tailândia	17,9 anos
Rússia	18,2 anos
México	18,3 anos
Polônia	18,3 anos
Mundo	18,1 anos

Fonte: Durex Website/1998

Os primeiros

○ O primeiro *striptease* (como se conhece nos dias de hoje) aconteceu no Baile das Quatro Artes, na cidade de Paris, em fevereiro de 1893. A modelo que tirou a roupa diante de estudantes acabou multada em cem francos, o que gerou um grande protesto. No Brasil, as primeiras referências de *striptease* foram registradas em São Paulo no início do século XX. Uma europeia chamada Sar Phará dançava com os seios à mostra no Eden Theatre. Em outra temporada, no ano de 1912, ela aparecia envolta num manto e cantava uma canção. Depois se despia do manto e oferecia sua nudez total. Na mesma época, a egípcia Bela Abdel Kader fazia dança do ventre com os seios à mostra no Moulin Rouge, em Paris.

✪ O primeiro calendário com a figura de uma mulher nua foi lançado em 1913. Os famosos calendários Pirelli, que trazem as mais belas modelos do mundo, surgiram em 1963. A ideia foi da subsidiária inglesa da empresa de pneus italiana. Os primeiros nus no calendário da Pirelli apareceram em 1972.

✪ A primeira operação de mudança de sexo foi realizada pelo médico dinamarquês Karl Hamburger, em 1952. O soldado americano George Jorgensen (1926-1989) submeteu-se a três delicadas cirurgias no Serum Institute, de Copenhague, e passou a se chamar Christine Jorgensen. Há, porém, um outro médico austríaco que reivindicou essa primazia. Nos anos 1920, Eugen Steinach alegou ter mudado o sexo de um paciente com cirurgia e injeções de hormônio.

✪ O primeiro brasileiro a fazer a operação de mudança de sexo foi Airton G. A operação aconteceu no Marrocos, em 1968. Airton passou a se chamar Jacqueline. Antes de se operar, o desejo de ser mulher era tão grande que Airton aplicou 2.500 doses de hormônio feminino em seu corpo.

✪ O primeiro implante de silicone, para aumentar o tamanho dos seios, foi realizado em 1962.

✪ O primeiro casamento homossexual aconteceu entre dois homens no ano de 1969 em Roterdã, na Holanda.

✪ A primeira revista a mostrar pelos pubianos foi a *Penthouse*, em abril de 1970.

✪ O primeiro concurso de beleza para lésbicas foi realizado em junho de 1997 no London's Café, em Paris.

✪ A primeira clínica de controle de natalidade foi aberta em 1916 por Margaret Sanger (1879-1966) no bairro do Brooklyn, em Nova York. Margaret escandalizou a Igreja Católica e acabou sendo presa por distribuir preservativos, que também foram confiscados. Margaret foi solta logo depois, mas sua clínica só deveria distribuir preservativos para prevenir doenças, e não como contraceptivos.

Eles X Elas

Eles preferem futebol...

Uma pesquisa realizada em 17 países da Europa pelo Centro Europeu de Investigação de Assuntos Sociais em 2008 revelou que seis em cada dez europeus preferem ver um jogo de futebol a ter relações sexuais. Os suecos foram os mais fanáticos: 95% dos entrevistados responderam que nunca ou quase nunca trocariam uma partida de futebol por uma relação sexual. Os espanhóis aparecem em segundo lugar na lista: 72% admitiram que preferem jogos de futebol, mesmo se for pela televisão. A pesquisa revelou também dados sobre o comportamento dos torcedores na hora do gol de seu time. O mais curioso é que 88% responderam que já abraçaram ou beijaram um desconhecido durante um evento esportivo.

... e elas chocolate

Em novembro de 2007, a pedido de uma indústria de desodorante masculino, uma empresa argentina de pesquisa de mercado entrevistou 3.571 mulheres em 13 países e perguntou as coisas que elas achavam mais irresistíveis. Para as mulheres brasileiras, o sexo aparece em quinto lugar, atrás de chocolate, compras, flores e um bom jantar. Chocolate também é o número 1 da lista para holandesas, australianas, inglesas, americanas e francesas. Sexo aparece em primeiro lugar para as mulheres da Argentina e da Espanha. A maior rejeição ao sexo veio das Filipinas.

2

Se você está sem sorte, pouco importa
o comprimento do seu pênis.

Provérbio muito conhecido na Roma antiga

O corpo do homem

Um dia, o garoto acorda e percebe que está ficando diferente. Isso acontece, em geral, por volta dos 12 ou 13 anos (essas mudanças podem chegar um pouco mais cedo ou até mais tarde, sem problemas, de acordo com o tempo de cada um).

Uma das primeiras alterações é o aparecimento de pelos. Ali mesmo, perto do pênis. E não é só: em um processo que leva alguns meses, a voz fica mais grossa, a altura aumenta, os músculos crescem, pelos começam a aparecer também debaixo dos braços e no rosto. O cheiro muda, a pele muda, o cabelo muda...

Para completar, os testículos crescem, o pênis ganha volume, e o garoto consegue ejacular pela primeira vez. A ejaculação marca um amadurecimento do corpo do homem, que passa a estar pronto para a vida reprodutiva. Bem, só na teoria, pois de modo geral a cabeça não está preparada para isso.

Quem determina todas essas mudanças no corpo dos garotos (puberdade) é o aumento da quantidade do hormônio masculino testosterona, produzido pelos testículos.

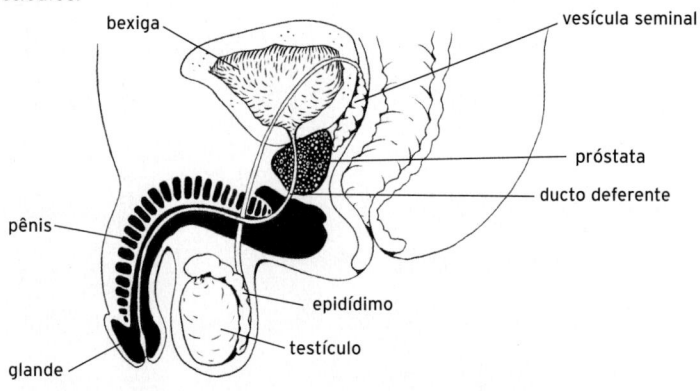

O TAMANHO DO PÊNIS

- Quando está mole, o tamanho médio de um pênis varia de 5 a 10 centímetros, com 2 centímetros de diâmetro. Durante a ereção, a média calculada do pênis do homem brasileiro está entre 12 e 13 centímetros. É do tamanho de uma caneta Bic sem tampinha. O diâmetro médio é de 3 centímetros (isto representa uma circunferência de cerca de 10 centímetros). O tamanho médio mundial do pênis ereto é de 13,7 centímetros.
- Segundo os especialistas, um pênis de 8 centímetros é suficiente para satisfazer uma mulher.
- Não há relação exata entre o tamanho do pênis fora da ereção e a medida que ele alcança quando o homem fica excitado. Isso significa que um sujeito com o pênis "pequeno e fino" acaba alcançando um tamanho grande na ereção. Depende muito da retração que os tecidos que formam o pênis apresentam em cada pessoa.
- Nada de ficar comparando o tamanho de seu pênis com o dos colegas no vestiário. Do ponto a partir do qual você vê o seu, ele parece mais curto. Seu ângulo de visão acaba favorecendo o colega ao lado. Não se compare também com atores de filmes pornô. Além de serem escolhidos justamente por terem pênis maiores, os *closes* da câmera os fazem parecer gigantescos.
- O tamanho do pênis varia em determinadas situações. Em dias mais frios ou quando o homem entra na água gelada, ele se retrai mais e acaba ficando menor. Com temperaturas mais altas, ele pode aumentar um pouco.
- O tamanho do pênis é determinado geneticamente, assim como a cor dos olhos, a cor da pele e a estatura. Ele cresce até por volta dos dezoito anos. Depende do crescimento geral do menino e costuma ser a última parte do corpo a atingir o comprimento final. Primeiro ele cresce, depois engrossa.
- O pênis em estado de ereção pesa cerca de 150 gramas, o dobro do peso médio de um pênis em repouso.
- Orientais têm pênis pequenos? Esquimós têm pênis gordos? Negros têm pênis enormes? Como a maioria esmagadora das pessoas nunca foi para a cama com parceiros de etnias tão diferentes, a lenda se espalhou e se tornou internacional. A verdade é que a própria variação dentro das raças é enorme, e nunca ninguém chegou a nenhuma conclusão.
- Reduzir a gordura corporal pode fazer o pênis parecer maior. Uma parte do pênis (sua base) fica mais aparente quando o homem emagrece um pouco.

ACREDITE, SE QUISER

No começo do século XX, o médico inglês Robert L. Dickinson assombrou-se e fotografou um pênis que media 33 centímetros ereto. Depois de trinta anos de pesquisa, o francês Louis Jacolliot encontrou em Mali, um país da África, um garoto com um pênis, em repouso, de 35 centímetros de comprimento e 7 centímetros de diâmetro. Ele acabaria sendo desbancado pelo legendário Long Dong Silver, com 47,5 centímetros em estado flácido, o maior pênis de que se tem notícia até hoje. Silver não conseguia ter ereções. Ele ganhava dinheiro fazendo shows nos quais dava um duplo nó no membro.

O maior pênis registrado no Brasil mediu 43 centímetros.

De acordo com o Instituto Kinsey, o menor pênis ereto já encontrado tinha 4,81 centímetros.

PERGUNTAS CURIOSAS

A maioria dos sexólogos vive dizendo que as mulheres não se preocupam tanto assim com o tamanho do pênis do parceiro. Mas, se elas pudessem escolher, qual o tamanho e a grossura do pênis que elas iriam preferir?

Não existe uma preferência geral. Há mulheres que preferem homens com o pênis maior e mais grosso e outras que preferem homens com pênis menores e finos.

É verdade que o tamanho do pênis tem relação com o tamanho do pé e do antebraço?

Não existe nenhuma relação entre o tamanho do pênis e do antebraço, pé, mão ou nariz. Aliás, todos os estudos científicos que tentaram achar relação entre o tamanho de alguma parte do corpo e do pênis falharam em seu objetivo.

COMO MEDIR:

1. Estender uma fita métrica do púbis até a ponta da glande.
2. Nas medições de pesquisa, os cientistas aplicam uma substância química, a prostaglandina, para provocar a ereção.

QUEM VÊ NARIZ...

Em 1343, a rainha Joana I de Nápoles casou-se com o príncipe húngaro Andrea, dono de um enorme nariz. Ela imaginava que o tamanho dos dotes do novo marido fosse proporcional ao nariz e se deu mal. "Ó nariz, como foi que você pôde me enganar tão maldosamente?", perguntou Joana, antes de mandar estrangular o marido.

Aqueles aparelhos com bomba de sucção, que prometem aumentar o tamanho do pênis, funcionam de verdade?
Não. É tudo propaganda enganosa. Quando usado, o vácuo produzido pelo aparelho cria uma pressão negativa que aumenta o fluxo sanguíneo no pênis. O pênis irá crescer até seu tamanho máximo normal em estado de ereção. Nem um centímetro a mais. O aparelho, portanto, pode ser útil para quem tem problema de ereção devido a deficiência de irrigação. Mas, mesmo assim, não funciona em todos os casos. Não entre também naquela história de colocar pesos e extensores na ponta do pênis. Os riscos são maiores que eventuais benefícios.

Um pênis muito grande pode machucar a mulher durante o ato sexual?
A vagina é um órgão sexual elástico e tem uma musculatura que se adapta a qualquer tamanho de pênis. Lembre-se: se pela vagina passa um bebê, por que a região não comportaria um pênis avantajado? Se a mulher estiver à vontade com o parceiro e bem lubrificada, ela – em geral – não irá sentir dor. Mas falta de prazer na mulher e falta de jeito do homem podem tornar a transa mais difícil.

É possível aumentar o tamanho do pênis com algum tipo de cirurgia?
O Conselho Federal de Medicina proíbe que os médicos realizem a operação por uma questão apenas estética. Ela só deve ser feita em caso de necessidade (homens que nascem com micropênis). A maior parte desses procedimentos traz riscos e não tem comprovação científica.

TESTE
A palavra "pênis" tem origem latina. Qual é seu significado?
a) Pirulito
b) Vara de pescar
c) Pincel

NOMES PARA O PÊNIS
Quem inventou o apelido de "Bráulio" para o pênis?
Em setembro de 1995, o Ministério da Saúde colocou no ar um comercial de conscientização sobre os perigos da aids. Um homem conversava com seu próprio pênis, que era chamado de "Bráulio". O Brasil inteiro começou a brincar com isso. Houve até mães de meninos chamados Bráulio que reclamaram das gozações de que seus filhos começaram a ser alvo. A campanha ficou praticamente em segundo plano. Por isso, ela foi tirada do ar em pouquíssimo tempo.

Por que os homens costumam dar nome a seu pênis?
Cada um tem sua mania, não? Tem homem que trata o pênis como se ele fosse um bicho de estimação.

Alguns exemplos
♠ Em suas peças, o dramaturgo William Shakespeare (1564-1616) chamava o dito-cujo de "flecha do amor".

♠ Na China, os manuais sexuais inventaram vários sinônimos para o pênis: Haste de Jade, Pássaro Vermelho e Pilar do Dragão Celestial.

♠ Em *O amante de lady Chatterley*, clássico do inglês D. H. Lawrence (1885-1930), o personagem Mellors batizou o seu de "John Thomas".

♠ O presidente americano John Kennedy (1917-1963) apelidou o seu de "JJ". Numa carta ao amigo Leon Billings, ele escreveu: "JJ nunca esteve em melhor forma e nunca praticou tantos exercícios".

♠ Yoko Ono chamava o de seu ex-marido, o beatle John Lennon (1940-1980), de *wonky* (fragilzinho).

♠ Charlie Chaplin (1889-1977) referia-se ao seu como "a oitava maravilha do mundo".

♠ O milionário grego Aristóteles Onassis (1906-1975) dizia que o seu era "o segredo do meu sucesso". Segundo seus biógrafos, o segredo de seu sucesso media 26 centímetros.

MAS SÃO SÓ OS HOMENS?
"Minha perereca se chama Priscila."

Luana Piovani, atriz

FALA AÍ!
Como se diz "pinto" em vários países

Alemanha	Schwanz	Indonésia	Kontol
Arábia	Ayir	Inglaterra	Cock
Armênia	Ander	Irã	Kir
Bulgária	Pischka	Islândia	Tittlingur
Catalunha	Titola	Israel	Zayin
China	Yinjing	Itália	Cazzo
Dinamarca	Tissemand	Japão	Chimpo
Espanha	Pene	Noruega	Pikk
Estônia	Munn	Polônia	Chuj
Finlândia	Kulli	República Tcheca	Chuj
França	Bite	Romênia	Pula
Grécia	Poutsos	Rússia	Khuy
Holanda	Plasser	Suécia	Kuk
Hungria	Fasz	Turquia	Ortabacak
Índia	Lavda	Ucrânia	Khuy

Por que os homens têm mania de ficar mexendo no pênis?
Na maior parte das vezes é para ajeitá-lo de forma mais confortável na roupa. A região genital é uma parte do corpo muito rica em terminações nervosas – e de vez em quando ela coça mesmo. Colocar a mão na região do pênis também pode ser uma tentativa de alívio para essas coceiras.

Tudo o que você sempre quis perguntar a um espermatozoide... mas ele passou tão depressa que nem teve tempo de responder

♠ A palavra "esperma" vem do grego *sperma*, que significa "semente". Começou a ser utilizada no final do século XIV.

♠ Os espermatozoides foram notados pela primeira vez pelo estudante holandês Ludwig Hamm. Em 1677, ele levou até seu mestre Anton van Leeuwenhoek uma garrafa que continha sêmen e apontou minúsculos bichinhos vivos que podiam ser vistos ali dentro. Os bichinhos foram batizados de "animálculos". Foi só no século XIX, graças a pesquisas de cientistas como Prevost e Dumas (1824), Peltier (1835) e Dujardin (1837), que se descobriu que eles eram responsáveis pela fertilização.

♠ Os garotos em geral ejaculam pela primeira vez entre os dez e os treze anos.

♠ Numa ejaculação, o homem produz em média 300 milhões de espermatozoides. Ou seja, há espermatozoides suficientes para povoar o mundo em apenas vinte ejaculações.

♠ Durante a ejaculação, o esperma viaja a uma velocidade de 40 quilômetros por hora e sai dos testículos a uma temperatura de 36 °C. Os batimentos cardíacos do homem podem chegar a 150 por minuto no orgasmo.

♠ Independentemente da demanda, os testículos produzem 50 mil espermatozoides por minuto, 3 milhões por hora, 72 milhões por dia, 504 milhões por semana, 2,1 bilhões por mês e 25,9 bilhões por ano. Quando não são eliminados pelo pênis, esses espermatozoides acabam se deteriorando, e seus componentes são reabsorvidos pelo organismo.

♠ O espermatozoide mede 0,005 mm (5 milésimos de milímetro).

♠ Uma glândula chamada vesícula seminal, que fica entre a bexiga e o pênis, fabrica 70% do esperma. Os outros 30% são produzidos pela próstata, outra glândula que fica nessa região do corpo. Na composição da cor, a próstata entra com um tom vítreo, meio embaçado; a vesícula seminal despeja um líquido mais fluido; e o amarelado vem dos testículos.

♠ Os espermatozoides correspondem a menos de 1% do volume final ejaculado. Os outros 99% são líquidos das vesículas seminais, próstata, epidídimo, ducto deferente e glândulas que estão no sistema reprodutor masculino. Existem cerca de 100 milhões de espermatozoides por mililitro de esperma.

♠ A ejaculação dura em média de cinco a dez segundos, período em que os músculos próximos ao pênis pulsam uma vez a cada 0,8 segundo, expulsando o esperma pela força das contrações.

♠ Na hora da ejaculação, o sêmen cobre uma distância de 15 a 20 centímetros, desde sua saída dos testículos até alcançar o meio externo. A maior distância de uma ejaculação já registrada foi de 58,7 centímetros.

♠ Um homem produz de 2 a 6 mililitros de esperma, o equivalente a uma colher de chá, em uma ejaculação. O volume médio é de 3 mililitros. Essa quantidade de sêmen contém 0,96 a 2,4 mg de zinco, um antioxidante que, alguns acreditam, evita o envelhecimento precoce do organismo.

♠ Outra curiosidade: 5 mililitros de esperma têm menos de duas calorias e 0,115 g de proteína (quantidade que representa apenas 0,01% da recomendação diária de proteína em uma dieta normal).

♠ O cheiro e o gosto do esperma mudam de acordo com o que se come. Comidas muito temperadas deixam o gosto amargo. O sêmen de fumantes e alcoólicos também pode ser mais amargo que o de vegetarianos, não fumantes e abstêmios.

VOCÊ SABIA QUE...
... ao longo da vida, um homem irá ejacular entre 34 e 56 litros de sêmen?

MORTE E VIDA DOS ESPERMATOZOIDES
Em contato com o ar, na palma da mão (depois de uma masturbação), na superfície da pele, engolidos ou depositados em qualquer parte do corpo que não seja uma vagina, os espermatozoides vão morrer em poucos minutos.
No interior do aparelho reprodutor feminino, cada espermatozoide terá algumas horas de vida para nadar dentro do útero e penetrar num óvulo, onde dará início a uma nova vida.

A PERGUNTA É...
Para onde vai o esperma ejaculado?
Se o homem estiver sem camisinha, parte do sêmen vai para o interior do útero e parte fica mesmo no fundo da vagina. Parte dele escorre para fora do corpo da mulher e parte pode ser reabsorvida pelo organismo da mulher.

Minha namorada diz que o esperma serve como máscara de beleza e lambuza toda a cara. É verdade isso?
Sua namorada poderia, com certeza, comprar máscaras de beleza muito melhores e mais seguras em qualquer farmácia ou loja de cosméticos.

Se a garota encostar o dedo em meu esperma e depois tocar na vagina, ela pode ficar grávida?
Se a garota estiver no período fértil, existe uma probabilidade mínima. É quase a mesma coisa que o garoto gozar perto da entrada da vagina. A quantidade de espermatozoides que chega ao colo do útero é bem menor do que se houver penetração seguida de ejaculação. Mas há um risco remoto.

O que faço para aumentar o volume de esperma ejaculado?
O esperma fica mais volumoso e grosso à medida que é acumulado. O excesso de água é absorvido se você deixar de eliminar o sêmen por algum tempo. Se ejacular com frequência, não há tempo para o acúmulo.

OS TESTÍCULOS

♠ Os testículos têm em média de 4 a 5 centímetros de extensão por 2,5 centímetros de largura, com um peso de pouco menos de 14 gramas. Eles podem ter até 400 metros de tubos seminíferos (uma rede de canais internos onde são produzidos os espermatozoides).

♠ Se você ficou muito tempo excitado, sem conseguir se aliviar por meio da ejaculação, pode aparecer uma dor muito forte em seus testículos. Os médicos chamam essa dor de "orquialgia" (*orchis* é testículo em grego). Ela é causada pelo acúmulo de sangue nos testículos.

♠ A bolsa que abriga os testículos – escroto ou saco escrotal – funciona como uma geladeirinha para conservar os espermatozoides. De modo geral, ela é de um a dois graus mais fria que o resto do corpo (que tem temperatura média de 36,5 graus centígrados). Sua pele, rica em terminações nervosas, é extremamente sensível ao toque.

♠ O escroto é translúcido. Isso significa que, num ambiente escuro, os conteúdos escrotais aparecem quando recebem um foco de luz.

♠ A palavra "escroto" vem do latim *scratum*, que é o nome do saco em que os arqueiros carregavam suas flechas.

2,5 CENTÍMETROS

Esse é o tamanho do canal ejaculatório, que une as vesículas seminais e o ducto deferente à próstata, transportando o líquido seminal.

TIRA-DÚVIDAS

O que é uma pessoa estéril?
Esterilidade é a impossibilidade total e irreversível de gerar filhos. Infertilidade é a diminuição da capacidade de ser fértil. Para essa situação, existem diversas possibilidades de tratamento. A inseminação artificial e o bebê de proveta são as mais conhecidas.

Tenho 16 anos e acho que há algo errado com o meu saco. Algumas vezes ele parece normal e fica como se estivesse cheio e perto do pênis. Em outras situações, no entanto, ele parece um saco de leite meio vazio e fica lá para baixo. Isso é normal?
Nada há de errado com você! O saco escrotal é uma bolsa que abriga os dois testículos e algumas outras estruturas sexuais do homem. Ele é retrátil, ou seja, pode se aproximar ou se afastar do corpo. Esse é um mecanismo de proteção para os espermatozoides, que precisam ser mantidos em uma temperatura ideal, nem muito fria, nem tão quente como a do corpo. Assim, quando o corpo está muito quente, o saco escrotal tende a ficar mais afastado, baixando a temperatura dos espermatozoides. É então que ele fica com essa aparência de saco de leite vazio que você descreveu. Quando o dia está frio, ele se aproxima mais do corpo, para aumentar a temperatura dos testículos. Nessa circunstância o saco escrotal fica mais arredondado e "cheio". Na verdade, ele está mais contraído. Esses mecanismos são controlados pelos músculos da região. Outra ocasião em que o saco escrotal fica mais arredondado é nos momentos próximos ao orgasmo, antes da ejaculação.

Um de meus testículos está sempre mais baixo que o outro. Por quê?
Está tudo em ordem. Normalmente, o lado esquerdo do testículo é mais baixo do que o direito. A explicação é a posição anatômica das veias que retiram o sangue dos testículos.

Ambos os testículos produzem espermatozoides para cada relação sexual ou enquanto um trabalha o outro descansa?
Sim. Os dois trabalham ao mesmo tempo. A produção de espermatozoides é contínua e diária. O que se produz vai ficando armazenado.

Estava jogando futebol e levei uma bolada muito forte nos testículos. Isso pode afetar a minha fertilidade?

Em geral, os testículos são bastante resistentes. Mas um trauma muito forte na região do saco escrotal pode causar problemas nos testículos e, assim, comprometer a fertilidade. É sempre bom, se a dor persistir, procurar um médico especializado (urologista).

POSIÇÃO, SENTIDO!!!
Ereção

♠ O pênis é formado por estruturas que parecem esponjas (corpos cavernosos e esponjosos). Quando o homem se excita, seu sistema nervoso libera substâncias que fazem a musculatura dos corpos cavernosos ficar relaxada. Desse modo, o sangue pode preencher os espaços dessa "esponja", fazendo o "colega" ficar de pé. O sangue que entra fica represado no pênis. Depois da ejaculação ou de uma perda de estímulo, há uma reversão dessa situação, a saída de sangue dos corpos cavernosos é liberada, e o pênis volta ao estado de flacidez.

♠ O italiano Leonardo da Vinci (1452-1519) foi o primeiro estudioso a relacionar a mecânica da ereção com a presença de sangue represado no pênis.

♠ Ereto, o pênis contém cerca de 80 mililitros de sangue, oito vezes mais do que quando está flácido.

♠ Na adolescência, algumas ereções ocorrem sem nenhum estímulo sexual. Quando o adolescente senta ou levanta muito rápido, ocorre uma mudança no fluxo de sangue da região, que pode provocar uma ereção. Pequenos estímulos, como andar de ônibus ou metrô, também podem desencadear ereção. Em geral, essa história muda com a idade.

Tenho 14 anos e me excito facilmente em qualquer lugar e a qualquer hora. Às vezes, isso me incomoda. O que devo fazer para acabar com tanta excitação?
É normal se excitar com facilidade na sua idade. Dos 12 aos 20 anos, seu organismo produz muita testosterona, para transformar você e seu corpo. Esse hormônio coloca fogo em seu desejo. Além disso, a própria falta de maturidade do sistema reprodutivo faz que o mecanismo de ereção seja desencadeado muito mais facilmente. Que tal desencanar um pouco?

PRIAPISMO

É uma ereção que se mantém por um tempo muito prolongado (de seis a oito horas), trazendo riscos para a saúde do pênis. Não tem relação com desejo sexual. É uma alteração no fluxo sanguíneo do pênis. Como o sangue fica "preso" dentro dos corpos cavernosos por muito tempo, não acontece uma oxigenação adequada e há riscos de lesão. Quem tem priapismo precisa consultar um médico imediatamente.

VOCÊ SABIA QUE...

... o nome priapismo vem de Príapo, deus da procriação e da fertilidade na mitologia grega? Ele sempre é representado com um pênis enorme.

Quais os outros motivos para o pênis ficar duro sem ser durante o sexo?
Pode acontecer durante o sono, na fase REM (movimento rápido dos olhos). Dormindo, o homem tem três ou quatro ereções por noite, cada uma com duração de cinco a vinte minutos. Quando está profundamente relaxado, há uma abertura de certas válvulas do corpo do pênis, permitindo a entrada de sangue rico em oxigênio. A ereção pode ocorrer também por estimulação direta (pessoa que fica mexendo no pênis) ou indireta (as vibrações do assento de um ônibus, por exemplo).

Às vezes, tenho a sensação de que meu pênis não está tão ereto como deveria na hora da relação. O que acontece?
A dificuldade de ereção pode ter diversas causas. Nos jovens, a mais comum é um problema emocional. Crise no namoro, insegurança em uma nova relação, uma fase de estresse ou de preocupação excessiva, ansiedade, pressa, tudo isso pode dificultar o desempenho na hora da transa.

VOCÊ SABE O QUE É...
... líquido pré-ejaculatório?
O homem não expele espermatozoides apenas na ejaculação. Antes disso, ele solta uma secreção, popularmente chamada de "babinha", que tem como função limpar o canal uretral, além de garantir uma certa lubrificação que pode facilitar a penetração. Ela contém líquidos das glândulas que estão em volta da uretra e pode até ter alguns espermatozoides. Se houver

espermatozoides, eles podem entrar em contato com a vagina e seguir seu caminho em direção ao óvulo. Por isso, o método de "gozar fora" não é totalmente seguro. O espermatozoide pode escapar do pênis antes mesmo da ejaculação.

... detumescência peniana?
É o nome que se dá para a fase que se segue à ejaculação, quando o pênis perde a ereção.

... azoospermia?
É a ausência de espermatozoides no líquido seminal.

... ponto de inevitabilidade?
É o momento que antecede um orgasmo, em que o homem percebe que não dá mais para segurar a ejaculação. O corpo todo está preparado para lançar os espermatozoides. Durante a ejaculação, o homem tem quatro ou cinco grandes contrações dos músculos da região do pênis, a intervalos de cerca de 0,8 (oito décimos) de segundo.

... polução noturna?
É o nome dado à ejaculação que acontece à noite, durante o sono, sem que o homem tenha possibilidade de a controlar. É absolutamente normal, pois indica o início da maturidade sexual. Comum na adolescência, pode eventualmente acontecer na fase adulta. Também é conhecida como "sonho molhado". Funciona como uma válvula de escape para o esperma e o prazer acumulados em determinado período.

> No século XI, o homem que tivesse uma polução noturna devia se levantar e entoar sete salmos como penitência. Para os chineses, a ejaculação noturna era causada por um demônio feminino chamado "Súcubo", que aparecia à noite e roubava o sêmen de suas vítimas.

COMEÇAR DE NOVO

O tempo necessário para alcançar uma nova ereção após um orgasmo varia muito de homem para homem. Alguns podem conseguir logo após o orgasmo, outros demoram algum tempo. A recuperação, em geral, é mais rápida nos mais novos. Outros fatores também interferem: condições de saúde, grau de excitação, intimidade com a parceira, cansaço e ânimo. Alguns fatores podem prejudicar o rendimento – cigarro, que causa lesões nos vasos que enchem o pênis de sangue, e falta de exercícios físicos.

Depois de um orgasmo, qual é o tempo que o homem leva, em média, para conseguir uma nova ereção?

Menos de 25 anos	10 a 15 minutos
Entre 25 e 40 anos	30 minutos
Entre 40 e 60 anos	2 a 6 horas
Acima de 60 anos	24 horas

A POLÊMICA PRÓSTATA

É uma glândula masculina do tamanho de uma noz, que pesa aproximadamente 20 gramas e tem papel importante na produção dos líquidos que compõem o esperma. A próstata é um foco importante de atenção para a saúde dos homens a partir dos 45-50 anos de idade.

Como é feito o exame de próstata?

Ela só pode ser "sentida" pelo médico por intermédio do exame de toque. O médico (utilizando uma luva e lubrificante) introduz um único dedo no ânus do paciente. Com esse dedo, ele toca o interior do ânus e pode perceber o tamanho e a consistência da glândula. Esse cuidado é fundamental porque a próstata pode ser foco de um dos tipos mais comuns de câncer no homem.

Por que os homens têm tanto medo desse exame?

O que acontece é que a sociedade alimenta um grande tabu com relação ao ânus. E esse tabu acaba, por exemplo, se refletindo na recusa dos homens a se submeter ao exame de toque para saber como estão sua próstata e ânus. Esse exame deveria ser feito, anualmente, pelos homens acima de 45 anos para checar a saúde da próstata.

EM QUE DIREÇÃO ELE APONTA
Com o passar do tempo, o ângulo de ereção pode ir mudando. A musculatura dos corpos cavernosos – aqueles cilindros no interior do pênis – perdem um pouco de elasticidade. Ou seja, o sangue encontra mais dificuldade para invadir o órgão sexual. Veja como ele fica:

Anos   Ângulo
20 . . . . . . 10 graus acima da linha horizontal
30 . . . . . . 20 graus acima da linha horizontal
40 . . . . . . levemente acima da linha horizontal
50 . . . . . . levemente abaixo da linha horizontal
70 . . . . . . 25 graus abaixo da linha horizontal

Quem tem problema de próstata fica impotente?
Na maioria das vezes, não. Se os problemas da próstata forem identificados precocemente, os tratamentos são mais simples e raramente levam a uma perda da potência sexual.

Depois de uma cirurgia de próstata, alguns homens apresentam "ejaculação retrógrada". O que é isso?
Em vez de o esperma ser expelido, ele vai para a bexiga. Depois sai do corpo junto com a urina. Isso não afeta o prazer. O problema, muitas vezes, é psicológico. Muitos homens precisam ver que estão expelindo o esperma para ter satisfação sexual.

VASECTOMIA
É uma cirurgia que "corta" o canal (ducto deferente) que leva os espermatozoides do testículo para o pênis. Esse método de esterilização masculina é feito, em geral, por homens casados, com família formada e sem expectativas de ter mais filhos. A vasectomia não interfere no desejo, na potência ou na ejaculação. Tudo continua como era antes, só que sem a possibilidade de gravidez.
A primeira vasectomia foi feita em 1823 num cachorro. Não existem registros precisos sobre as primeiras operações desse tipo realizadas em seres humanos. Quatro médicos, entre 1885 e 1896, reivindicaram a sua autoria.

Como é a cirurgia?
Com anestesia local, o médico faz um pequeno corte de cada lado da pele do saco escrotal. Por essa abertura chega até o canal deferente. Ele o amarra com um fio para fechá-lo e corta um pequeno trecho do canal para impedir a passagem dos espermatozoides. A operação é rápida e dispensa internação. No primeiro dia após a cirurgia o homem deve fazer um certo repouso e pôr um saco plástico com gelo durante algum tempo no local da operação. No dia seguinte já pode ir trabalhar normalmente. Manchas roxas, um inchaço discreto e algumas dores são normais. A vasectomia não torna o homem imediatamente estéril porque sempre existem espermatozoides armazenados. São necessárias ainda cinco ejaculações por masturbação ou com camisinha para garantir que não haja mais espermatozoides viáveis. Depois o homem passa por um exame chamado espermograma, por meio do qual o médico irá se certificar de que o sêmen já não contém espermatozoides.

Tenho 18 anos, estou namorando e quero evitar uma gravidez. Posso fazer uma vasectomia agora e reverter a situação quando casar?
Será que você não está querendo matar uma formiga com uma bomba atômica? Essa sua ideia não tem muito sentido. Existem métodos muito mais simples e práticos. Os preservativos usados corretamente são seguros e ainda evitam doenças sexualmente transmissíveis.

Fiz uma vasectomia há alguns anos, mas depois me separei e voltei a casar. Estou pensando em ter mais um filho. A operação é reversível?
Quanto mais antiga for a vasectomia, maior probabilidade haverá de ser irreversível. Portanto, se o homem ainda estiver em dúvida sobre ter filhos ou não, o melhor é pensar duas vezes antes de fazer essa cirurgia. Se a ideia for revertê-la, o homem deverá passar por uma nova operação para reconstruir o ducto deferente, que transporta os espermatozoides dos testículos para a uretra. Se tudo der certo, em uma semana, você estará recuperado. Com o tempo, a vasectomia pode fazer com que os testículos fechem a fábrica de espermatozoides ou induzam o organismo a produzir anticorpos para atacá--los. Nesse caso, além da cirurgia, você precisará contar com a recuperação de seu organismo.

PERGUNTAS CURIOSAS
Por que alguns homens têm peitos?
Da mesma forma que a mulher, os homens também têm tecido mamário (só que pouco desenvolvido, pela baixa estimulação hormonal) na região das mamas. No caso dos homens mais gordinhos, as mamas também são uma parte do corpo onde há depósito de gordura. Na adolescência, por causa das mudanças hormonais, alguns garotos acabam tendo um crescimento maior na região das mamas. Com o tempo esse processo, na maior parte dos casos, acaba se revertendo espontaneamente.

Por que os homens têm "pomo de adão"?
O pomo de adão é uma saliência do osso hioide, junto à laringe, um dos órgãos envolvidos no processo da fala. Esse crescimento é determinado por hormônios masculinos, principalmente a testosterona. Como esses hormônios, em geral, só são encontrados em grande quantidade no organismo dos homens, principalmente na fase da puberdade, só eles têm pomo. O tamanho vai depender do tipo físico da pessoa. Em homens com pescoço mais comprido, a saliência tende a aparecer mais que nos de estatura atarracada, de pescoço menor.

FIMOSE
Operação de fimose e circuncisão
A glande (cabeça do pênis) é recoberta por uma pele conhecida como prepúcio. O prepúcio tem um orifício na ponta que permite que a glande possa se exteriorizar. No entanto, alguns garotos têm esse orifício muito estreito, o que dificulta ou até impede a saída da glande. Isso é a fimose. Ela pode provocar dor, dificuldade de limpeza da glande e infecções de repetição nessa parte do pênis.
Circuncisão e operação de fimose (postectomia) são a mesma coisa: uma cirurgia que retira parte do prepúcio. Circuncisão é o nome dado ao procedimento adotado por razões culturais e religiosas, por exemplo entre judeus e árabes. Os garotos da religião judaica são submetidos à circuncisão oito

dias depois do nascimento. Não existe uma indicação médica nesses casos. Simbolicamente, eles estariam fazendo uma união com Deus. A postectomia é a cirurgia realizada por razões médicas, como no caso da fimose.

O que acontecerá se eu fizer a operação de fimose sem necessidade?
Este é um assunto controverso. Nos Estados Unidos, por exemplo, grande parte dos garotos faz rotineiramente a cirurgia. Pesquisas indicam que até 80% dos americanos não têm mais o prepúcio. Eles defendem que a cirurgia diminui o risco de infecções por DSTs (doenças sexualmente transmissíveis) e adapta melhor o homem à questão da sensibilidade no pênis. Na Europa, a situação é inversa, e a maior parte dos homens não faz a cirurgia. Uma boa ideia é conversar com o pediatra ou com um urologista. O médico vai precisar examiná-lo para saber se você tem fimose ou não e discutir as vantagens e desvantagens da operação. Ela é simples, rápida e feita com anestesia local. Em pouco tempo, você está preparado para voltar à ativa.

Nos últimos anos, especialistas têm recomendado a cirurgia para homens que vivem em regiões em que o índice de contaminação pelo HIV (causador da aids) é muito alto, como em países do Sul da África. A cirurgia parece reduzir a chance de contaminação pelo vírus.

Tenho 16 anos e operei de fimose há quatro. Depois da cirurgia, a "cabeça" do pênis ficou descoberta, ao contrário do que era antes. Eu corro o risco de perder a sensibilidade nessa área por causa da falta de proteção?
A exposição permanente da glande (em quem fez a cirurgia) diminui um pouco a sensibilidade local. Mas isso não dificulta, de modo algum, a vida sexual. Aliás, muita gente que tem prepúcio fica com a glande tão sensível que, aí sim, sente muita dor e desconforto para transar quando ela fica exposta. Pode ficar tranquilo que você não vai ter problemas de sensibilidade, não.

ESPINHAS
O que são as espinhas que às vezes aparecem no meu pênis?
Do mesmo modo que ocorrem em outras partes do corpo, elas podem aparecer, de vez em quando, na região do pênis. Você só precisa ficar aten-

to porque algumas lesões das doenças sexualmente transmissíveis (DSTs) podem se parecer com uma espinha. Se você já teve uma relação sexual sem proteção (camisinha), vale a pena consultar um dermatologista para saber exatamente o que são essas espinhas.

Sou um garoto de 14 anos. Não tenho espinhas na cara mas tenho muitas no bumbum. Posso passar alguma pomada?
O bumbum é mesmo uma área bastante comum de aparecimento de espinhas. Está sempre coberto, toma pouco sol e fica mais úmido que as outras partes do corpo. O tratamento varia de uma pessoa para outra. Em casos menos intensos, muitas vezes, pomadas e cuidados com a pele (lavagem com sabonetes especiais) dão conta do recado. E é sempre uma ótima ideia dar uma checada com um médico especialista em pele (dermatologista) para saber qual o melhor tipo de remédio para cada caso. Há situações em que até remédios mais potentes podem ser recomendados. Só não vale ficar espremendo e apertando espinhas. Mesmo no bumbum, essa manobra pode produzir cicatrizes.

TIRA-DÚVIDAS
O que é um "troca-troca"?
Troca-troca é o nome popular de uma prática sexual que pode acontecer entre meninos na puberdade. São brincadeiras sexuais envolvendo dois garotos, que podem variar de carícias a uma relação sexual em que haja penetração. De modo geral, os especialistas não as encaram com maior preocupação – elas são uma fase do desenvolvimento sexual dos meninos que não costuma ter maior repercussão na sexualidade futura.

Um ditado diz que "os homens não conseguem pensar com as duas 'cabeças' ao mesmo tempo". No ato sexual, uma quantidade de sangue muito grande vai para o pênis. Isso afeta o raciocínio?
A explicação não é física. Não há fluxo de sangue tão grande assim no pênis em ereção que justifique essa história. Na verdade, o ditado quer dizer que o homem, dominado pelo seu tesão, não consegue pensar, nem raciocinar. É uma variação para outro ditado que diz que o "desejo tem pernas próprias".

Sêmen
Embora o sêmen seja considerado cientificamente neutro, já que tem um pH de 7,2 a 8,0, e em grande parte é composto de frutose, muitas pessoas queixam-se de que o sabor do sêmen é amargo e salgado. Isto se deve em grande parte ao que o homem come. O esperma é afetado pelo que se come, igual a todas as secreções do corpo. O esperma de homem tem melhor gosto quando eles consomem frutas, que têm um alto conteúdo de açúcares naturais. As melhores frutas são abacaxi, mamão papaia, melão, maçã e uva, que compensam o sabor amargo.

3

O corpo da mulher

Mulher é um bicho esquisito – todo mês sangra.

RITA LEE
(1947-), cantora

O corpo da mulher começa a mudar quando ela ainda é menina, por volta dos dez anos. Uma das primeiras alterações é o aparecimento de um broto mamário (pequeno botão abaixo dos mamilos). A partir daí as meninas começam a ganhar estatura, e as formas do corpo ficam mais arredondadas. Pelos começam a aparecer na região genital e nas axilas. As mamas também ganham volume. As mudanças nas meninas acontecem, em média, um a dois anos antes das mudanças nos garotos.

Um aumento na quantidade do hormônio feminino, o estrógeno, que é produzido pelos ovários, determina o começo dessas alterações. As mudanças hormonais vão levar ao amadurecimento dos óvulos e à preparação do útero para recebê-los. A primeira menstruação mostra que a menina está madura, pelo menos do ponto de vista físico, para gerar uma vida.

O processo de mudanças no corpo e na cabeça das meninas nessa fase é conhecido como puberdade.

Vamos conhecer o corpo da mulher?

VULVA

A palavra vem do latim *vulva*, que significa envoltório ou cobertura. É o nome que se dá à genitália externa feminina. A vulva compreende a vagina, o clitóris, os grandes e os pequenos lábios. A vagina é limitada por um par de dobras de pele que são chamadas de pequenos lábios. Laterais aos pequenos lábios estão duas camadas proeminentes e arredondadas de pele chamadas de grandes lábios. A junção superior dos grandes lábios é o monte de vênus.

VOCÊ SABIA QUE...

... as glândulas de Bartholin, localizadas de ambos os lados da entrada vaginal, produzem parte da secreção que serve como lubrificante durante a excitação sexual?

VAGINA
É um canal elástico formado por músculos. Ela estica mesmo: durante o parto normal, o bebê passa pela vagina da mãe. Depois, ela volta ao tamanho normal. A média de profundidade do canal vaginal da mulher brasileira é de 12 a 14 centímetros.
A palavra "vagina" vem do latim e significa "bainha da espada". Pode ser também algo usado como cobertura.

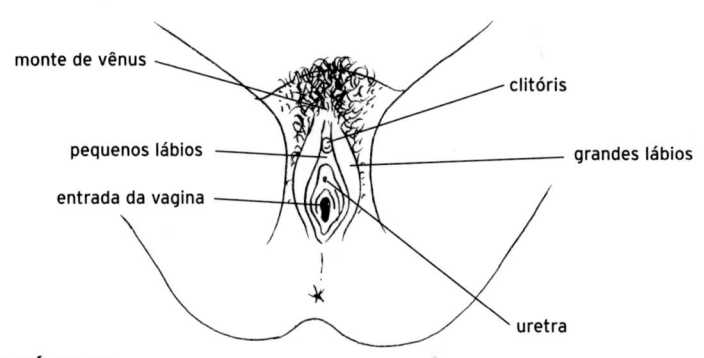

- monte de vênus
- pequenos lábios
- entrada da vagina
- clitóris
- grandes lábios
- uretra

TIRA-DÚVIDAS
Sempre que transo com meu namorado, sinto uma coceira fortíssima na vagina. Por que isso acontece?
Você precisa visitar seu ginecologista para saber exatamente o que está acontecendo. Algumas meninas têm alergia ao látex (material de que é feita a camisinha). Outras ainda têm alergia ao nonoxynol – um espermicida (substância destinada a matar espermatozoides) presente em alguns tipos de camisinha. Ou você pode ainda estar com algum corrimento ou infecção que deixa a mucosa (revestimento interno) da vagina mais sensível à penetração.

Por que algumas mulheres têm um cheiro muito forte na vagina?
O cheiro da vagina das mulheres, em geral, não é forte. Cheiros desagradáveis e fortes podem sinalizar um corrimento anormal ou uma infecção. Num caso como esse, é recomendável procurar aconselhamento médico para saber exatamente o que está acontecendo.

Tenho 18 anos e só tive relações sexuais com dois garotos. Na hora da penetração, sinto muita dor. Só consigo ter orgasmos com sexo oral. O que fazer?
É bom lembrar que você tem uma vida sexual bastante nova, sem muita experiência. E sexo, como tantas outras coisas que a gente faz na vida, vai ficando mais gostoso com o passar do tempo. A dor pode acontecer na hora da penetração basicamente por dois motivos: ou sua vagina não está relaxada ou a lubrificação não está adequada. Essas duas dificuldades estão relacionadas com tensão, estresse, medo, ansiedade e outras sensações do gênero. É por isso que o sexo oral acaba sendo mais prazeroso. Dê um pouco mais de tempo para você e procure ter mais intimidade com o corpo do garoto com quem você está transando.

Gosto de jogar jatos de água dentro da vagina. Isso pode causar algum mal?
Não estamos falando aqui da higiene pessoal, indispensável todos os dias. Você pergunta sobre a lavagem com ducha ou chuveirinho, certo? Os médicos não gostam de recomendar as duchas vaginais. A pressão da água remove parte das bactérias que habitam a mucosa (revestimento) vaginal, responsáveis pela proteção do órgão. A utilização exagerada de ducha pode acabar reduzindo a defesa natural da vagina, deixando você mais vulnerável às infecções vaginais e às doenças sexualmente transmissíveis.

Às vezes, durante a transa, minha vagina faz um barulho estranho. O que é isso?
Dependendo da posição em que o casal estiver, pode acontecer de entrar ar dentro da vagina. Esse ar provoca barulhos meio estranhos e até gozados. Nada de errado nessa história. É só não se preocupar com isso.

Eu e minha namorada não conseguimos fazer sexo com penetração. Ela sente dores (inclusive com uso de lubrificante) e já enfrentamos três

desistências. Tentamos também massagens e banhos relaxantes, mas não resolveram. O ginecologista disse que está tudo normal. Devo insistir?
Dor durante a relação sexual é uma queixa relativamente comum entre as garotas que estão começando a vida sexual. O primeiro passo é mesmo consultar um ginecologista para saber se não há nada de errado. Infecções e feridas no colo do útero podem levar à dor no momento da transa. O mais comum, no entanto, é que as dores estejam ligadas a fatores emocionais. Tensão, ansiedade, medo, culpa são sentimentos que mexem com a cabeça e o corpo. A lubrificação da vagina pode ser insuficiente, os músculos da região também podem ficar mais contraídos, aumentando a dor. O uso de lubrificante melhora um pouco a situação, mas pode não resolver o problema. O que vocês devem pensar é o seguinte: será que a sua namorada está se sentindo pronta para transar? Será que você está pronto para esperar a hora certa? Não fazer cobranças e ter um pouco de paciência vai ajudar bastante. Se as coisas continuarem difíceis, procurem um terapeuta.

MOLHADINHA, EU?
Uma das principais respostas da mulher à excitação sexual é a lubrificação da vagina. Certas glândulas produzem líquidos que deixam a vagina molhada e facilitam a penetração. Quando a mulher fica muito excitada, a lubrificação pode ser bastante intensa, podendo até umedecer a calcinha. Daí se dizer que uma mulher excitada está "molhadinha".

O que é o vaginismo?
É uma contração intensa dos músculos da vagina, que acaba impedindo ou dificultando a penetração.

A mulher também ejacula?
A ejaculação feminina não é consenso entre os médicos. Algumas pesquisas indicam que até 5% das mulheres já ejacularam alguma vez durante o sexo. Essa ejaculação sai como pequenos jatos que jorram pela uretra – não pela vagina! – na hora do orgasmo. Estudos indicam que esse líquido não é urina. Seria produzido por glândulas que ficam em torno da uretra.

VOCÊ SABIA QUE...
... Hímen era o nome do deus grego
que realizava as cerimônias de casamento?

HÍMEN

O hímen é uma membrana que fica na entrada da vagina e, em geral, se rompe na primeira transa. Depois que ele se rompe, não volta a colar ou crescer. Nem que a mulher passe anos sem transar. A única exceção são as mulheres que têm um tipo de hímen chamado complacente (apenas 10% delas). Esse hímen não se rompe facilmente. Ele tem uma forma que permite que o pênis entre e saia da vagina sem maiores dificuldades. Mas isso acontece com uma minoria de garotas.

Segundo as enciclopédias médicas, existem vários tipos de hímen, classificados de acordo com o formato, o número de orifícios e a elasticidade. Veja alguns deles:

Hímen anular
É o mais comum, tem apenas um orifício no centro.

Hímen complacente
Mais grosso e elástico, pode não se romper na penetração.

Hímen cribiforme
Pouco comum, composto por uma série de pequenos orifícios.

Hímen imperfurado
Raro. A garota necessita de uma pequena cirurgia para permitir a passagem do fluxo menstrual.

CHEIRO DE PEQUI

As tribos indígenas do Alto Xingu têm uma lenda bastante curiosa sobre o cheiro da xoxota (vagina). Kuat, o Sol, e seu irmão Iaí, a Lua, colheram uma fruta chamada pequi e a acharam sem gosto. Tiveram então uma ideia: chamaram duas mulheres da tribo, Kaiauiru e Kunatin, e disseram: "Vocês têm cheiro gostoso na *tamã* (vulva). Passem o pequi lá". Elas obedeceram. Levaram a fruta para casa, passaram o caroço do pequi no local recomendado e voltaram até onde estavam os dois. Kuat abriu o pequi e o cheirou. "Agora está bom", elogiou.

PERGUNTINHAS
É possível tirar o hímen para não sentir dor na primeira transa?
O hímen é tão fininho que não vale a pena se preocupar com isso. Se a garota estiver excitada e bem à vontade na hora H – e se o garoto tiver calma –, ela sentirá pouca dor durante a penetração. A retirada do hímen para evitar a dor não é um procedimento usual. A dor tem mais relação com a falta de dilatação e de lubrificação da vagina do que o próprio hímen.

O que é defloração?
É o termo popular que se dá ao rompimento do hímen. O termo surgiu porque se dizia que, ao se romper o hímen, a mulher perdia a "flor da virgindade".

NA BOCA DO POVO
No Brasil, o hímen é chamado popularmente de "cabaço". O termo pode ser usado ainda para se referir a homens e mulheres virgens.

Como as garotas podem ter certeza de que o hímen se rompeu?
O hímen costuma se romper na primeira transa. A melhor maneira de saber, com certeza, é procurar um ginecologista.

É possível reconstituir o hímen por meio de uma operação plástica?
A cirurgia existe e, no início de 2001, tornou-se uma espécie de moda nos Estados Unidos. Muitas brasileiras têm adotado a ideia. A operação leva de trinta minutos a uma hora. Mas, afinal, qual é o sentido de se recompor essa membrana?

Ouvi dizer que, depois dos trinta anos, é mais difícil o hímen se romper e que também é mais dolorida a primeira vez. Confere?
O hímen não fica mais resistente com a idade. Nem todas as garotas têm dor e sangramento na primeira vez. Na maioria das vezes, isso acontece porque a moça não estava suficientemente excitada e relaxada.

ACREDITE, SE QUISER
Em algumas sociedades da África e da Índia, há um ritual bastante estranho para o rompimento do hímen de uma garota virgem. Ela precisa se agachar em cima de um pênis artificial, que representa Shiva, o deus do sexo. Em alguns grupos hindus, indonésios e indígenas, as garotas passam pela "defloração com o dedo" quando completam um ano de idade.

PELOS PUBIANOS

✿ A palavra "pelo" vem do grego *pilo* (em latim, *pilu*). Os antigos chineses tinham uma crença curiosa. O aspecto dos pelos pubianos revelava a personalidade da mulher. Pelos negros e abundantes mostravam uma mulher guerreira; pelos espessos e cerrados, uma mulher apaixonada; pelos dourados, uma mulher bondosa.

✿ O monte pubiano é conhecido como "monte de vênus". O nome vem de Vênus, a deusa do amor. Trata-se de uma camada mais espessa de gordura que cobre o ponto de junção dos grandes lábios. Serve como uma espécie de almofada durante o ato sexual.

✿ Raspar os pelos pubianos pode trazer alguns probleminhas. Quando os pelos voltam a crescer, eles provocam coceira. Dependendo do método usado na depilação, a mulher pode ficar com feridas e irritação na pele. Alguns pelos podem encravar, provocando desconforto. Confira com uma especialista qual a melhor técnica a ser utilizada.

✿ Depilar os pelos da região anal é um processo que pode ser mais doloroso. Raspar esses pelos aumenta a probabilidade de que, ao crescer, eles também acabem encravando, provocando dor e pequenas irritações.

CLITÓRIS

O clitóris é um pequeno órgão que fica na junção dos pequenos lábios, na parte de cima da vulva, próximo à entrada da vagina. É o único órgão do corpo humano que tem como função exclusiva proporcionar prazer sexual. Ele é um dos pontos que têm maior relação com o orgasmo. Muitos homens desconhecem a localização do clitóris e não cuidam bem dele no momento da transa. Vale a pena lembrar: o clitóris funciona como um gatilho do prazer para a mulher.

Existe também a palavra "clítoris"?
Sim. No *Dicionário Aurélio 2000*, ao contrário de sua versão anterior, a palavra "clítoris" voltou a ser uma pronúncia também aceitável e já não pode ser considerada erro. O dicionário inclui ainda outro sinônimo para clitóris e clítoris: a clitóride.

> **TESTE**
> O nome "clitóris" vem de uma palavra grega, que significa:
> a) Cadeado
> b) Chave
> c) Caramujo

CURIOSIDADES

✿ Em 1593, um inquisidor médico relatou a existência do clitóris pela primeira vez. Ao observar uma mulher acusada de bruxaria, ele descreveu o órgão como "o bico do seio do diabo".

✿ No início da gestação, meninos e meninas são anatomicamente iguais. A partir da quinta semana, os sexos começam a se diferenciar. Na mesma área onde se desenvolve, nos meninos, a glande do pênis, surge, nas meninas, o clitóris. Isso significa que boa parte dos nervos sensoriais que se dirigem para a glande, nos homens, nas mulheres vão para o clitóris.

✿ Nenhum outro ponto do organismo tem uma concentração tão grande de nervos. São quase 8 mil fibras nervosas, razão de sua extrema sensibilidade. O único ponto do corpo humano que chega perto da quantidade de nervos do clitóris, embora eles sejam de outra natureza, é a fóvea, na retina dos olhos. A fóvea é uma parte extremamente sensível da retina, responsável pela definição de detalhes num campo visual. A glande do pênis tem uma área maior, na qual as terminações nervosas se espalham.

✿ Quando estimulado, o clitóris se enche de um fluxo extra de sangue e aumenta de tamanho. Ele pode crescer até três vezes. Ao se aproximar o orgasmo, ele, que estava intumescido, costuma se contrair. Depois do orgasmo, o clitóris volta ao seu tamanho normal em cerca de dez minutos.

No *Dicionário do sexo*, de Robert M. Goldenson e Kenneth N. Ardenson (Editora Ática, 1986), existem 41 palavras para se referir à vagina, contra 26 sinônimos de pênis. Conheça algumas delas:

PÊNIS	VAGINA
Berbigão	Carlotinha
Camarão	Castanha
Contrapino	Pito
Sambico	Segredo
Tamatiá	Crica
Dedo-sem-unhas	Dente-de-alho
Pinguelo	Grelo

VOCÊ SABIA QUE...
... independentemente da raça da mulher, o clitóris é sempre cor-de-rosa?

SEIOS

Os seios são uma parte muito importante do corpo feminino. Eles começam a se desenvolver na puberdade, com o aparecimento dos brotos mamários, e atingem seu tamanho e forma mais definidos no final da adolescência. Os seios são formados por glândulas mamárias e tecido gorduroso. Eles são fundamentais para a autoimagem da mulher, além de terem papel essencial na alimentação dos bebês.

Aréola...
... é o nome do círculo escuro que fica ao redor do mamilo da mulher.

QUAL É A SUA DÚVIDA?
Acabei de completar 12 anos e gostaria de saber por que meus seios não se desenvolveram. Há dois anos, tenho só um caroço de cada lado. Até quando eles ficarão assim?
Cada menina tem um ritmo próprio de desenvolvimento. O aparecimento dos caroços – ou brotos mamários – é um dos primeiros sinais do início da puberdade, fase em que se dão transformações em seu corpo. Depois, a altura começa a aumentar mais rapidamente, o corpo fica com formas mais femininas, pelos aparecem na região genital, a pele fica mais oleosa e com espinhas e, finalmente, vem a primeira menstruação. É nessa fase que acontece o desenvolvimento das mamas.

Na minha família, minha mãe e irmãs têm os seios grandes. Apenas os meus são pequenos, pouco desenvolvidos. Por quê?
O tamanho das mamas varia muito de uma mulher para outra. O seios são formados por glândulas mamárias (conjunto de células que vão produzir o leite) e tecido gorduroso. O tamanho também é determinado pela quantidade de gordura e pelas glândulas. Não existem remédios, cremes, massagens ou exercícios físicos para aumentar seu tamanho. A única forma para aumentar ou diminuir os seios é uma cirurgia plástica. Mamas pequenas não significam, em geral, problemas de saúde ou empecilho para a amamentação.

Mulher que tem o peito maior sente mais prazer quando é acariciada?
Não. O tamanho do peito não tem nenhuma relação com o prazer que a mulher sente quando é acariciada.

Estou com um grande complexo. Meus seios são enormes. Sinto até que estão pesados para mim. Cirurgia plástica é a única solução?
Muitas vezes, na adolescência, as garotas encanam com uma parte do corpo e acabam superdimensionando o problema. Por isso, o melhor é conversar primeiro com um médico. Se a conclusão for que suas mamas estão mesmo grandes, a cirurgia plástica é o recurso mais eficaz. Seios grandes demais podem causar problemas na coluna, alterações na postura e dificuldades emocionais. Antes de programar a cirurgia, você deve se informar sobre a técnica e os resultados possíveis. Em geral, esse tipo de intervenção deve ser evitado antes do final da adolescência.

É verdade que, durante o orgasmo, os seios da mulher aumentam de tamanho em 25%?
Não. O que acontece é que, no momento do orgasmo, os mamilos podem ficar mais salientes, e as contrações musculares acabam dando a impressão de que os seios aumentaram de tamanho.

Por que os bicos dos seios das mulheres ficam duros quando elas estão excitadas? O homem também sente prazer nos mamilos?
É uma resposta sensorial. A excitação e a manipulação dos mamilos faz que uma mensagem nervosa seja enviada ao sistema nervoso que, como resposta, leva os mamilos a sofrer contração e ficar mais duros. O homem também sente prazer nos mamilos.

Uma mulher pode ter um seio maior do que o outro?
Sim. Os seios crescem até os 17, 18 anos, muitas vezes num ritmo diferente um do outro. É comum, portanto, que alguns tenham tamanho e forma diferentes.

Devo dormir de sutiã para evitar que meus seios fiquem caídos?
Não adianta. O sutiã tem esta função apenas durante o dia, quando você está de pé ou sentada. Ele segura o peso dos seios e ajuda os ligamentos dos músculos que os sustentam.

Os seios podem doer depois de uma transa?
Os seios são uma parte do corpo da mulher bastante sensível e, durante as transas, devem ser tratados também com carinho. No começo da vida sexual, a falta de experiência e o excesso de animação podem fazer que eles sejam muito pressionados, o que provoca algum tipo de dor. Quem deve ditar o limite do que pode ser feito e a intensidade das carícias é a própria garota.

O que é o "mammalingus"?
É o termo latino que se refere à estimulação sexual da parceira pela sucção de seus seios.

IMPLANTE DE SILICONE

Nos últimos anos, a colocação de próteses de silicone para aumentar o tamanho dos seios virou uma espécie de febre nacional. Chegou até a faltar próteses nos consultórios médicos. As brasileiras fizeram 20 mil implantes no ano de 2000. A colocação de próteses de silicone exige cuidados especiais e deve ser feita apenas por médicos especialistas (plásticos) capacitados. Eles poderão dizer a "hora certa" de fazer a cirurgia. Uma dica para escolher o médico é checar o resultado em outras mulheres. Enquanto muitos médicos no mundo todo discutem se a colocação das próteses pode trazer problemas para a mulher, por aqui as cirurgias continuam em alta.

MULHERES DE PEITO

Veja a quantidade de silicone, em mililitros, que algumas brasileiras famosas declararam ter colocado nos seios:

Nome	mL	Nome	mL
Cristina Mortágua	365	Ludmila Dayer	200
Virna	350	Sheila Mello	200
Syang	300	Caroline Bittencourt	200
Luma de Oliveira	270	Rita Cadillac	200
Penélope Nova	260	Natália Rodrigues	195
Viviane Victorette	255	Gretchen	190
Carina Beduschi	250	Luiza Brunet	190
Dany Bananinha	250	Suzana Alves	190
Danielle Winits	235	Andréia Sorvetão	180
Débora Secco	235	Hortência	180
Vera Fischer	225	Patrícia Silveira	175
Carla Perez	220	Claudia Leite	175
Joana Prado (Feiticeira)	220	Scheilla Carvalho	170
Daniela Freitas	215	Leila	150
Elza Soares	215	Xuxa	150
Alessandra Scatena	210	Nana Gouvêa	115
Kelly Key	200	Ângela Vieira	100

Fontes: *IstoÉ Gente/Época/Veja/Playboy/Exame Vip*

- Em 2006, a capixaba Sheyla de Almeida Hershey entrou para o *Guinness Book Brasil* como a mulher com a maior prótese de silicone: 1,8 litro em cada seio. Em outubro de 2008, Sheila colocou mais 5,5 litros em cada seio. Com isso, ela se tornou a dona dos maiores seios siliconados do mundo.
- Aqui no Brasil, a vice-campeã é Sabrina Boing Boing, com 1,5 litro.

SEIOS NA ERA DA INTERNET

Emoticons são símbolos criados pelos internautas para se comunicar de forma mais rápida e divertida. Os seios foram homenageados com esta série:

(o)(o)	Seios perfeitos
(+)(+)	Seios falsos de silicone
(*)(*)	Seios empinadinhos
\o/\o/	Caidinhos
(@)(@)	Mamilos grandes
(oYo)	Não tiro o sutiã!
(^)(^)	Fiquei excitada!
(Q)(O)	Seio com *piercing*

ACREDITE, SE QUISER
Aconteceu no Mons Venus Club, na cidade de Tampa, no estado norte-americano da Flórida. Depois de uma discussão, um homem de 75 anos atirou na *stripper* Dora Oberling à queima-roupa (que roupa?). Os médicos disseram que a prótese de silicone salvou-lhe a vida.

O AUTOEXAME

É importante aprender desde cedo que os seios devem ser alvo de atenção permanente por parte das mulheres. É o tipo de câncer que mais as afeta hoje no Brasil. A maioria dos casos de câncer de mama acontece depois dos 25 anos. Cerca de 60% são detectados pela própria mulher, graças ao autoexame. O ginecologista deve dar a orientação sobre o processo de "vigilância". Uma vez por mês, após a menstruação, a mulher deve se examinar. Inflamações, infecções, alterações hormonais e até tumores podem levar a inchaços e dores nos seios.

1. EM FRENTE AO ESPELHO
Levante os braços e observe atentamente a forma, a cor e a textura da pele para ver se há algo diferente. Depois, leve um dos braços atrás do pescoço. Aperte devagarzinho o mamilo com a mão do lado oposto. Procure algum nódulo ou assimetria.

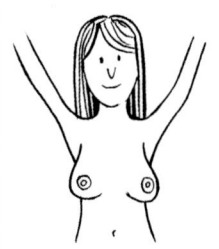

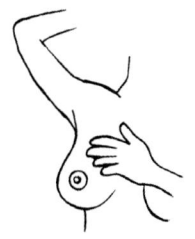

2. NO BANHO
Repita a posição dos braços como no exame em frente ao espelho. Faça movimentos circulares com a ponta dos dedos, em toda a mama, como se estivesse tocando piano.

3. NA CAMA
Faça o mesmo exame do banho, só que deitada de costas, com um travesseiro sob o ombro no lado do seio a ser examinado.

CONSULTE UM MÉDICO CASO VOCÊ NOTE:
- Mudanças na forma ou na cor das mamas.
- Pele enrugada como "casca de laranja".
- Nódulos ou caroços.
- Líquido que saia dos mamilos.

Tudo que você precisa saber sobre menstruação

✿ A primeira menstruação, que é chamada de "menarca", não tem dia nem hora para chegar. Pode ocorrer entre os nove e os dezesseis anos de idade. É o primeiro sinal de que a menina está se tornando mulher. A chegada da primeira menstruação é um aviso de que o corpo da garota já está ficando pronto para engravidar.

✿ Não dá para saber exatamente quando ocorrerá a segunda menstruação. Mas, em geral, para a maioria das garotas, ela já ocorre no mês seguinte.

✿ Durante a puberdade, os seios se desenvolvem e os quadris se alargam. Aparecem os pelos pubianos. Tudo isso é causado pela quantidade aumentada de hormônios que entram na corrente sanguínea. Os hormônios femininos são substâncias químicas produzidas principalmente pelos ovários.

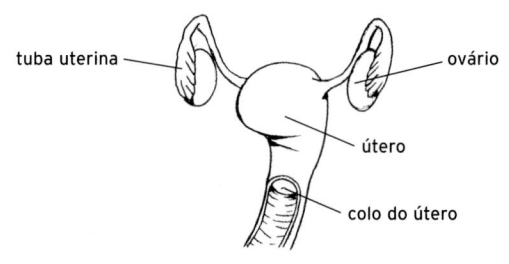

✿ Na base do cérebro, meninos e meninas têm uma glândula chamada "hipófise". Na adolescência, a hipófise das garotas começa a mandar mensagens hormonais para os dois ovários, por meio do sangue. Os ovários fazem parte do aparelho reprodutor feminino. Cada um tem o tamanho de uma uva e pesa 7 gramas. Medem 2,5 x 1,5 x 1 centímetro.

✿ A mulher nasce com aproximadamente 2 milhões de folículos ovarianos (que vão dar origem aos óvulos). Boa parte deles sofre atrofia na infância, e a mulher chega à puberdade com cerca de 500 mil óvulos, dos quais cerca de quatrocentos se tornarão maduros e terão possibilidade de fecundação – um para cada mês de vida fértil da mulher, em geral entre os 15 e os 45 anos.

✿ Todo mês, um óvulo amadurece e é eliminado do ovário, cerca de catorze dias antes da próxima menstruação. Ele cai na trompa e está pronto para ser fecundado durante três dias. Esse é o período de maior fertilidade da mulher. Se ela mantiver relações sexuais nessa fase, pode ficar grávida.

✿ Manter relações sexuais três dias antes da data da ovulação também é arriscado, principalmente porque a liberação do óvulo nem sempre funciona como um relógio, e podem ocorrer algumas irregularidades.

✿ Essa semana, que vai de três dias antes da data prevista para a ovulação (calculada pela tabelinha) até três dias depois dessa data, é o período fértil da mulher.

✿ O óvulo continua seu percurso até chegar ao útero. Para receber um óvulo, a parede que reveste o útero vai engrossando. Se o óvulo chega sem ter sido fecundado, ele se desintegra. A parte macia que se formou para recebê-lo (endométrio) também começa a se desfazer e é eliminada. Trata-se da menstruação.

VOCÊ SABIA QUE...

... amenorreia é o nome que se dá para a situação em que a mulher não menstrua? Atletas submetidas a treinos extenuantes e mulheres com peso muito abaixo do normal podem ficar meses sem menstruar. Essa alteração tem relação com a baixa quantidade de gordura no corpo.

TABELINHA

Se quiser conhecer melhor seu ciclo menstrual, a garota pode fazer uma tabelinha (e o menino também pode aprender para ajudar sua namorada nas continhas). É assim que funciona:

Marque na agenda o primeiro dia de menstruação durante três ciclos seguidos. Por exemplo, em março ela ocorreu no dia 26, em abril no dia 25. São trinta dias de diferença. Em maio ela veio no dia 25, o que dá também trinta dias de intervalo. Em junho, no dia 24. Mais trinta dias. Você percebeu que ela está vindo a cada trinta dias? Pois é! Mas e se ela variar um pouco? Por exemplo, em um mês ela veio depois de 28, em outro, de 29 e, no seguinte, de trinta – tire uma média desses intervalos. Agora, se ela for muito irregular, esses cálculos não valem.

Assim, voltando ao exemplo, se o ciclo tem sempre trinta dias, a ovulação acontece catorze dias antes do final desse ciclo, portanto, no 16º dia. De três dias antes até três depois do dia da ovulação, a garota corre o risco de engravidar. Nesse caso, o período fértil vai do 13º ao 19º dia do ciclo. Entendeu a continha?

> **IMPORTANTÍSSIMO!**
> A tabelinha não oferece plena segurança como método anticoncepcional. Ela só serve para a mulher ficar preparada e não ter surpresas. No início da vida reprodutiva, o ciclo menstrual costuma ser bastante irregular. Qualquer emoção forte pode mexer com o organismo.

NÃO SE DESCUIDE
- Fazer alongamento pode ajudar a relaxar e diminuir as cólicas. Natação também é uma boa pedida.
- Se aparecerem espinhas, não as esprema.
- Você pode levar uma vida normal quando está menstruada: lavar o cabelo, andar descalça, praticar esporte, nadar, tomar gelado.
- Evite cafeína e alimentos gordurosos se você costuma ter muita cólica.
- Procure um ginecologista para que explique o que você deve fazer quando sente muita dor (há remédios que algumas vezes oferecem alívio a esse incômodo).

CÓLICA

É uma dor intensa que pode aparecer durante a menstruação. Quando a mulher está menstruando, o útero libera uma substância chamada prostaglandina, que provoca a contração do órgão e facilita a expulsão do sangue e do endométrio (revestimento do útero). Daí surge a dor.

A quantidade "normal" do fluxo de sangue varia bastante de mulher para mulher e também de mês para mês, principalmente durante os dois primeiros anos de menstruação. Mesmo parecendo que o fluxo está muito abundante, o total de sangue perdido a cada dia não passa de 60-80 ml.

TIRA-DÚVIDAS

A mulher pode transar quando está menstruada?
Sim. Não há problema de a mulher transar menstruada. O principal cuidado que ela deve ter é a probabilidade de transmissão de DSTs e aids, que é maior nesse período (pelo contato maior com o sangue). Portanto, usar camisinha é sempre fundamental.

Posso me masturbar durante a menstruação?
Sem problema. É o mesmo que transar menstruada. Há mulheres que acham isso estranho, pouco higiênico, enquanto outras sentem até um tesão a mais. Tudo vai depender de você.

A mulher pode ovular fora de hora?
Sim. A ovulação é controlada por uma glândula chamada hipófise e pelos ovários. E as emoções interferem em seu funcionamento. Por isso, num período de tensão, a mulher pode acabar ovulando antes ou depois da hora.

Quando uma mulher começa a tomar anticoncepcionais, que mudanças ocorrem na menstruação?
Acontecem duas mudanças logo de cara. Os hormônios que compõem a pílula causam a diminuição do fluxo menstrual e regularizam o ciclo. A maioria das mulheres também deixa de sentir cólicas menstruais. Na fase de adaptação à pílula, algumas mulheres podem ter *spotting* (pequena perda de sangue no meio do ciclo). Isso tende a passar.

Minha menstruação atrasou. Será que estou grávida?
Pode ser que sim, pode ser que não. Quando a menstruação atrasa, algumas garotas ficam tão nervosas que isso pode fazer com que ela demore mais para vir. Se quiser tirar a dúvida, o melhor é fazer um teste de gravidez. O mais recomendável é procurar o ginecologista para um exame, orientação e teste de gravidez. As farmácias também vendem kits para teste de urina. Mas, se quiser algo mais garantido, faça um exame de sangue recomendado pelo médico.

Minha mãe e minha irmã menstruaram aos 14 anos. Quer dizer que também vou menstruar com essa idade?
É possível que sim. A idade em que ocorre a primeira e a última menstruação depende, sim, da bagagem genética. Mas outros fatores podem exercer influência nisso. A alimentação muito rica em proteínas e a exposição ao sol podem fazer que ela ocorra mais cedo, enquanto quem começa a praticar esporte pode demorar mais a menstruar. A cada geração as garotas estão menstruando mais precocemente.

Posso levantar peso ou fazer esforços quando estou menstruada? Ouvi dizer que isso vai me deixar com varizes...
Menstruação não é doença. Tudo isso é lenda. O único fator que pode limitar as atividades físicas nesses dias são as cólicas que algumas mulheres sentem. As varizes são dilatações das veias (em geral, das pernas), que não têm nenhuma relação com o que você faz ou deixa de fazer durante a menstruação.

É verdade que a mulher sente muita dor na relação sexual quando está menstruada, mesmo se não for mais virgem?
Algumas mulheres ficam com os seios mais doloridos e têm menos lubrificação vaginal no período menstrual. Isto pode provocar algum incômodo, mas em geral não é fator que limite as relações sexuais nessa fase. Não há nenhuma ligação com o fato de a mulher ser virgem ou não.

Transei sem camisinha durante a menstruação. Posso ter engravidado?
É muito pouco provável que uma garota engravide ao transar durante a menstruação. Não há condições hormonais que permitam a ovulação nessa fase. Além disso, o útero está descamando (o que dificulta a implantação de um ovo), e o sangue é tóxico para os espermatozoides. Mesmo assim, o melhor a fazer é usar a camisinha.

Existe algum tipo de gravidez em que a mulher continue menstruando?
Se a mulher continua a menstruar, ela não está grávida. O que pode acontecer é ela estar grávida, mas ter pequenos sangramentos. No início da gravidez,

a perda de sangue pode ocorrer por vários motivos: distúrbio na produção de hormônios, problema na implantação do ovo no útero ou até ameaça de abortamento. Nesses casos, é fundamental a consulta ao ginecologista.

Antes de ficar menstruada pela primeira vez, a garota pode ter orgasmo?
Sim. Não existe uma relação direta entre os mecanismos que levam a um orgasmo e à menstruação. Portanto, uma garota que nunca menstruou pode experimentar o orgasmo.

MENSTRUAÇÃO, NUNCA MAIS!
Existe um tratamento hormonal que pode interromper a menstruação da mulher. A injeção trimestral de progesterona (anticoncepcional injetável) faz com que a maioria das mulheres fique sem menstruar enquanto usa esse método. Tomar pílulas de forma ininterrupta (sem parar) também é um método defendido por alguns ginecologistas para evitar que as mulheres menstruem.

Embora a medida não seja consenso entre os ginecologistas, muitos médicos recomendam a suas pacientes que bloqueiem seus ciclos menstruais. Eles acreditam que a menstruação não é necessária e atrapalha a vida da mulher. Aparentemente, não existem riscos e prejuízos para a saúde.

TPM

É a sigla da Tensão Pré-Menstrual. Que bicho é esse? É o nome que se dá ao conjunto de sintomas físicos e psicológicos que as mulheres podem enfrentar nos dias que antecedem a chegada da menstruação. Os cientistas acreditam que a TPM esteja ligada a alterações hormonais, retenção de líquido no organismo e mudanças na concentração da serotonina (espécie de transmissor químico do cérebro).

O QUE A MULHER SENTE
- Sensibilidade maior nos seios
- Dor de cabeça
- Alteração do funcionamento digestivo
- Inchaços
- Cansaço
- Irritação
- Dificuldade de concentração
- Mau humor e depressão
- Redução da autoestima

O QUE A MULHER PODE FAZER
- Manter atividade física regular
- Evitar consumo de cafeína
- Privilegiar dieta com frutas, verduras e pouca gordura
- Não fumar
- Procurar um médico em situações mais graves

O "G" da questão

Muito se fala do ponto G, mas até hoje não há comprovação científica de sua existência, só suposições. O ponto G seria uma área localizada na parte interna e superior da vagina, a uma distância variável de sua entrada. A maioria dos especialistas fala em 5 centímetros. Pode ser reconhecido pela superfície mais rugosa, do tamanho de um ou dois feijões. A exemplo do clitóris, precisa ser intensamente estimulado durante a relação sexual. Supõe-se que seja mais facilmente estimulado quando a mulher fica de quatro e a penetração se dá por trás. O mesmo pode ocorrer quando a mulher fica por cima do parceiro.

POR QUE O PONTO G TEM ESSE NOME?
Um obstetra e ginecologista alemão, Ernest Gräfenberg, apresentou uma pesquisa relatando a descoberta do tal ponto em 1944. Foram os pesquisadores americanos Beverly Whipple e John D. Perry que criaram o nome, numa homenagem a Gräfenberg, num trabalho científico publicado em 1982, chamado *O ponto G e outras recentes descobertas da sexualidade humana*.

Quando estou excitado, fica fácil de notar. O pênis muda de tamanho, mostrando que o tesão está a mil. E a mulher? Há algum sinal que mostre que ela está louca de tesão?

As mulheres "entregam" mais discretamente que estão com tesão. A respiração muda, o coração bate mais rápido, a transpiração aumenta, a pele se arrepia, os mamilos ficam mais durinhos e a lubrificação da vagina aumenta. Um pouco de sensibilidade e atenção, por parte do homem, ajudam-no a perceber que ela também está a mil.

Gravidez

Quando um espermatozoide encontra um óvulo, ocorre a fecundação. Esse processo acontece nas trompas. O ovo então se implanta no útero e tem início a gestação. O período de gestação normal vai de 38 a 42 semanas. Durante essa fase uma série de mudanças acontece no corpo da mulher. Ela passa a reter mais líquido no corpo, ganha alguns quilos, seu útero aumenta, as mamas crescem e se preparam para produzir leite.

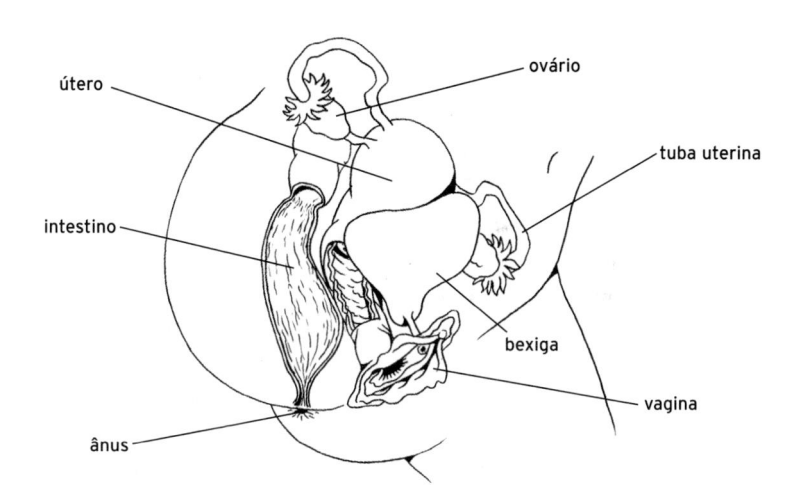

ÚTERO

O útero tem a forma de uma pera, só que de cabeça para baixo. Composto de tecido muscular bastante elástico, mede de 6 a 7 centímetros, com 4 centímetros de largura. Pesa aproximadamente 45 gramas. Na gravidez, entretanto, o útero chega a medir 30 centímetros e a pesar mais de 1 quilo. Depois do parto, o útero volta ao tamanho e peso normais em cerca de quarenta dias.

TROMPAS
São os canais (um de cada lado do corpo) que ligam os ovários ao útero.

> **POR QUE AS TROMPAS DE FALÓPIO TÊM ESSE NOME?**
> O nome foi uma homenagem a Gabriello Fallopio, anatomista italiano do século XVI, professor da Universidade de Pisa. Em 1561, dissecando cadáveres, ele encontrou dois tubos, de 12 centímetros, que uniam os ovários ao útero. Fallopio achava que essas trompas deviam ter alguma importância no funcionamento do aparelho reprodutor feminino, mas não chegou a descobri-la. Atualmente, os médicos as chamam de trompas uterinas.

Apenas em 1779 o fisiologista italiano Lazzaro Spallanzani relatou que a reprodução humana acontecia depois do encontro do óvulo com o esperma. Em suas experiências, ele contou com a ajuda de sapos. Ele costurou pequenas cuecas de tecido para os sapos machos. As cuecas eram revestidas com cera de vela. As fêmeas ficavam sem nada. Quando eram colocados juntos, os machos logo se excitavam e acabavam ejaculando nas cuecas. Spallanzani retirava o sêmen e fazia experiências em laboratório, numa espécie de pioneirismo também em inseminação artificial. Para continuar suas experiências, Spallanzani chegou a masturbar cães para depois inseminar cadelas.

VOCÊ ACREDITA EM CEGONHAS?
A lenda de que os bebês eram trazidos no bico de uma cegonha surgiu na Escandinávia, há muito tempo, e foi redescoberta e divulgada no século XIX nos contos do escritor dinamarquês Hans Christian Andersen. Quando chegava um irmãozinho, os pais diziam aos mais velhos que a cegonha tinha trazido o bebê, e que este surgira porque a cegonha bicara a perna da mãe. Assim, ficava explicado o aparecimento do nenê e o repouso da mãe. Por que a cegonha? Ela é uma ave dócil e protetora.

PERGUNTINHAS

Se estiver na banheira com meu namorado e ele ejacular na água, posso ficar grávida?
Se houver penetração dentro da banheira, existe risco, sim. Você pode engravidar mesmo se transar dentro da banheira, da piscina ou do mar. Mas se não houver penetração, não haverá risco. Os espermatozoides se diluem na água, o que torna a fecundação impossível.

É possível uma mulher engravidar ao se sentar num lugar, como em um banheiro, onde estejam depositados muitos espermatozoides?
No tempo de nossas tataravós, dizia-se mesmo que uma menina não podia jamais se sentar num banheiro público, pois ela correria um grande risco de engravidar. Uma lenda e tanto! É verdade que o espermatozoide tem uma espécie de cauda que o faz movimentar-se dentro da vagina da mulher. Mas nem por isso ele consegue pular do vaso sanitário para dentro da vagina. Para a mulher engravidar, é necessário que o homem ejacule (libere os espermatozoides) dentro da vagina. Lá, com a ajuda da tal cauda, eles se deslocam em direção ao colo do útero. Num meio externo, a exemplo de um banheiro, o líquido que carrega os espermatozoides seca em instantes. Por isso, não há a mais remota possibilidade de alguém engravidar dessa forma.

Se meu namorado gozar na minha coxa, eu corro o risco de engravidar?
A probabilidade de isso acontecer é muito remota. Quanto mais próximo da entrada da vagina seu namorado ejacular, maior será a possibilidade de você engravidar. Nas coxas, só se ele for muito bom de pontaria ou se o esperma escorrer para dentro da vagina.

Ouvi dizer que a acidez das bebidas gasosas mata os espermatozoides. Uma ducha de Coca-Cola após a transa evita a gravidez?
Bobagem. Os espermatozoides demoram poucos segundos para alcançar o colo do útero. Uma ducha de qualquer coisa (Coca-Cola, Pepsi, Fanta Laranja, Soda Limonada, o que for) não é suficientemente rápida para deter o avanço do exército de espermatozoides em direção ao óvulo. Depois, a suposta acidez dessas bebidas também não impede a função dos espermatozoides.

Por que a mulher fica sem menstruar quando está grávida?
Na gravidez, a menstruação fica bloqueada por uma nova situação hormonal. A gonadotrofina coriônica é um desses novos hormônios.

Durante a gravidez pode haver relação sexual?
Claro. Não existe nenhum impedimento de manter relações sexuais na gestação, a menos que ela seja de risco, caso em que o repouso é necessário, e o casal deve evitar a penetração. No final da gravidez, o tamanho muito aumentado do útero também pode tornar a penetração desconfortável. Mas não custa lembrar que a vida sexual de um casal não se restringe à penetração, certo?

O que é gravidez psicológica?
Algumas mulheres têm um desejo ou um medo tão grande de engravidar que, ao perceber um atraso no ciclo menstrual, já acham que estão grávidas. Esse fator emocional pode fazer com que a hipófise produza um hormônio chamado prolactina, que inibe a menstruação, aumenta o tamanho das mamas e, em alguns casos, pode até levar à produção de leite. Há um acúmulo de gases, os intestinos se distendem, e a barriga cresce. A "grávida" passa a acreditar que os movimentos naturais do intestino sejam chutes do nenê. Ao fazer um ultrassom, no entanto, ela se convence de que não está grávida. Os médicos receitam um tratamento hormonal para inibir a prolactina, e elas voltam a menstruar. Para as mulheres que não aceitam o diagnóstico, recomenda-se um tratamento psicológico.

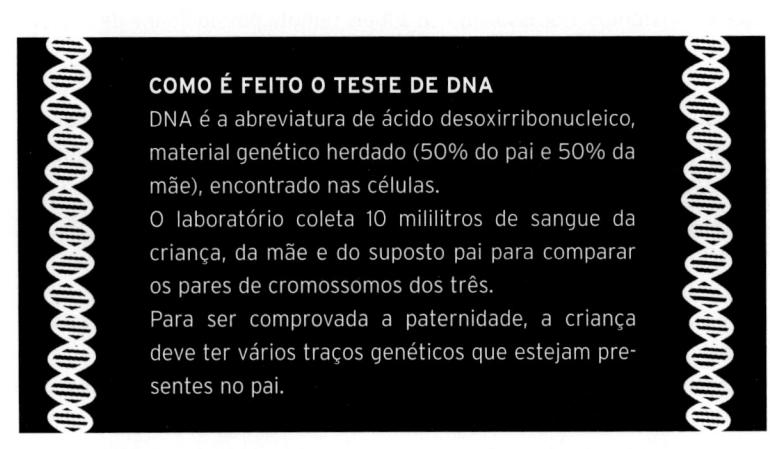

> **COMO É FEITO O TESTE DE DNA**
> DNA é a abreviatura de ácido desoxirribonucleico, material genético herdado (50% do pai e 50% da mãe), encontrado nas células.
> O laboratório coleta 10 mililitros de sangue da criança, da mãe e do suposto pai para comparar os pares de cromossomos dos três.
> Para ser comprovada a paternidade, a criança deve ter vários traços genéticos que estejam presentes no pai.

INSEMINAÇÃO ARTIFICIAL
Na inseminação artificial, os óvulos não são retirados nem colocados na mulher. Ela recebe uma carga hormonal que estimula uma superovulação. Depois disso, o sêmen do homem, preparado e enriquecido (com nutrientes), é colocado dentro do útero com o auxílio de uma sonda.

FERTILIZAÇÃO *IN VITRO*
(Bebê de proveta)
Nas técnicas de reprodução assistida (como o bebê de proveta), a mulher recebe hormônios que estimulam uma superovulação. Esses óvulos são colhidos com a ajuda de uma agulha introduzida na vagina. Os óvulos são fecundados no laboratório, com o esperma selecionado; o médico escolhe os que estão em melhor estado e os devolve para o interior do útero.

Por que algumas mulheres têm mais de um filho quando fazem fertilização *in vitro* (bebê de proveta)?
Porque o médico deposita, em média, de três a quatro ovos fecundados dentro do útero. Como nem todos os ovos acabam se desenvolvendo, o depósito de mais ovos aumenta a probabilidade de gravidez. Mas, algumas vezes, pode acontecer que vários desses ovos se desenvolvam e acabem levando a uma gestação múltipla (dois, três ou até quatro bebês).

Aborto

✿ É a interrupção de uma gestação. O aborto pode ser espontâneo (em geral, por um problema que ocorre durante a gravidez) ou provocado (quando a mulher tem intenção de interromper a gestação).

✿ No Brasil, calcula-se que 1,4 milhão de mulheres façam abortos clandestinamente todo ano. Destas, 300 mil são internadas com algum tipo de complicação e 10 mil morrem por causa de abortos malfeitos.

✿ O Código Penal brasileiro proíbe o aborto – é crime, sujeito a pena de detenção de um a três anos. O artigo 128, do jurista Francisco Campos, ministro da Justiça de Getúlio Vargas, em 1940, permitiu a prática do aborto em duas circunstâncias:
1. Quando é feito por médico habilitado, para salvar a vida da gestante.
2. Quando a gravidez resulta de estupro.

CURIOSIDADES
✿ No século XIII, uma mulher suíça que interrompesse a gravidez sofria a punição de ser enterrada viva.

✿ Quando a França estava dominada pelos nazistas, as mulheres tinham a obrigação de fornecer filhos para o III Reich. O aborto era considerado crime contra a segurança nacional e as mulheres condenadas eram executadas.

✿ O padre José de Anchieta observou que as índias abortavam com muita facilidade. Algumas apertavam a barriga e outras faziam bebidas abortivas. Os motivos podiam ser o medo de ter a criança ou uma discussão com o marido.

✿ Em 28 de julho de 1874, a princesa Isabel sofreu um aborto espontâneo de uma menina, depois de um período de dois meses e meio de gestação.

✿ O primeiro país a criar uma lei para a liberação do aborto foi a Inglaterra, em 1967. Passou a autorizar a interrupção da gravidez até o prazo de 24 semanas em função apenas do desejo da mulher. Mas ela é obrigada a esperar alguns dias entre o pedido e a realização da cirurgia para pensar melhor e decidir.

✿ Sabe-se que, em situação de guerra, soldados sérvios estupraram uma grande quantidade de mulheres muçulmanas e católicas durante a Guerra da Bósnia (1992 a 1995). A maioria das mulheres optou pelo aborto.

Sexo depois do parto

A mulher pode voltar a ter uma relação sexual por via vaginal um mês depois do parto normal. No momento do parto, um corte é realizado na saída da vagina para facilitar a passagem do bebê (episiotomia). O corte é suturado (costurado), e a cicatrização só fica boa no final do primeiro mês. Os obstetras proíbem relações sexuais nas duas primeiras semanas depois do parto pelo risco de ruptura dos pontos, dor, sangramentos e infecções.

Depois dos primeiros 15 dias, mesmo com a cicatrização quase pronta, a mulher pode sentir desconforto e dor. Por isso, os médicos preferem ampliar o período de "abstinência" para um mês.

> **DICAS**
> - No retorno é sempre bom reiniciar as práticas sexuais com mais calma.
> - O uso de gel lubrificante pode facilitar as primeiras relações.
> - Muitas mulheres conseguem retornar à atividade sexual mais cedo. Outras costumam perder um pouco do interesse sexual nesse período, pois estão mais preocupadas com o bebê. É comum que a mulher só volte a ter desejo sexual dois ou três meses depois do parto. Essa é uma nova fase da vida do casal, e o assunto deve ser muito bem discutido.

Ouvi dizer que a mulher que faz parto normal fica com a vagina larga demais. É verdade? Há algum modo de corrigir isso?
Atualmente, em quase todos os partos normais feitos em ambiente hospitalar, no momento da passagem do bebê pelo canal vaginal, o médico faz uma pequena incisão nos músculos da vagina. Essa incisão protege os músculos da região, evitando que suas fibras sejam danificadas. Como a vagina é composta de um tecido bastante elástico, alguns meses depois do parto ela retorna à sua forma normal. Eventualmente, se houver prejuízo da estrutura da região, existe a possibilidade de uma cirurgia reparadora.

Tem gente que diz que, após o parto, a mulher que está amamentando não precisa se preocupar porque não corre o risco de engravidar. Isso é verdade? Quando é que ela fica fértil de novo?
Depois do parto, quando a mulher começa a amamentar, há um aumento na produção de um hormônio conhecido como prolactina. Esse hormônio inibe a liberação de hormônios essenciais para a ovulação da mulher. Das mulheres que amamentam o filho exclusivamente no peito, de três em três horas, 95% conseguem inibir a ovulação por quase dois meses. No entanto, 5% delas, mesmo com amamentação regular, não conseguem inibir a ovulação. Isso significa que esse método natural de prevenção da gravidez não é tão confiável assim. É por isso que o melhor é usar, durante a fase de amamentação, um método de prevenção que pode ser tanto o preservativo como a minipílula (feita apenas com o hormônio progesterona), que não traz nenhum prejuízo ao bebê e à amamentação.

Menopausa

✿ As principais alterações que surgem no corpo da mulher após os quarenta anos são marcadas pela diminuição na produção e liberação dos hormônios femininos pelos ovários. É na faixa dos quarenta anos que a mulher começa a sentir as primeiras manifestações dessa "falência" dos ovários. A menopausa (última menstruação) ocorre, para a maioria das mulheres brasileiras, entre os 45 e os 52 anos. A partir daí, ela já não mais engravida sem o auxílio de um tratamento médico específico.

✿ Cerca de cinco anos antes da menopausa, as mulheres podem começar a sentir o impacto da diminuição dos níveis de estrógeno e progesterona em seu corpo. Praticamente todos os tecidos do corpo são afetados pela falta dos hormônios femininos.

✿ Uma das principais alterações ocorre nos níveis do colesterol (tipo de gordura que circula no sangue e que pode levar a problemas vasculares, como infartos e derrames). Níveis normais de estrógeno favorecem o aumento do HDL-colesterol (colesterol "bom") enquanto diminuem os níveis de LDL-colesterol (colesterol "ruim"). A queda do estrógeno inverte essa situação, colocando a mulher em risco comparável ao dos homens no que se refere a doenças vasculares.

✿ A queda do estrógeno diminui a massa muscular, resseca a pele e deixa os cabelos mais finos e quebradiços. De quebra, a mucosa (revestimento interno) da vagina fica mais atrofiada, e a lubrificação diminui, tornando as relações sexuais algumas vezes mais difíceis e dolorosas. Essas mudanças não afetam todas as mulheres. Algumas apresentam um impacto bem menor do que outras. De qualquer forma, para quem estiver sofrendo um forte impacto, a reposição hormonal é uma alternativa importante.

✿ A mulher também pode sentir maior irritação, nervosismo, dificuldade de concentração, crises de choro, tristeza e ondas de calor.

> **CONSULTE SEMPRE UM GINECOLOGISTA!**
> A partir do momento em que a garota começa a menstruar, é uma boa ideia que ela faça sua primeira visita ao ginecologista. O primeiro passo é escolher um profissional com quem ela se sinta à vontade. Não precisa ser exatamente aquele que a mãe quer que ela consulte e com quem ela vai ficar pouco à vontade para contar suas intimidades. A garota também tem a opção de escolher um ginecologista homem ou mulher. Muitas se sentem mais tranquilas se forem examinadas por uma mulher. Seja ele homem ou mulher, o ginecologista é um profissional que está acostumado a ver e examinar o corpo das mulheres. E lembre-se de que, para esses médicos, conversar sobre sexo faz parte do trabalho.

O que é o exame Papanicolaou e quem o inventou?
Um dos exames mais importantes solicitados pelos ginecologistas é o Papanicolaou, fundamental na prevenção do câncer de colo de útero. Deve ser feito anualmente e a partir da primeira relação sexual. O grego George Papanicolaou (1883-1962) formou-se em medicina na Alemanha. Em 1910 foi para os Estados Unidos. Ao chegar a Nova York, só conseguiu emprego como vendedor de tapetes. Levou um ano até arrumar trabalho como assistente de laboratório na Universidade Cornell, onde acabou se tornando professor. Em 1923, ele estudava as mudanças provocadas pelos hormônios no útero. Para isso, analisava as secreções uterinas de pacientes. Foi então que viu uma amostra diferente, cheia de células deformadas. Ela pertencia a uma voluntária com câncer. O professor grego fez o mesmo exame em outras doentes e concluiu que aquele tipo de análise diagnosticava tumores. Escreveu mais de cem páginas sobre o assunto e distribuiu o texto, sem sucesso, num encontro médico em 1928. Papanicolaou só despertou o interesse dos médicos para o exame que leva seu nome quando reduziu o trabalho para oito páginas, em 1943.

ABSORVENTES ÍNTIMOS
Por milhares de anos, os métodos de proteção menstrual permaneceram limitados a uma faixa de algum material macio e absorvente que era preso por cordões, cintas e outros dispositivos para mantê-los no lugar. Até que, na época da Primeira Guerra Mundial, surgiram as chamadas "toalhinhas higiênicas", faixas de tecido atoalhado que, depois de utilizadas, eram lavadas. Apesar de relativamente seguras e econômicas, elas eram um terror para as mulheres. Incômodas, por serem grossas e largas, ainda ficavam ásperas e

desconfortáveis depois de algumas lavadas. Onde secá-las fora do alcance de vistas indiscretas? Nessa época, o tema "menstruação" ainda era um tabu no Brasil. Na década de 1930, a Johnson & Johnson lançou o Modess, primeiro absorvente descartável do mercado. O produto começou a ser importado dos Estados Unidos em 1933. Só a partir de 1945 ele passaria a ser fabricado aqui. A propaganda era muito discreta, como exigia a época, mas o produto fez bastante sucesso. A empresa criou uma conselheira feminina, conhecida como Anita Galvão, que respondia a milhares de cartas de mulheres que, em sigilo, pediam conselhos íntimos, livretos educativos e orientação sobre questões sexuais.

Há basicamente dois tipos de absorventes íntimos: externo, feito com material que absorve o fluxo menstrual e adere à calcinha; e interno, que deve ser introduzido na vagina, retendo o fluxo menstrual.

VOCÊ SABIA QUE...
... uma mulher usa de 8 mil a 15 mil absorventes durante a vida?

PERGUNTINHAS

Garotas virgens podem usar absorventes internos?
Sim. Elas podem usar absorventes internos, desde que consultem um ginecologista, que vai orientá-las sobre a forma correta de colocação. O tamanho deve ser o pequeno, para que possam passar pelo orifício do hímen sem o risco de rompê-lo.

Posso transar usando absorvente interno?
A resposta é não. Absorventes internos, como O.B. e Tampax, ocupam quase todo o espaço da vagina, pois servem para reter o fluxo menstrual. Por isso, fica difícil pensar em uma transa usando absorvente interno. Também existe o risco de o fiozinho que serve para facilitar a retirada do absorvente penetrar mais fundo na vagina.

Um absorvente interno pode ficar perdido dentro do meu corpo?
Não, porque ele não tem para onde ir. O absorvente interno tem de ficar na vagina, que é uma bolsa em forma de tubo com cerca de 10 centímetros de profundidade. Há uma aber-

tura entre a vagina e o útero, situada no colo do útero, mas é menor do que a cabeça de um alfinete – pequena demais para que um absorvente interno passe por ela! Para retirar o absorvente interno, puxe o cordãozinho que fica para fora da vagina. É normal que ofereça uma certa resistência, por ter-se expandido com a absorção do fluxo menstrual.

Como posso saber se o absorvente interno foi bem colocado?
Se você sentir algum incômodo, significa que ele não foi colocado corretamente. Neste caso, empurre-o com cuidado – usando o dedo indicador – até a zona mais profunda da vagina.

> **LEMBRE-SE**
> Não use absorvente interno para dormir. Há risco de acúmulo de bactérias, que podem provocar problemas graves para sua saúde. Durante o dia, a troca de absorventes deve ser feita de acordo com o fluxo menstrual. Em geral, um absorvente interno aguenta quatro horas naqueles dias em que o fluxo é mais intenso e até seis horas nos dias de menor fluxo.

Mitos e lendas sobre o corpo da mulher

É verdade que as mulheres que transam demais ficam com cistite?
Cistite é uma infecção urinária que se instala na bexiga. É verdade que a mulher que começa a transar pode apresentar um índice mais alto de cistite. Isso acontece porque a uretra, canal de saída da urina, é muito curta na mulher. Como a entrada da uretra é muito próxima da entrada da vagina, a irritação e até os microrganismos introduzidos pela relação sexual podem alcançar a entrada da uretra e provocar uma infecção. Essa situação recebeu inicialmente o nome de "cistite de lua de mel" porque, no passado, o início da vida sexual das mulheres, em geral, coincidia com a lua de mel.

Há no mercado um produto que promete devolver à mulher aquela sensação de "primeira vez". Como isso funciona?
Papo-furado. Nenhum remédio pode reconstituir essa membrana. Não acredite na propaganda de cremes e remédios miraculosos que prometem deixar a vagina apertada ou o hímen colado.

Uma amiga de 15 anos morreu por causa de um derrame cerebral. Algumas pessoas disseram que ela estava menstruada e tomou sorvete. Aí o sangue "subiu para a cabeça". Isso pode mesmo acontecer?
Vários problemas podem ter causado o derrame de sua amiga, mas com certeza nenhum deles teve relação com a menstruação ou o sorvete. Mulher menstruada pode tomar sorvete, lavar a cabeça, olhar-se no espelho, andar descalça e outras histórias do gênero. O que aconteceu com sua amiga foi um fato bastante incomum. O número de derrames (acidentes vasculares cerebrais) nessa faixa etária é muito baixo.

É verdade que a mulher que faz muito sexo anda de pernas abertas?
Bobagem! Trata-se de mais uma crença para reprimir a liberdade sexual da mulher. A prática sexual não deixa marcas no corpo, como pernas abertas ou quadris largos.

PERFUME NATURAL
Durante o cio, as fêmeas secretam substâncias sexuais odoríferas que são captadas pelos machos de uma mesma espécie. Essas substâncias, que são mensageiras químicas, levam o nome de feromônios.

4

Não é bom que o homem esteja só.
Vou fazer uma auxiliar semelhante a ele.

GÊNESIS 2, 18

História

Tudo começou com Adão e Eva. Na teologia católica romana, Adão violou sua inocência original ao manter relações sexuais com Eva, o que foi chamado de "pecado original". Com isso foi criado um estado de pecado que se transmite de geração a geração.

A história é assim: Adão e Eva podiam desfrutar de todas as maravilhas do Jardim do Éden. Menos de uma coisa: estavam proibidos de experimentar a maçã da Árvore do Conhecimento do Bem e do Mal. Só que Eva caiu no papo da serpente (que seria o diabo disfarçado). A cobra disse que, se provasse o fruto, ela não morreria e ainda ganharia conhecimento. Eva comeu a maçã e ainda convenceu Adão a prová-la também. Para impedir que eles comessem também o fruto da Árvore da Vida, que os tornaria imortais, Deus achou melhor expulsá-los do Éden. Eva culpou a serpente. Mas, segundo a *Bíblia*, Deus condenou todas as mulheres a darem à luz com dor e a serem dominadas pelos homens.

De acordo com Santo Agostinho, em consequência do pecado original, o coito ficou manchado de culpa e transformou-se numa "luxúria vergonhosa". Tinha, portanto, de limitar-se à propagação da espécie e não deveria ser feito por prazer.

TESTE
Quantos filhos tiveram Adão e Eva?
a) Dois (Caim e Abel)
b) Três (Caim, Abel e Sete)
c) Cinco (Caim, Abel, Sete, Krishná Baby e Zabelê)

Histórias bíblicas

✱ Depois da morte do marido, Herodíades desafiou as leis e se casou com seu cunhado, Herodes Antipas. Os dois foram humilhados por João Batista, que censurou essa união. Depois, a dançarina Salomé, filha de Herodíades, apresentou a famosa dança dos sete véus para o padrasto, Herodes Antipas, que ficou encantado. Tão encantado que prometeu fazer qualquer coisa que Salomé pedisse. Ela o convenceu a lhe entregar a cabeça de João Batista numa bandeja de prata. Assim ele fez, e Salomé presenteou a mãe com a cabeça.

✱ Sansão tinha uma força descomunal e, na qualidade de juiz de Israel, usava-a para fazer valer as leis divinas. Certa vez, botou para correr mais de mil inimigos. Os filisteus, grandes mercadores da época, não gostavam de Sansão e criaram um plano para prendê-lo. Contrataram na cidade de Gaza, na Palestina, uma linda cortesã chamada Dalila. Sua missão era conquistar o coração de Sansão e descobrir o segredo de sua força. Numa conversa amorosa, Sansão contou que esse segredo estava em sua farta cabeleira. Certa noite, Dalila cortou os cabelos de Sansão, que acabou preso e se transformou em escravo sexual. Sansão foi usado para inseminar as mulheres com o propósito de gerar uma raça de super-humanos. Os filisteus o cegaram para facilitar sua tarefa.

✂ ✂ ✂

✱ Ló, o único homem que resistiu à destruição de Sodoma, viveu um caso de incesto. Sozinhas, suas duas filhas temiam jamais conseguir um homem. Desse modo, tramaram para que o pai as seduzisse quando estivesse bêbado. Cada uma teve um filho dele.

✱ Abraão enviou seu servo para encontrar uma esposa para Isaac. Antes de partir, porém, o servo colocou a mão nos testículos de Abraão para fazer o juramento de ser fiel à missão.

✱ Diná, filha de Jacó e Lia, foi violentada por Siquém, filho de um príncipe vizinho.

✱ Maria Madalena, a principal testemunha da Ressurreição, era uma prostituta regenerada.

✱ Sodoma, cidade do litoral ocidental do mar Morto, despertou a ira de Deus por causa das "preferências sexuais antinaturais" de seus cidadãos. Há controvérsias sobre isso. Não há referências ao sexo anal no *Antigo Testamento*, mas apenas deduções no episódio em que Ló é obrigado a oferecer suas filhas virgens a um grupo de sodomitas. Para descarregar sua ira, Deus fez cair uma chuva de enxofre e fogo sobre Sodoma e a cidade vizinha, Gomorra.

LINHA DO TEMPO
O sexo pré-histórico
Os humanos começaram a cobrir o corpo com a pele de algum animal para se proteger do frio, do sol e do ataque de animais e de outros homens. Acredita-se que os neandertais usavam essa proteção há cerca de 100 mil anos. Havia uma preocupação maior em cobrir os órgãos genitais masculinos, porque eles ficavam expostos a lesões que poderiam atrapalhar a reprodução.

3200 a.C.
Um desenho encontrado em escavações de Ur, na Mesopotâmia, mostra um casal numa relação sexual. A mulher estava por cima.

3000 a.C.
O primeiro poema de amor foi escrito na Suméria, região entre os rios Eufrates e Tigre, onde fica hoje o Iraque. Seu autor é desconhecido, e o poema foi dedicado à noiva do rei sumério Shu-Sin.

Século IX
As mulheres europeias alimentavam uma crendice para se vingar dos maridos adúlteros. Elas passavam mel no corpo e depois se deitavam sobre grãos de trigo. Os grãos que ficavam grudados em seu corpo eram usados para fazer pão. A superstição dizia que, se o comesse, o homem ficaria impotente.

Século XI
Com a criação da Inquisição Católica, o acusado de masturbação era considerado herege e, se fosse condenado, deveria ser queimado na fogueira. De acordo com os padres da Inquisição, a masturbação era

considerada obra do diabo, pois permitia que "os demônios sexuais se reproduzissem".
Na Idade Média, as mulheres evitavam ter orgasmo durante a menstruação. Dizia-se que essa era uma maneira de fazer que seus filhos não nascessem ruivos.
A "primeira noite" de uma mulher (*jus primae noctis*) pertencia ao senhor feudal. Isso era visto pelos maridos como uma forma de reforçar o casamento, pois a dor do defloramento não seria atribuída a eles.

Século XII
Homens de cabelo comprido eram considerados afeminados.

Século XIV
Na Europa, era permitido a um nobre deixar o órgão sexual à mostra pela fenda da túnica. Aqueles que não eram bem-dotados podiam usar um pênis falso, de couro, chamado "braquete". Senhoras elegantes da aristocracia usavam laçarotes e outros adornos nos pelos pubianos.

Século XV
Um manual chamado *Malleus Maleficarum*, escrito por dois teólogos alemães, acusava as bruxas de transar com o diabo, que seria um monstro dotado de um pênis gigantesco.

Século XVII
Em 1644, o autor anônimo de *Hippolytus Redivivis* apresentou a masturbação como um remédio contra o perigoso jogo de sedução das mulheres.
Os diários de bordo do capitão James Cook, descobridor de diversas ilhas do Pacífico Sul, descrevem o encanto de seus marinheiros com a nudez e a visão de casais de nativos transando sem constrangimento na praia.

Século XVIII
Uma lenda alemã dizia que um pelo arrancado de uma mulher menstruada e mergulhado no esterco se transformaria numa serpente.

A história que não se aprende na escola

MESOPOTÂMIA

❋ Os reis da Mesopotâmia tinham o direito de passar a primeira noite com as noivas virgens (ou seja, de as deflorar). Só assim, acreditava-se, as mulheres seriam férteis. Mas os reis diziam que essa tarefa não era nada simples, por isso os noivos deviam pagar uma taxa para que o ritual fosse realizado. Os noivos que não tivessem recursos para pagar não podiam se casar.

BABILÔNIA

❋ Se a esposa fosse estéril, era ela que tinha de encontrar uma substituta para o marido. Em caso de infidelidade, a mulher era rebaixada de esposa a escrava.

❋ Os homens pagavam altas somas em dinheiro para conseguir as mulheres mais bonitas. O dinheiro arrecadado era repartido entre as feias para que pudessem comprar um marido.

EGITO ANTIGO

❋ Foram os antigos egípcios que fizeram as primeiras circuncisões. Eles também circuncidavam as mulheres. Extirpavam o clitóris e os lábios vaginais para evitar a infidelidade.

❋ As mulheres usavam um saquinho com ervas aromáticas dentro da vagina e depilavam as pernas esfregando-as com pedra pomes.

❋ Há cerca de 6 mil anos, os egípcios foram o primeiro povo a punir os crimes sexuais com a castração. Os homens condenados por estupro perdiam o pênis, enquanto as mulheres adúlteras ficavam sem o nariz.

VOCÊ SABIA QUE...
... sete rainhas do Egito se chamaram,
sucessivamente, Cleópatra?
A mais famosa delas
foi justamente a última.

Cleópatra
A rainha do Egito Cleópatra (69-30 a.C.) era considerada uma especialista na arte do amor. Teve seu primeiro amante aos 12 anos (alguns historiadores sustentam que foi aos 21). Segundo o costume egípcio de casamentos na realeza entre filhos dos mesmos pais, Cleópatra foi casada com dois irmãos. Primeiro com Ptolomeu XIII, quando ele tinha 18 anos. Quatro anos depois da morte dele, ela se casou com Ptolomeu XIV, de 12 anos. Não havia relacionamento sexual nesses casamentos, que eram arrumados apenas para que ela pudesse ser rainha por intermédio de um monarca.

Aprendeu vários segredos do erotismo com cortesãs de um bordel que ela frequentava em Alexandria. Chegou a erguer um templo para receber uma grande legião de amantes. Dizia-se que ela chegou a fazer sexo oral com cem homens numa única noite. Tanto que ganhou o apelido de "Boca Escancarada".

A rainha egípcia ocupava vinte damas de companhia na preparação de seus banhos. Ficava até seis horas mergulhada em água com plantas aromáticas.

GRÉCIA ANTIGA

✹ Para evitar a infidelidade, a mulher deveria ficar descalça no inverno. Os pés frios, acreditavam os gregos, faziam diminuir o desejo sexual.

✹ O físico Areteus ficou "preguiçoso, fraco, enrugado, lívido e afeminado", segundo relatos da época, por causa do excesso de masturbação.

✹ As mulheres acreditavam num curioso método anticoncepcional: prendiam a respiração, ficavam de cócoras e forçavam um espirro.

✹ Hércules, famoso por violar cinquenta virgens numa única noite, tinha um caso com seu sobrinho, Iolau.

✸ Na Grécia antiga, os homens mais velhos (*erasta*) se tornavam responsáveis pelo desenvolvimento moral e intelectual de um menino (*erômeno*) quando ele terminava os estudos. Logo que surgia o primeiro pelo de barba, porém, o menino era considerado homem. Devia despedir-se de seu tutor e partir em busca de uma mulher.

✸ Licurgo, um advogado bastante respeitado, defendia a tese de que os homens velhos e fracos deviam deixar os mais novos engravidar suas mulheres com vistas ao aprimoramento da raça.

✸ Bem-dotados? Não. Os gregos achavam que pênis grandes eram feios e vulgares. Também acreditavam que um pênis menor era mais fértil, pois o esperma percorria um caminho mais curto até chegar ao corpo da mulher.

ROMA ANTIGA
✸ Os romanos colocavam a mão direita nos testículos na hora de fazer um juramento.

✸ A palavra "fornicar" veio do latim *fornicare*. Na antiga Roma, *fornicare* era o nome de um quarto alugado para uma noite de prazer. Era ali que as prostitutas atendiam seus clientes.

✸ Preocupado com a baixa taxa de natalidade, o imperador Augusto determinou que as viúvas deviam se casar, no máximo, em dois anos, e as divorciadas, em um ano e meio.

✸ Os xingamentos mais frequentes usados pelos cidadãos romanos eram: *paedicabo te* (vou comer teu c...) e *irrumabo te* (chupa o meu p...).

✸ Quando os banhos públicos foram criados, havia recintos separados para homens e mulheres. Os homens tomavam banho totalmente nus e as mulheres, com uma pequena tanga, que lhes cobria unicamente o sexo. Na época imperial, porém, a divisão dos sexos nos banhos públicos e nas termas de Roma foi abolida. Nessas instalações homens e mulheres despidos tomavam banho juntos, numa espécie de culto à nudez.

❋ As mulheres romanas, surpreendidas em flagrante delito de adultério, eram obrigadas a vestir na rua uma toga curta e escura, em vez da estola branca e comprida que usavam as damas romanas.

❋ Durante a juventude, Júlio César foi amante do rei Nicomedes, de Bitínia, na Ásia.

❋ O filósofo Lucrécio recomendava que os homens fizessem "sexo como os animais", ou seja, com a mulher de quatro. Segundo ele, essa posição garantiria a concepção, pois "o sêmen podia atingir mais facilmente o local apropriado".

❋ A tradição de o homem pedir a mão da mulher em casamento nasceu de um costume romano, o *dextrarum junctio*. A noiva era entregue ao novo marido pelo pai, que conservava sua posse.

❋ Para aliviar a dor da depilação, as mulheres romanas passavam na pele sangue de morcego e bílis de cabra.

❋ Na Roma Antiga, um homem casado podia ter relações sexuais com escravas, prostitutas, divorciadas e viúvas. Mas nunca com virgens e casadas. Algumas mulheres casadas se registravam como prostitutas para escapar da proibição. Mesmo se fossem descobertas, não eram punidas.

❋ Assim que se cansava de um parceiro ou parceira, o imperador Tibério, de Roma, mandava jogá-lo ao mar do alto dos rochedos da ilha de Capri.

❋ Os banhos romanos eram lugares ótimos para as prostitutas conseguirem clientes. Por esse motivo, as mulheres tinham que pagar o dobro do preço cobrado pela entrada, pois recuperariam o valor facilmente dentro do local.

SEXO NA HISTÓRIA

✽ Em 1490, as prostitutas andavam pelas ruas de Roma, na Itália, em companhia de sacerdotes. A explicação é simples. A cidade, que era habitada essencialmente por homens, tinha cerca de 7 mil "mulheres públicas". Elas se alojavam em casas pertencentes a mosteiros e igrejas, por isso ficavam amigas dos padres da "cidade eterna".

✽ Quem assistiu ao filme *O gladiador* certamente não sabia dos efeitos afrodisíacos da arena. No livro *A arte do amor*, escrito há cerca de 2 mil anos, Ovídio observa que as mulheres ficavam mais dispostas e atenciosas quando viam os gladiadores disputando a vida no meio das feras. Um estudo científico confirmou o efeito desta descarga de estimulante cardíaco. Uma injeção de adrenalina pode levar alguém a se sentir apaixonado por qualquer pessoa atraente que esteja perto.

Messalina
Valéria Messalina (22-48), terceira esposa do imperador romano Cláudio, ficou famosa por seu insaciável apetite sexual. Ela chegou a transformar seu quarto num bordel e convidava homens de todos os tipos e camadas sociais para se entreter ao seu lado. Numa ocasião, ela desafiou uma conhecida prostituta a ver qual delas conseguia saciar mais homens no período de 24 horas. Messalina ganhou a disputa, satisfazendo nada menos que 25 homens.
Calcula-se que ela teria transado com 8 mil homens. E isso porque viveu apenas 26 anos! Cruel, Messalina ordenava que alguns homens que não mais lhe serviam fossem masturbados até ficarem impotentes ou morrerem.
Messalina virou sinônimo de "mulher devassa".

As taras de Nero
Nero (37-68), o imperador que mandou pôr fogo em Roma no ano de 64, viveu sua vida sexual recheada de escândalos:

✣ Nero mandou cortar os testículos de um jovem chamado Esporo para transformá-lo em mulher. Numa cerimônia pública, o imperador "casou-se" com Esporo, que vestia o véu nupcial. Uma testemunha de tais acontecimentos disse que teria sido "um grande bem para a humanidade se Domício, pai de Nero, tivesse casado com uma mulher semelhante".

✣ Outro de seus passatempos preferidos era cobrir-se com a pele de um animal e ficar preso em uma jaula. Quando a porta era aberta, ele se lançava contra os órgãos sexuais de homens e mulheres amarrados a postes. Depois de saciar seus instintos selvagens, Nero era sodomizado por Doríforo, a quem Nero servia de esposa, do mesmo modo que Esporo se passava por sua mulher. Nessas ocasiões, Nero imitava os gritos e os gemidos das virgens ao serem violadas.

✣ Chegou a manter relações sexuais com a própria mãe, Agripina, enquanto eram carregados na liteira imperial.

✣ Quando escurecia, Nero entrava em prostíbulos de Roma, disfarçado com roupas de escravo.

✣ Em 68, o Senado romano decidiu que ele seria açoitado até a morte. Ao descobrir o plano, ele mesmo se matou.

A história do dedo médio
O famoso sinal do dedo médio erguido é uma das piores ofensas que pode haver hoje em dia. Significa algo como "vá tomar no c...". O costume nasceu entre os antigos romanos. Um dos maiores divulgadores do sinal foi o imperador Calígula. Ao apresentar a mão para ser beijada, ele estendia o dedo médio. Desse modo, ele estava dizendo "beije o meu pênis". O povo era obrigado a beijar o dedo mesmo assim. O gesto também era usado pelos homossexuais romanos como um convite para os outros homens, assim como pelos soldados em batalhas, como mostra de rendição.

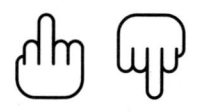

MAIS CURIOSIDADES

✽ O médico francês dr. Vanette era conhecido como guru do sexo no século XVII. Ele tinha várias teorias sobre o comportamento sexual humano. Entre suas afirmações estava a de que mulheres de seios flácidos eram "desinibidas demais" para o sexo e que homens de nariz grande possuíam também o pênis grande.

✽ O crítico francês Charles Augustin Saint-Beuve batizou os livros eróticos do século XIX de "livros para ler com uma só mão".

✽ Em 1749, o escritor inglês John Cleland escreveu um romance intitulado *Fanny Hill*. O livro era tão pornográfico para a época que o governo inglês propôs ao escritor uma pensão para o resto da vida em troca de nunca mais escrever nada parecido. John aceitou o acordo e cumpriu sua parte.

✽ Para se referir ao traseiro e ânus, Shakespeare usava o nome "Holanda". O apelido surgiu da associação do país, conhecido também como um dos "Países Baixos", e por sua constante umidade.

✽ No século XIX, os japoneses chamavam a vagina de "portão das joias". As mulheres tinham até o costume de andar com uma pérola dentro dela.

✽ No século XI a mulher que praticasse adultério deveria ser assassinada em praça pública pelo marido. Esse hábito é adotado ainda hoje em alguns países islâmicos.

O sexo e as religiões

Houve uma luta de 1.200 anos para impor a castidade aos padres. O celibato entre os religiosos (não podem casar, ter filhos e manter relações sexuais) surgiu no ano de 306, apenas na Espanha, conforme determinou o Concílio de Elvira. Oito anos depois, a Igreja afrouxou um pouco as regras e permitiu apenas o casamento dos diáconos (religiosos hierarquicamente abaixo do padre).
A exigência do celibato só voltou à tona em 1123, por interferência do papa Gregório VII. Moralista e radical ao extremo, abominava envolvimentos afetivos e sexuais de representantes do clero. Finalmente, entre 1537 e 1563, durante o Concílio de Trento, o celibato acabou se tornando obrigatório em todo o mundo.
O apóstolo Paulo foi o grande mentor intelectual do celibato. Ele abandonou a família e abraçou a castidade. Filho de fariseus, teve sólida formação judaica. Perseguiu cristãos por toda a Judeia. Numa dessas viagens, teve uma visão de que Jesus o escolhia como seguidor. Escreveu 14 epístolas às igrejas católicas recém-fundadas e pregou o Evangelho de Jesus em peregrinações. Numa delas, escreveu uma frase que ficou bastante conhecida: "Quisera que todos os homens fossem como eu: casto".

❉ A prática homossexual era comum entre os padres. Mas, aos poucos, começou a ser banida. Em 567, o Concílio de Tours determinou que dois padres não deviam mais dormir na mesma cama. Um pouco antes, o imperador Justiniano (482-565) havia dito que o homossexualismo era responsável pela fome, pela peste, pelos terremotos e por todos os males da natureza. O Concílio de Toledo, em 693, dizia que o padre que praticasse sodomia seria banido e receberia cem chibatadas.

❉ Para a Igreja, a única posição permitida era o homem por cima da mulher. As demais eram proibidas porque "igualavam o homem ao animal", "invertiam a natureza do homem e da mulher" e "podiam impedir a concepção".

❋ O papa João XII foi morto a pancadas no ano de 963 por um marido traído que o encontrou na cama, fazendo amor com a mulher.

❋ Na Idade Média, os violinos não podiam entrar nos conventos. Motivo: segundo a Igreja, o formato do instrumento lembrava o corpo de uma mulher e poderia prejudicar a pureza dos bons cristãos.

❋ No século XV, a prostituição, que já era um negócio lucrativo, passou a interessar à Igreja. Dentro de uma igreja em Avignon, na França, foi instalado um bordel.

❋ Na *Suma teológica*, São Tomás de Aquino listou quatro pecados carnais: masturbação, coito com animais, coito em orifício não natural e coito com sexo impróprio. Para o teólogo dominicano Antonino, que viveu no século XV, havia nove proibições sexuais: fornicação, estupro, violação, adultério, incesto, sacrilégio (transar com padre ou freira), masturbação, coito anal e homossexualismo.

❋ Outra curiosidade sobre São Tomás de Aquino: seus irmãos queriam impedi-lo de tornar-se padre. Contrataram então uma bela prostituta para seduzi-lo. Tomás de Aquino pôs a mulher para fora do seu quarto, perseguindo-a com um tição da lareira.

❋ Na época da Renascença, o Vaticano contratou um pintor para cobrir com tangas os nus dos quadros. Daniel Volterra, que executou o trabalho, recebeu o apelido de "Braguilha".

❋ São Gregório Magno (540-604) relatou a história de um abade chamado Equitius, que vivia atormentado pelos demônios da luxúria. Certo dia, um anjo lhe apareceu. Ao tocar seu pênis, o anjo concedeu a Equitius a graça da insensibilidade e da impotência.

❋ O papa Alexandre VI (1431-1503) promoveu a mais famosa orgia da história do Vaticano. Numa noite de outubro de 1501, o papa ordenou que cinquenta prostitutas fossem aos seus aposentos. Depois da ceia, elas dançaram com os criados e outros homens presentes, primeiro vestidas e depois nuas. Em uma das brincadeiras, velas acesas em castiçais foram colocadas no chão, com castanhas espalhadas entre elas. As mulheres tinham então que se arrastar, tentando recolher as castanhas com a vagina. O papa também premiou o homem que copulou o maior número de vezes.

✣ Historiadores revelaram que três papas foram homossexuais: Paulo II (1464--1471), Sixtus IV (1471-1484) e Júlio III (1550-1555). Segundo Bartolomeo Sacchi, biógrafo de Paulo II, o papa teve um ataque cardíaco durante uma sessão em que estava sendo sodomizado por um rapaz. A Igreja, porém, anunciou outra *causa mortis*: Paulo II teria morrido de congestão, por ter comido uma quantidade excessiva de melões. Sobre o relato de Sacchi, a Igreja afirmou que se tratava de uma vingança por Paulo II o ter mandado prender.

✣ O papa Clemente II encontrou uma maneira de arrancar dinheiro até mesmo das prostitutas. Decretou que, ao morrer, elas deveriam deixar metade de seu dinheiro para a Igreja.

✣ As antigas leis judaicas puniam a masturbação com a pena de morte.

✣ O banho ritual de uma mulher judia depois de findo o período menstrual é chamado de *mikvah*. Nas comunidades de judeus ortodoxos, a mulher só pode voltar a ter relações sexuais depois desse banho.

✣ Após o ato sexual ou qualquer outra descarga de sêmen (masturbação ou polução noturna, por exemplo), o muçulmano é obrigado a se lavar. Até que isso seja feito, ele fica proibido de fazer orações.

Não os deixeis cair em tentação!

Em agosto de 2000, a maranhense Anna França, ex-freira franciscana, lançou o livro *Outros hábitos*. A obra causou muita polêmica, porque Anna relata o romance que manteve com a madre superiora de um convento em Belo Horizonte por quatro anos. O relacionamento só terminou quando a superiora foi transferida para a França.

Segundo Anna França, a madre superiora lhe contou que costumava misturar inibidores de libido na comida servida às noviças.

✱ Uma reportagem da revista *IstoÉ* revelou que o Vaticano tem em seu poder um documento chamado "Pedofilia no Clero das Américas". Nele, há o relato de 1.500 casos de pedofilia envolvendo sacerdotes e diáconos das três Américas.

✱ Em Porto Alegre, o ex-padre Roque Rauber escandalizou a cidade. Ele abriu uma casa para encontro de *swingers*, com o nome de Sofazão Fantasy Club. A troca de casais é feita nos inúmeros sofás que tomam conta da casa. Segundo Rauber, as almas não são atormentadas pelos pecados, mas por fantasias reprimidas.

✱ Quando era criança, Peter Stone sempre fazia o mesmo pedido em suas orações antes de dormir: queria acordar mulher. Em 2000, aos 46 anos, finalmente Peter fez a operação para mudança de sexo e se transformou em Carol Stone. Com o apoio de um bispo, Peter foi o primeiro sacerdote da Igreja Anglicana a trocar de sexo.

VOCÊ SABIA QUE...

... mesmo que resolvam abandonar a batina para se casar, os padres continuam sendo chamados de padres? O sacerdócio é um sacramento irrevogável. Mas perdem a licença para exercer atividades ministeriais da Igreja.

Histórias de mil e uma noites

O QUE É UM HARÉM?
A palavra "harém" é uma abreviatura de *haremlik*, que significa "aposento de mulheres" (o dos homens era chamado de *selamlik*). Escravas estrangeiras eram compradas nos mercados do Mediterrâneo e do mar Negro. Aprendiam música, bordado, culinária, contabilidade e tentavam chamar a atenção do sultão. Um harém tinha de 300 a 1.200 concubinas. Ao ser escolhida pelo sultão, a mulher tinha de ir até ele rastejando sob as cobertas.

ESPELHO NO TETO
A ideia de colocar espelhos no teto do quarto surgiu dentro dos haréns. Era uma forma de os sultões apreciarem melhor as orgias que promoviam.

EUNUCOS
Os eunucos negros eram escravos estrangeiros que cuidavam dos haréns. Seus órgãos sexuais eram cortados para que não mantivessem qualquer tipo de relacionamento com as mulheres. Em Roma, eles passavam pela castração no "Dia do Sangue", e os órgãos eram enterrados, numa espécie de ritual de fertilidade. Os eunucos os guardavam em vidros com álcool para que fossem enterrados com seus ex-donos.
Os eunucos brancos – levados dos países eslavos e da Alemanha – eram responsáveis pelos aposentos do sultão. Só seus testículos eram cortados, e dizia-se que eles ainda podiam ter ereções. A palavra "eunuco" vem do grego e significa "aquele que cuida da cama". Cada harém tinha entre seis e oito eunucos.

POR DENTRO DO HARÉM

Homens
Aga – O executivo do harém, chefe dos eunucos negros
Eunucos brancos – Os oficiais administrativos do harém
Eunucos negros – Os guardas das mulheres
Hoca – O tutor dos príncipes
Musahips – Os conversadores do sultão
Anões – Os mascotes do harém (castrados)
Baltacilars – Trabalhadores braçais do harém

Mulheres
Valide – A mãe do sultão
Kadin – As esposas do sultão (quatro, em ordem de preferência)
Ikbal – As concubinas favoritas do sultão (quatro, oito, ou no máximo dezesseis, em ordem de preferência)
Gozde – As concubinas candidatas a favoritas (inúmeras)
Gedikli – As odaliscas pessoais do sultão, eventuais concubinas (dezenas)
Cariye – As odaliscas subalternas (centenas)

5

O que gosto da masturbação é que
não preciso dizer nada depois.

MILOS FORMAN
(1932-), cineasta

Masturbação

> "Cheguei a pensar que a masturbação fosse o único grande hábito, a necessidade primitiva."
> Sigmund Freud, psicanalista, em 1897

Cercada de tabus, a masturbação foi considerada durante muitos séculos uma prática sexual condenável. Algumas religiões até hoje não aceitam o ato da autoestimulação. De duas ou três décadas para cá, porém, muita gente começou a entender a masturbação como parte do processo de conhecimento do próprio corpo. Ela é nossa primeira forma de experimentar o prazer. E é aprendendo consigo mesma que a pessoa vai poder dividir melhor esse prazer com outra. A masturbação feminina, ainda mais cercada de preconceitos do que a masculina, também passou a ser vista de outro modo. Hoje, os garotos sabem que as meninas também se masturbam e que isso é muito importante para que elas possam ter uma vida sexual saudável. Neste capítulo, você conhecerá algumas curiosidades históricas sobre a masturbação e saberá quais as dúvidas mais comuns sobre esse assunto.

O QUE SIGNIFICA MASTURBAÇÃO?
A palavra vem do latim *masturbatione* e significa "poluir-se".

ONÃ, O PAI DA MASTURBAÇÃO
Onã é um personagem bíblico citado em *Gênesis* 38 (8-10). Ele era o segundo filho de Judá, fundador de uma das tribos de Israel. O filho mais velho, Er, foi obrigado a se casar com Tamar. Por ser "perverso com o Senhor", Er morreu. Judá, o pai, ordena então que Onã se relacione com a cunhada para que ela tenha filhos. O *Antigo Testamento* diz que Onã resolveu obedecer, mesmo sabendo que a fecundação seria atribuída a seu irmão morto. Por isso, todas as vezes que possuía a mulher do irmão, ele "deixava o sêmen cair na terra". Ou seja, na hora de ejacular, Onã praticava o coito interrompido — tirava o pênis de dentro de Tamar e deixava jorrar o sêmen no chão. Isso era um atentado contra a lei judaica. Judá não aprovou tal atitude e matou o próprio

filho. Essa história acabou criando a expressão "onanismo", como referência à masturbação, que entrou nos dicionários em 1835.

QUER SABER COMO TERMINA A HISTÓRIA?
Tamar disfarça-se de prostituta e leva o próprio sogro para a cama. Ela aproveita para guardar alguns objetos que pertenciam a ele. Quando sua gravidez aparece, Judá fica enfurecido e diz que ela deve morrer, por ter mantido relações sexuais fora da família. Mas Tamar lhe mostra os objetos que haviam ficado com ela naquela noite e é perdoada.

Como os homens e as mulheres se masturbam

HOMENS
Os homens manipulam o pênis para que ele fique em ereção. Segurando o órgão com uma das mãos, eles fazem movimentos repetidos, para cima e para baixo (ou para a frente e para trás) na busca do prazer. A masturbação masculina é, em geral, acompanhada por fantasias eróticas (os homens ficam lembrando ou criando cenas e situações que lhes dão prazer) ou por imagens reais obtidas em revistas, vídeos ou na internet.

MULHERES
As mulheres, em geral, usam as mãos para acariciar os órgãos genitais, especialmente o clitóris ou as partes do corpo que lhes dão mais prazer. Algumas introduzem os dedos ou algum objeto na vagina. Essa última prática exige mais cuidados porque há risco de ferimento. As mulheres podem se estimular com jatos de água (chuveirinho ou bidê) na área do clitóris. Elas também se estimulam com fantasias eróticas ou mesmo com imagens de revistas e filmes. Mas, na média, os homens são muito mais ligados no visual e na imagem como estímulo para a masturbação do que as mulheres.

DEZESSEIS PERGUNTAS SOBRE MASTURBAÇÃO

1. Existe algum problema em me masturbar logo depois de uma refeição ou quando estou de barriga vazia?
Não, nenhum. Mas será que com muita fome ou de barriga muito cheia, o tesão aparece com a mesma força? Reserve seu prazer para outros momentos mais tranquilos.

2. Gosto de me masturbar, mas, no dia seguinte, meu pênis sempre fica dolorido. Isso é normal?
O limite para a masturbação varia muito de uma pessoa para outra. Se seu pênis está ficando dolorido é porque, provavelmente, você exagerou na dose ou utilizou muita força para se masturbar. Alguns garotos com fimose (dificuldade de colocar a cabeça do pênis para fora da pele que o recobre) podem ter um pouco mais de incômodo ao se masturbar. Se, mesmo com esses cuidados, as dores persistirem, é bom conversar com um médico.

3. Para me masturbar, coloco o dedo dentro da vagina. Posso perder a virgindade assim? E se eu usar um vibrador?
Em geral, não há risco de rompimento do hímen pela introdução dos dedos na vagina, a menos que a mulher faça movimentos muito bruscos. Se o vibrador for colocado dentro da vagina, existe essa possibilidade. Se o aparelho for usado só na região próxima ao clitóris, mais externa, não existe o risco de perda da virgindade.

4. Dá para saber quando alguém se masturba?
Não existem sinais evidentes de que uma pessoa se masturbou. A não ser aqueles meninos que costumam entrar com revistas de mulher nua no banheiro e demorar horas para sair... Pode apostar que quase todo mundo que você conhece se masturba, pelo menos de vez em quando.

5. Até que idade é normal se masturbar?
Não existe uma regra. Tem gente que se masturba desde o começo da adolescência e para depois que começa a transar. Algumas pessoas continuam se masturbando mesmo depois de adultas.

6. Quantas vezes posso me masturbar por dia?
Não existe nenhum problema em se masturbar mais de uma vez por dia. O limite para o número de vezes vai depender de você. Se o pênis estiver meio machucado, inchado ou doído é melhor dar um tempo até que ele esteja pronto para a próxima.

7. Uma garota que nunca se masturbou pode chegar ao orgasmo na primeira transa?
Claro que sim. Fica mais difícil, mas é possível. A masturbação facilita a descoberta do corpo, das sensações e do prazer. Isso tudo é importante na primeira transa.

8. Quem se masturba muito pode prejudicar sua futura vida sexual?
Masturbação não prejudica a vida sexual de ninguém. Aprender a controlar o próprio prazer é ferramenta importante para uma vida sexual satisfatória. É um aprendizado. Deve-se conhecer primeiro o próprio corpo para depois entender o corpo do outro.

9. Na última vez que me masturbei, o esperma saiu mais consistente do que o normal. Por que quando me masturbo vendo um filme pornográfico a quantidade de esperma aumenta muito?
Se o homem se masturba com frequência, o esperma pode ficar mais líquido e mais claro. Se ele fica mais tempo sem se masturbar, o esperma pode ficar mais grosso, mais consistente. Essas variações são normais! A quantidade de esperma eliminada depende da frequência das masturbações e do grau de excitação que a pessoa consegue atingir. Assim, se você tem mais tesão quando vê filmes pornográficos, pode ejacular mais do que se ficar só na imaginação.

10. Como é a "masturbação a dois"?
Os parceiros acariciam os órgãos genitais um do outro. Pode ser os dois ao mesmo tempo ou um de cada vez. Esse tipo de contato permite que um conheça o corpo do outro e aprenda como dar e sentir prazer.

11. Sinto dor quando meu namorado me masturba. Qual é o problema?
Talvez seu namorado esteja tocando seu clitóris com muita força. Você pode ensiná-lo a ser mais delicado e a fazer carinhos de outra forma.

12. Tenho 14 anos e não sinto o mínimo prazer em me masturbar. Isso é normal?
Não há absolutamente nada de errado com você. Primeiro, porque as pessoas são "despertadas" para o início da vida sexual em momentos diferentes. Para muita gente, 14 anos ainda não é exatamente a hora certa. Para outros, esse pique começa aos 11 anos. Depois, a masturbação não é obrigatoriamente a opção de vida sexual para todo mundo. Tem gente que não curte, não sente prazer, acha meio sem graça e prefere começar a trocar prazer diretamente com outra pessoa.

13. Dia desses, entrei no quarto e vi meu marido se masturbando. Foi o maior choque. Será que ele não se satisfaz mais comigo?
O fato de seu marido se masturbar eventualmente não significa um problema na vida sexual de vocês. O prazer da masturbação pode ser diferente do prazer no relacionamento a dois, e um não deve competir com o outro. Essa situação só passa a ser um problema se ele estiver se masturbando sempre, sem querer ter relações com você.

14. O que é a "Bela Adormecida"?
É uma técnica de masturbação usada por alguns homens. Eles se sentam sobre a própria mão para deixá-la dormente, o que depois dá a sensação de estar sendo masturbado por outra pessoa.

15. Quais são os riscos que corro ao me masturbar ou fazer penetração anal com objetos?
Objetos podem machucar e ferir a vagina e o ânus. Portanto, todo o cuidado é pouco. Os objetos também devem ser pessoais e estar sempre limpos. Com isso se evitam infecções e o risco de transmissão de DSTs. Na prática de sexo

anal e vaginal com objetos, uma atenção especial deve ser depositada em objetos que podem ficar retidos no corpo, trazendo riscos para a saúde e constrangimento no momento de procurar ajuda médica.

16. Estou apaixonado por uma garota e não tenho mais a vontade de me masturbar que tinha antes. Qual é a causa?
Não está acontecendo nada de errado com você. É mais comum uma pessoa canalizar sua energia sexual para a masturbação quando está sozinha. Agora que você está apaixonado, aproveite para curtir a garota.

PEGA NA MENTIRA
Existe uma série de lendas relacionadas com a prática da masturbação. Não caia nessa! Aprenda de uma vez por todas que:
- masturbação não faz aparecer espinhas no rosto;
- masturbação não faz nascer pelos nas mãos;
- masturbação não diminui o interesse sexual nem causa impotência;
- masturbação não causa cegueira;
- masturbação não faz crescer o tamanho do peito do homem e do clitóris da mulher;
- masturbação não causa loucura;
- masturbação não deixa o pênis torto;
- masturbação não provoca ejaculação precoce;
- masturbação não faz o cabelo cair.

Bobagens históricas

✣ Durante a era vitoriana, na Inglaterra, alguns pais usavam uma espécie de gaiola, algumas com pregos, que prendiam o pênis dos filhos para evitar que se masturbassem. A gaiola permitia que os garotos urinassem, mas não deixava que eles colocassem a mão no pênis.

✣ No início do século XVIII, médicos europeus descreviam as enfermidades físicas atribuídas à masturbação desse modo: "o desperdício impetuoso de sêmen provoca lassidão, debilidade, enfraquecimento do movimento, espasmos, devastação, esterilidade, febre, dores de cabeça, embotamento dos sentidos e, além de tudo isso, a deterioração da medula espinhal, uma fatuidade".

✤ Em 1758, o médico suíço Samuel Auguste Tissot escreveu um trabalho arrasador sobre a masturbação, que, segundo ele, seria capaz de "provocar loucura". O estudo de Tissot permaneceu sendo uma verdade científica até o início do século XX.

✤ Entre 1856 e 1919, o Escritório de Patentes dos Estados Unidos registrou 498 aparelhos antimasturbação. Um deles dava choques se houvesse uma ereção. Já imaginou?

✤ O dr. John Harvey Kellogg, famoso pela criação dos cereais que hoje levam seu nome, defendia o celibato mesmo sendo casado. Segundo ele, a abstinência sexual ajudava a garantir uma boa saúde. Kellogg atacava sobremaneira a prática da masturbação. Ele escreveu um livro detalhando 39 sinais para pais que quisessem detectar o "vício secreto do autoabuso", como vontade de comer barro e o surgimento de acne.

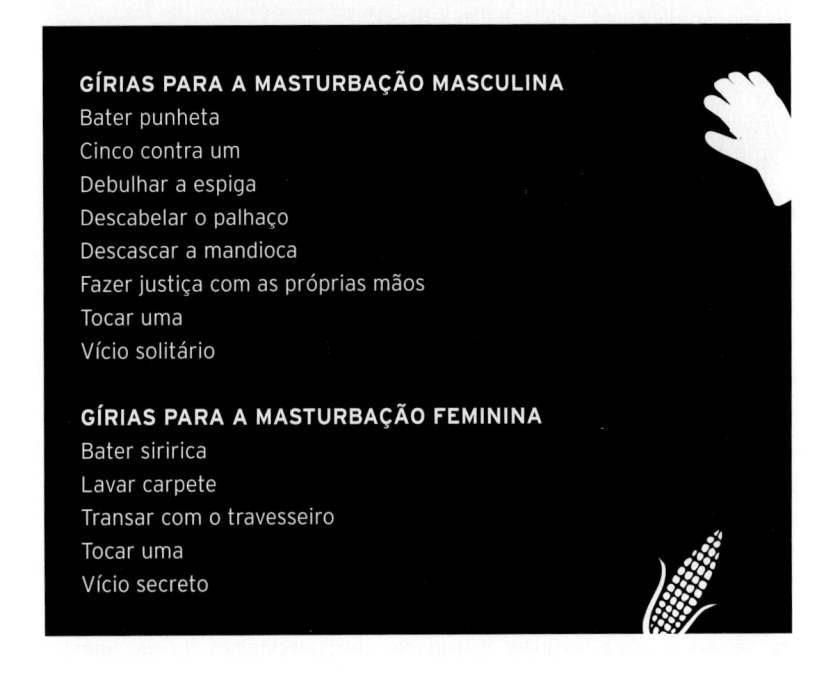

GÍRIAS PARA A MASTURBAÇÃO MASCULINA
Bater punheta
Cinco contra um
Debulhar a espiga
Descabelar o palhaço
Descascar a mandioca
Fazer justiça com as próprias mãos
Tocar uma
Vício solitário

GÍRIAS PARA A MASTURBAÇÃO FEMININA
Bater siririca
Lavar carpete
Transar com o travesseiro
Tocar uma
Vício secreto

VALE-TUDO NO CINEMA
O cinema já mostrou curiosas formas de masturbação. No filme *Contos eróticos* (1977), o professor vivido por Cláudio Cavalcanti no episódio "Vereda tropical" se aliviava com a ajuda de melancias. Em *American Pie* (1999), o personagem Jim (Jason Biggs) treina com uma torta de maçã quentinha para perder a virgindade.

Vibradores & dildos

VIBRADORES
São cilindros de plástico, com formato de pênis, movidos por um pequeno motor. As mulheres o usam para estimular o clitóris e as áreas sensíveis da vagina. Sua invenção é atribuída ao médico norte-americano Joseph Mortimer Granville. Em 1883, ele criou um massageador elétrico, mas fez de tudo para que seu invento não tivesse nenhuma conotação sexual. Por volta de 1900, no entanto, a publicidade dos massageadores começava a ficar mais explícita. Uma delas prometia que o aparelho "restaurava o brilho dos olhos e o rosado da face das mulheres". Os massageadores caíram em desuso na década de 1930 e só voltaram quarenta anos depois, já com fortíssimo apelo sexual.

DILDOS
Imagens de dildos já apareciam em culturas bem antigas, como em vasos da Grécia e afrescos egípcios. Os dildos (ou pênis artificiais) são desenhados e produzidos para serem introduzidos na vagina ou no ânus. Dildos não vibram. São feitos de vinil ou de silicone e têm a aparência de um pênis de verdade.

LÁ VEM HISTÓRIA!
Tipu Sanib, um sultão da Índia, permitia o uso de dildos às seiscentas mulheres de seu harém para mantê-las sexualmente satisfeitas, como forma de evitar o lesbianismo e o adultério. As mulheres também usavam um *mulierre* (faixa especial de pano que cobria a genitália e era presa ao cinto por meio de tiras) para criar um estímulo genital enquanto caminhavam.

O QUE SIGNIFICA?
A palavra "dildo" vem do latim *dilatare*,
que significa dilatar, abrir.

> No arquipélago de Samoa, as mães tinham o costume de masturbar os filhos pequenos para que os pênis dos meninos alcançassem um tamanho mais avantajado.

6

Quando morrer, quero ser velada de bruços para ser reconhecida.

RITA CADILLAC
(1954-), ex-chacrete

Gente

Reis e rainhas fazem. Astros e estrelas fazem. Pintores, escritores, cientistas, modelos, presidentes e atletas fazem. Conheça algumas histórias de sexo, vividas por personalidades de todos os tempos (mesmo quando essas histórias tiveram que ser vividas às escondidas).

Curiosidades sexuais sobre gente famosa

★ O escritor alemão Thomas Mann, apesar de casado, tinha uma forte tendência homossexual. Ele ia almoçar quase todos os dias em um restaurante na Alemanha só para ser servido pelo garçom que lhe despertava violenta paixão!

★ Quando ainda fazia pontas em filmes de terceira categoria, o galã Brad Pitt dirigiu limusines a serviço de prostitutas para engordar o orçamento.

★ O pintor espanhol Pablo Picasso foi abandonado pela esposa aos 82 anos. Ela o acusou de ser infiel.

★ Parri Reagan Davis, filha do ex-presidente americano Ronald Reagan, apareceu nua num vídeo lançado pela revista *Playboy*.

★ Enlouquecido de ciúmes, o piloto de Fórmula 1 Ralf Schumacher comprou todos os negativos de fotos em que a namorada aparecia nua. Cora Brickman é modelo e fez o ensaio para o livro *Erotic acts*. Apesar de ter gostado das fotos, o alemão alegou que a garota é só dele. Possessivo? O piloto brasileiro Ayrton Senna fez a mesma coisa com fotos da então namorada Adriane Galisteu. O rei Pelé também não quis dividir Xuxa com os marmanjos viciados em bancas de jornal.

★ A atriz Joan Crawford recusava-se a filmar quando estava menstruada.

★ O pintor Van Gogh acreditava que seus trabalhos não seriam tão bons se ele tivesse muitas relações sexuais.

★ O escritor russo Leon Tolstoi, autor de *Guerra e paz*, transou pela primeira vez com uma prostituta. Ele foi levado a um bordel pelo irmão. Depois da transa, Tolstoi sentou-se na beira da cama e começou a chorar.

★ O escritor americano F. Scott Fitzgerald era complexado: achava seu pênis pequeno demais. Mesmo assim só escrevia transando.

★ Outro escritor americano, Mark Twain, casou ainda virgem. Ele tinha 34 anos quando transou pela primeira vez com sua esposa. Twain nunca mais transou depois que ela morreu. Na época, ele tinha 68 anos.

★ A cantora Billie Holiday se apresentava sem vestir calcinha por baixo da roupa. Ela teve muitos homens mas um começo trágico: foi estuprada quando tinha dez anos.

★ Numa viagem de trem, a cantora Janis Joplin, ídolo da geração "paz e amor", ficou frustrada por ter transado com apenas 65 homens dos 365 que estavam a bordo.

★ Quando tinha 13 anos, o compositor Richard Wagner ficava excitado ao encostar na roupa de suas irmãs.

★ A irmã predileta do imperador francês Napoleão Bonaparte morreu por causa de uma infecção vaginal. Pauline Bonaparte detestava homens de pênis pequeno.

★ O ditador italiano Benito Mussolini era craque em "rapidinhas". Ele transava sem tirar a calça ou os sapatos.

★ Juan Perón, presidente argentino deposto por um golpe militar, transou com Evita, sua futura mulher, logo na primeira vez que se encontraram.

★ Pancho Villa, revolucionário mexicano, casou 75 vezes e estuprou muitas mulheres. Uma delas foi estuprada na frente do pai.

★ O *playboy* brasileiro Jorginho Guinle namorou atrizes de Hollywood. Da lista estelar fazem parte Kim Novack, Eddie Lamar, Rommy Schneider, Jane Mansfield, Rita Hayworth e Marlene Dietrich.

★ O cineasta Woody Allen foi expulso de duas faculdades por ter sonhos eróticos em sala de aula.

★ Nick Oliveri, baixista do grupo Queens of the Stone Age, quase foi preso no Brasil. Em janeiro de 2001, ele se apresentou nu no show da banda, realizado no Rio de Janeiro. Seu órgão genital ficou escondidinho atrás do baixo.

★ Um Jaguar que serviria para transportar a rainha Elizabeth II, da Inglaterra, foi flagrado com revistas pornográficas e um símbolo nazista. O carro estava sendo blindado por funcionários da montadora britânica. Segundo o jornal *The Guardian*, a direção da empresa pediu desculpas à Alteza, abriu uma investigação e demitiu um funcionário.

★ Quando ainda não estava na moda homens famosos posarem nus para revistas no Brasil, o cantor Nelson Gonçalves fez uma declaração surpreendente à revista *Playboy*, em 1998: "Contam por aí que tenho o membro muito grande. E tenho mesmo. São 22 centímetros de comprimento. E é grosso: dá 19 centímetros de circunferência".

★ A atriz norte-americana Pamela Anderson revelou em uma entrevista que foi estuprada quando adolescente e só se lembrou do ocorrido décadas depois. "Eu bloqueei mentalmente o trauma", disse ela.

★ O membro da Academia de Letras de Itajaí, João Carlos Ramos Filho, distribuiu 5 mil camisinhas com poemas gravados nas embalagens, durante o carnaval na cidade catarinense.

★ Em julho de 2004, a revista *European Journal of Neurology* divulgou que a causa verdadeira da morte do líder comunista russo Vladimir Lênin foi sífilis, doença infecciosa transmitida sobretudo por contato sexual. Na época de sua morte, em 1924, havia sido divulgado que ele havia morrido por causa de problemas respiratórios.

★ Quando não queria receber Luís XV em sua cama, a mais conhecida de suas amantes – madame Dubarry – se maquiava bastante. O rei não suportava dormir com mulheres pintadas.

★ A mais antiga representação do ato sexual que já foi encontrada está em pinturas da Idade da Pedra (aproximadamente 4 mil anos a.C.). Trata-se de um homem deitado de costas e uma mulher por cima.

★ Santo Agostinho, conhecido por ter sido um defensor ferrenho da castidade, caiu na gandaia até os 34 anos. Depois disso, abdicou dos prazeres da carne e se empenhou na missão de convencer o resto do mundo a fazer o mesmo.

★ Para os antigos romanos o sexo oral era um ato extremamente infame.

★ Quando a insaciável Catarina, A Grande, morreu, em 1796, correu por toda a Rússia o boato de que o coração da louca soberana não teria suportado o esforço de tentar manter relações sexuais com um cavalo.

★ O escritor irlandês James Joyce tinha tara por calcinhas com rendas e babados.

★ Elton John oficializou sua união de doze anos com o produtor David Furnish em 21 de dezembro de 2005. Os dois se casaram no mesmo local que o príncipe Charles e Camilla Parker-Bowles, o Gridhall (espécie de cartório), em Londres (Inglaterra). John e Furnish decidiram "trocar alianças" pouco tempo depois que o parlamento britânico aprovou uma lei permitindo a oficialização da união civil de casais do mesmo sexo na Inglaterra e no País de Gales.

★ Nos idos de 1969, o fenomenal baterista John "Bonzo" Bonham do Led Zeppelin participou de uma esdrúxula experiência sexual em Seattle (EUA). Ele e o chefe de turnê da banda, Richard Cole, realizaram atividades nada ortodoxas em companhia de uma tiete, equipados com um... peixe morto! As noitadas e os excessos de Bonzo culminariam com sua morte em 25 de setembro de 1980, na casa do guitarrista Jimmy Page. Os médicos que examinaram o corpo do lendário baterista revelaram que havia o equivalente a quarenta doses de vodca em seu sangue.

★ Em 2002, o grupo de rock Kiss lançou uma linha de preservativos com seu nome. As embalagens vêm com fotos dos integrantes estampadas. A primeira série, em látex roxo, chama-se Tongue Lubricated (Língua Lubrificada). Ainda haverá uma com a imagem do guitarrista Paul Stanley, batizada de Studed

Paul (Paul Garanhão), e outra com o nome Love Gun Protection (Arma de Proteção Amorosa).

★ O cantor Enrique Iglesias anunciou em 9 de novembro de 2005 que está decidido a lançar camisinhas pequenas e extrapequenas. Ele disse que se cansou de procurar no mercado modelos deste tamanho.

★ O líder indiano Mahatma Gandhi (1869-1948) dormia com mulheres nuas para pôr à prova sua capacidade de abstinência.

★ O pintor espanhol Pablo Picasso (1881-1973) teve sete mulheres ao longo de sua vida. Duas delas se mataram depois da separação. No seu mais famoso quadro, *Guernica*, Picasso retratou suas duas mulheres na época: Marie--Thérèse, mãe de sua filha Maya, e a fotógrafa Dora Maar, sua amante e modelo favorita. Cada uma ficou de um lado do quadro. Picasso chegou a levar as duas numa mesma viagem. Uma ficou no hotel e a outra, numa casa alugada.

★ O escritor francês Victor Hugo (1802-1885) casou-se virgem, mas resolveu tirar o atraso já na noite de núpcias. Segundo seu próprio relato, ele fez amor nove vezes com sua mulher, Adèle Foucher, na primeira noite. Gostou tanto da coisa que, em pouco tempo, já não se satisfazia só com Adèle e iniciou um caso com a atriz Juliette Drouet. Victor Hugo usava nomes falsos para alugar apartamentos em Paris e nos arredores da cidade para abrigar suas amantes. Em um deles, o escritor foi apanhado em flagrante com Léonie Briard, cujo marido havia chamado a polícia e mandado seguir a esposa. Léonie foi presa, e Victor Hugo nada sofreu. Quando ele morreu, em 1885, as prostitutas de Paris ficaram de luto.

★ Aqui se faz, aqui se paga. O crítico literário Saint-Beuve tinha um caso com a mulher de Victor Hugo. Visitava a amante todas as manhãs, disfarçado de freira.

★ Em sua noite de núpcias com Josefina de Beauharnais, o general francês Napoleão Bonaparte (1769-1821) foi mordido pelo cãozinho de estimação dela, Fortuné. Julgando que sua dona estava sendo "atacada", o cachorrinho pulou na cama e abocanhou a perna esquerda do general.

★ Por falar em Napoleão, o pênis embalsamado do imperador francês foi arrematado num leilão de 1969 por 38 mil dólares.

★ Shakespeare apaixonado? O dramaturgo inglês William Shakespeare (1564-1616) casou-se aos dezoito anos com Anne Hathaway. Ela era oito anos mais velha que ele e estava grávida. Acontece que Shakespeare estava mesmo apaixonado por William Hart, que trabalhava em sua companhia teatral como figurinista, responsável pelos chapéus. Shakespeare convenceu sua irmã, Joan, a se casar com William. Era uma forma de tê-lo mais perto. Os sonetos de Shakespeare foram dedicados ao "sr. W. H.". Quando William morreu, Shakespeare ficou tão triste que faleceu na mesma semana.

★ O famoso cantor de ópera Enrico Caruso (1873-1921) foi preso no ano de 1906 por beliscar o bumbum de uma mulher desconhecida no jardim zoológico que fica dentro do Central Park, em Nova York. O episódio ficou conhecido como "Escândalo da jaula do macaco".

★ Honoré de Balzac (1799-1850) escreveu uma série de romances em seu curto tempo de vida. Dizia-se que ele era capaz de terminar um romance de trezentas páginas num só dia. Além disso, teve também uma vida sexual bastante ativa. Há uma história que conta que numa manhã, ao acordar depois de uma noite de sexo que considerou abaixo da média, Balzac teria dito à moça: "Esta madrugada desperdicei uma obra-prima".

★ "Jamais pinte uma mulher velha, sejam quais forem as circunstâncias", pregava o artista Ticiano (1485-1576). Mas ele mesmo foi obrigado a quebrar essa regra quando a duquesa de Urbino pediu ao marido que o contratasse para pintá-la despida. Um amigo de Ticiano sugeriu que ele chamasse a moça mais atraente do bordel para posar e pintasse seu corpo. A cabeça do retrato seria a da duquesa, com alguns retoques. Ao ver o quadro pronto, a duquesa ficou maravilhada. Ainda mais porque o quadro recebeu o nome de *A Vênus de Urbino*. O duque de Urbino também não se conteve diante do quadro e exclamou: "Se eu pudesse ter o corpo dessa moça, mesmo com a cabeça de minha mulher, seria um homem muito mais feliz".

★ Às vésperas do Natal de 1888, Vincent van Gogh (1853-1890) cortou a orelha direita. Uma das versões atribui o ato a uma vingança contra a amante Virginie, uma prostituta de Arles, no Sul da França, para quem teria enviado a orelha ensanguentada dentro de um envelope, depois de saber que ela se apaixonara pelo seu amigo Paul Gauguin.

★ Pintar uma mulher nua era algo raro na Espanha dos tempos da Inquisição. Mas Francisco de Goya (1746-1828) não se intimidou. Pintou *La Maja Desnuda* e o escondeu fazendo também um segundo quadro, *La Maja Vestida*, que era pendurado sobre o primeiro. Os dois quadros estão hoje no Museu do Prado, em Madri. A modelo do quadro teria sido Pilar Teresa Cayetana, a duquesa de Alba, amante do pintor. Os dois quadros, pelo menos, pertenciam à sua coleção. A fama de Goya como pintor nasceu rápido justamente com esse caso envolvendo a duquesa de Alba. O marido dela teria sido informado de que Goya pintara o retrato dela sem roupa e anunciou que ia ao estúdio de Goya defender sua honra. Ao chegar lá, no dia seguinte, encontrou o retrato da mulher toda vestida. Goya teria pintado o segundo quadro da noite para o dia.

★ O ditador alemão Adolf Hitler (1889-1945) tinha apenas um testículo.

★ Quando o milionário Aristóteles Onassis (1906-1975) casou-se com Jackie Kennedy, ex-primeira-dama dos Estados Unidos, em outubro de 1968, um dos presentes que ele lhe deu foi metade da ilha grega de Skorpios. Jackie ganhou também um novo guarda-roupa avaliado em 1,2 milhão de dólares.

★ Mick Jagger (1943-) confessou que teve um caso amoroso com a mãe de seu colega Brian Jones. Outra do líder do Rolling Stones: sua ex-mulher, Jerry Hall, apareceu nua no espetáculo *A primeira noite de um homem*, que estreou em Londres no segundo semestre de 2000. "Recusei uma proposta de um milhão de dólares para posar nua e, na peça, os fotógrafos conseguem as imagens de graça", disse Jerry Hall.

★ A *spice girl* Victoria Adams confidenciou que seu marido, o famoso jogador de futebol David Beckhman, gostava de vestir suas calcinhas. Tempos depois, cansado das brincadeiras, Beckhman desmentiu tudo. Uma pesquisa mostrou que um em cada sete ingleses tem esse costume. A maioria, no entanto, disse que não teria coragem de usar calcinhas fora de casa. Motivo: medo de sofrer um acidente e seu segredo ser descoberto.

★ O cantor *pop* George Michael foi flagrado, em abril de 1998, em atividade sexual com um rapaz dentro de um banheiro público em Los Angeles. Ele contou essa experiência na música *Outside*.

★ Em 1996, o tenor Luciano Pavarotti (1935-2007) separou-se de sua mulher, Adua, depois de 35 anos de casamento. Ele resolveu assumir o romance com sua secretária, Nicoletta Mantovani, que tinha 26 anos na época.

★ O escritor americano Henry Miller (1891-1980) e sua mulher, June Mansfield, dividiram a cama com a escritora francesa Anaïs Nin (1903-1977). Miller escreveu os clássicos do erotismo *Trópico de Câncer* (1934) e *Trópico de Capricórnio* (1938), que foram proibidos nos Estados Unidos até a década de 1960.

OS MAIORES AMANTES DA HISTÓRIA
Don Juan

Apesar de inúmeras pesquisas, nunca se descobriu se Don Juan realmente existiu. Alguns historiadores chegaram a suspeitar de Miguel Mañara, um nobre de Sevilha, na Espanha, suposto país do aristocrático conquistador. Acontece que Mañara era um conquistador muito discreto, ao contrário de Don Juan, e nasceu em 1626. Um século antes, já se falava no incrível e lendário sedutor de mulheres, que inspirou obras como *El burlador de Sevilla y el convidado de piedra* (O libertino de Sevilha e o convidado de pedra), escrita pelo espanhol Tirso de Molina, em 1630. A história ganhou força em 1665, quando o dramaturgo francês Molière escreveu a peça *Don Juan* ou *Le Festin de Pierre* (Banquete de Pedra). Uma das adaptações mais recentes foi o filme *Don Juan de Marco* (1995), com Johnny Deep no papel principal.

Casanova (1725-1798)

Tudo começou aos 11 anos. Giovanni Jacopo Casanova disse que a mulher que lhe dava banho mexia em seu pênis. Perdeu a virgindade pouco tempo depois, com duas mulheres ao mesmo tempo. Entrou para o seminário de São Cipriano e foi expulso por ser apanhado sodomizando um padre. Casanova escreveu suas memórias amorosas em 1789, quando trabalhava como bibliotecário de um castelo. O manuscrito de 4.545 páginas trata de suas experiências até o verão de 1774. Fala do romance com 132 mulheres, mas nem todas são descritas (por isso, as somas no quadro a seguir não conferem).

Por meio dos relatos de Casanova, é possível levantar algumas curiosidades

Idade de seus amores
- 11-15 anos   22
- 16-20 anos   29
- 21-29 anos   15
- 30-39 anos   5
- + de 40 anos 2

Ocupação das mulheres
- Empregadas   24
- Nobres ricas 18
- Realeza   15
- Prostitutas   11
- Atrizes   7
- Dançarinas   6
- Camponesas   6
- Cortesãs   4
- Cantoras   3
- Freiras   2
- Teóloga   1
- Escrava   1

Nacionalidade de seus amores
- Italianas   47
- Francesas   19
- Suíças   10
- Alemãs   8
- Inglesas   5
- Gregas   2
- Espanholas 2
- Polonesas   2
- Holandesa   1
- Russa   1
- Africana   1
- Portuguesa 1

Estado civil de seus amores
- Solteiras   85
- Casadas   11
- Viúvas   5

VOCÊ SABIA QUE...

... por pouco, Casanova não se casou com a própria filha? Ele conheceu uma moça bem mais jovem, apaixonou-se por ela e os dois resolveram se casar. No dia da cerimônia, porém, a mãe da moça apareceu, contou que havia sido amante de Casanova e que ele era o pai. O casamento acabou suspenso.

OUTROS AMANTES

Charlie Chaplin
O criador de Carlitos nutria um fraco por mulheres jovens. Suas duas primeiras esposas tinham só 16 anos. A última, que subiu ao altar com 18 anos, lhe deu oito filhos.

Errol Flyn
A casa desta estrela de Hollywood era um verdadeiro parque de diversões sexuais, com salas de masturbação e de banho coletivas. Em sua autobiografia, ele diz ter dormido com 12 a 14 mil mulheres. Flyn morreu com 50 anos, de ataque cardíaco.

Gene Simmons
O visual um tanto quanto bizarro do vocalista do Kiss não atrapalhou suas conquistas (segundo o próprio, foram mais de 4.500 relações). Em uma entrevista, disse que fotografava e filmava a maioria das suas transas.

Hugh Hefner
O dono e fundador da revista *Playboy* já declarou em entrevistas que dormiu com mais de 3 mil mulheres em sua vida. Ele também diz que partilhou sua cama com pelo menos sete namoradas ao mesmo tempo. Nada mal para quem produziu a primeira edição da publicação masculina mais famosa do mundo na cozinha de sua casa.

Julio Iglesias
O cantor espanhol é um sedutor assumido. Já declarou em entrevistas que suas armas principais são a educação, a modéstia e o respeito às mulheres. Em 2003, afirmou que fazia sexo todos os dias.

Larry Flynt
Tornou-se o rei da pornografia norte-americana ao lançar a revista *Hustler*. Quando ficou paralítico (sofreu um atentado a bala), especializou-se em sexo oral.

Rei Salomão
De acordo com a *Bíblia*, em seus quarenta anos de reinado na Fenícia, teve setecentas mulheres. No auge da potência, manteve ao mesmo tempo trezentas concubinas.

Rodolfo Valentino
Seu nome virou sinônimo de sedutor. Foi o primeiro grande símbolo sexual do cinema. Participou de cem filmes e, apesar de morrer jovem (31 anos), teve tempo de se casar três vezes.

Rolf Eden
Playboy ricaço, ficou conhecido por lançar um desafio mortal: 125 mil euros à mulher que conseguir matá-lo com uma transa. O registro sobre as candidatas estão em um diário.

CURIOSIDADES SEXUAIS DA REALEZA

★ O rei francês Luís XIII casou-se com Ana da Áustria quando ambos tinham 14 anos. Na noite de núpcias, eles passaram duas horas juntos, e enfermeiras de plantão atestaram que ele havia consumado o casamento. Ele só conseguiu repetir a dose três anos depois. É que, nesse intervalo, o monarca estava mais interessado num homem chamado Cinq-Mars.

★ Os primeiros sete anos de casamento de Luís XVI e Maria Antonieta foram sem sexo. O rei sofria de fimose, que dificultava as ereções, e se recusava a operar, dizendo que Deus o tinha feito assim. Finalmente se convenceu, operou e consumou o casamento, aos 23 anos.

★ Francisco II da França, marido de Maria Stuart, rainha da Escócia, era impotente.

★ Luís XV foi o rei francês com o maior apetite sexual da história. Ele manteve durante 34 anos uma espécie de harém real, em Parc des Cerfs, que custou um total de 20 milhões de dólares para a França.

★ Catarina de Médicis mandou fazer um furo no chão do quarto onde dormia para ver o marido mantendo relações sexuais com a amante no quarto de baixo.

★ O dr. Clement, encarregado dos partos das amantes de Luís XIV, tinha que fazer seu trabalho de olhos vendados.

★ Um elevadorzinho foi instalado no palácio de Versalhes, na França, em 1743. Ligava o quarto do rei Luís XV aos aposentos de sua amante, madame de Châteroux, no andar de baixo.

★ Quando seu marido morreu, em 1861, a rainha Victoria começou a ter um caso com um criado chamado John Brow. Em 1901, a rainha morreu e foi enterrada com uma foto e uma mecha dos cabelos de John.

A intimidade de brasileiras e brasileiros

★ Na década de 1980, o ator Antônio Fagundes estava muito estressado e resolveu procurar uma esotérica. Ela lhe garantiu que cuecas vermelhas eram boas porque energizavam os chacras da pélvis. "Comecei a usar e gostei do resultado", disse ele. A coisa acabou virando um hábito: comprou umas quarenta e jogou todas as outras fora. Depois de algum tempo, declarou numa entrevista que voltou a usar as branquinhas.

★ Aos onze anos, a atriz Maria Paula foi expulsa do colégio de freiras Maria Auxiliadora, em Brasília, depois de ter explodido uma bomba no banheiro. No seu casamento com o apresentador de TV, Augusto Xavier, Maria Paula chocou a sociedade brasileira. Ela se apresentou com vestido branco e um véu preto.

★ A atriz Gabriela Alves estrelou o filme erótico *A história de ó*, por uma emissora de TV a cabo europeia, em 1992. Ele traz cenas de lesbianismo entre Gabriela e a atriz Cláudia Cepeda. Gabriela recebeu um cachê de 10 mil dólares pelo trabalho.

★ Lady Francisco frequentou colégio de freira e chegou a ser noviça. Largou tudo e estreou no cinema em 1974 com o filme... *O padre que queria pecar*.

★ Em sua biografia, *Memórias de um cafajeste*, o ator Jece Valadão conta que levou centenas de mulheres para a cama e admite ter falhado uma única vez, com a atriz Norma Bengell.

★ O escritor Euclides da Cunha foi morto a tiros pelo amante de sua mulher Ana, o jovem militar Dilermando Cândido de Assis. Seu filho, Euclides Filho, tentou depois vingá-lo e acabou sendo morto pelo mesmo homem.

DE CALCINHA NA PORTA GIRATÓRIA

A atriz Solange Couto passou por um constrangimento em uma agência da Caixa Econômica Federal, no Rio de Janeiro, em julho de 2008. Ao tentar entrar na agência, ela foi barrada várias vezes pela porta giratória. Acabou ficando de calcinha para mostrar que não estava carregando nenhum objeto de metal, como insistia o segurança. "Fiquei com raiva, joguei a bolsa no chão e perguntei ao segurança o que eu deveria fazer para entrar no banco", contou Solange. "Debochado, ele mandou que eu tirasse a roupa. Abaixei a calça e fiquei só de calcinha."

★ Traído pela mulher quando ambos moravam na Itália, o maestro Carlos Gomes teve um acesso de raiva. Atirou pela janela os pertences de Adelina, vendeu cem garrafas de vinho de sua adega e fugiu no meio da madrugada com os três filhos numa carruagem, o que acabaria contribuindo para a morte do caçula, Mário Antônio, então com quatro anos e de saúde débil.

★ A atriz Ilka Soares foi a mulher brasileira mais velha a posar para a revista *Playboy*. Tinha 52 anos em 1984, data do ensaio. Nos Estados Unidos, a façanha coube a Nancy Sinatra, filha do cantor Frank Sinatra, que se despiu aos 54 anos, em 1995.

★ Em 1997, ao receber em seu programa a cantora Rita Lee, Hebe Camargo foi surpreendida. Recebeu um beijinho na boca. Hebe ficou meio sem jeito, mas brincou com a roqueira: "Você sabia que o meu casamento começou assim?".

★ Em entrevista ao jornalista Carlos Maranhão, da *Playboy*, em janeiro de 1985, o milionário paulista Chiquinho Scarpa declarou: "Faço uma ficha de cada mulher que conheço para nunca confundir uma com outra. São mais de 7 mil até agora. Coloco nome, telefone, endereço, atribuo uma nota e marco, usando a letra D como código, se ela deu para mim".

PREFERÊNCIA NACIONAL

Alguns escravos que vieram da África para o Brasil, especialmente de Angola, pertenciam à tribo dos quimbundos. Os homens (e principalmente as mulheres) tinham as nádegas bem arrebitadas e avantajadas, o que causou a inevitável associação do nome da tribo com a forma física. A palavra "bunda" veio de *mbunda*, que significa "nádegas" na língua quimbundo (banto).

MEDIDAS DE QUADRIL DE ALGUMAS ESTRELAS

Adriane Galisteu	91 cm
Carla Perez	102 cm
Carolina Ferraz	92 cm
Cláudia Raia	97 cm
Danielle Winits	95 cm
Débora Rodrigues	98 cm
Eliana	92 cm
Feiticeira (Joana Prado)	94 cm
Gisele Bündchen	85 cm
Grazi Massafera	92 cm
Gretchen	100 cm
Juliana Paes	98 cm
Luana Piovani	94 cm
Luiza Brunet	93 cm
Luma de Oliveira	90 cm
Martha Rocha	97 cm
Monique Evans	90 cm
Mulher Melancia (Andressa Soares)	121 cm
Rita Cadillac*	103 cm
Scheila Carvalho	94 cm
Sheila Mello	99 cm
Shirley Mallman	88 cm
Tiazinha (Suzana Alves)	92 cm
Vera Fischer	90 cm
Xuxa	91 cm

* Rita de Cássia Coutinho ganhou o apelido de "Rita Cadillac" quando entrou para o time das Chacretes em 1976. O nome foi inspirado numa *stripper* francesa dos anos 1950.

AS CERTINHAS DO LALAU

A ideia nasceu em 1953. Stanislaw Ponte Preta (personagem criado pelo jornalista Sérgio Porto) criou o concurso "As dez mais despidas". No princípio, ele queria apenas ironizar a lista das dez mulheres mais bem-vestidas, criada pelo colunista social Jacintho de Tormes. Só que a brincadeira fez sucesso, e ele criou uma espécie de Miss Brasil extraoficial. "As Certinhas do Lalau" alavancaram as vendas do jornal *Última Hora* e da revista *O Mundo Ilustrado*. Entre as campeãs estavam Ilka Soares, Angelita Martinez, Anilza Leoni, Iris Bruzzi, Carmem Verônica, Conchita Mascarenhas, Esmeralda Barros. Em 1958, depois do primeiro de seus três enfartes, Sérgio Porto se apaixonaria por uma de suas Certinhas: a vedete Rose Rondelli.

CURIOSIDADES DAS DEUSAS

★ Três estrelas iniciaram a vida artística em conjuntos musicais infanto-juvenis. Em 1989, Adriane Galisteu fazia parte do grupo infantojuvenil Meia Soquete. Chegou a cantar nos programas de Hebe Camargo, Bolinha e Raul Gil. Já Sula Miranda iniciou sua carreira musical em 1978, aos 15 anos, no conjunto infantil As Melindrosas. Saiu do grupo em 1981 para trabalhar como corista do Programa Sílvio Santos. Eliana era uma das quatro integrantes do conjunto As Patotinhas. Depois figurou também no Banana Split.

★ Em seus tempos de Paquita, a atriz Letícia Spiller tinha o apelido de "Pituxa Pastel".

★ A atriz Cristiana de Oliveira já foi bem gordinha. Aos 17 anos, ela pesava 98 quilos.

★ Segredinho: Carolina Ferraz tem uma tatuagem de uma meia-lua azul na virilha.

★ Suzana Alves, a Tiazinha, foi bailarina do Teatro Municipal de São Paulo. A personagem foi inspirada num programa da TV espanhola.

★ Marisa Orth defendia a equipe de natação do Esporte Clube Pinheiros, pelo qual chegou a ser campeã paulista duas vezes.

★ Numa Olimpíada da Reforma Agrária, a ex-sem-terra Débora Rodrigues foi campeã de futebol como zagueira.

★ Vera Fischer tem olhos verdes. Ela foi Miss Santa Catarina e Miss Brasil em 1969, quando tinha 17 anos, um a menos que o mínimo exigido pelo regulamento.

★ Em 1976, Beth Lago fez sua estreia no cinema em *Dona flor e seus dois maridos*. Alguém viu? A cena que ela participava foi cortada na edição final.

★ Sônia Braga despontou na televisão em 1967. Tinha 17 aninhos e participava do programa *O Mundo Encantado de Ronnie Von*, na TV Record. Ela era a fadinha que lia as cartas dos telespectadores.

MULHERES ALTAS

Ana Hickman	1,85 metro	Luiza Brunet	1,75 metro
Ana Paula (vôlei)	1,83 metro	Marília Gabriela	1,78 metro
Cláudia Liz	1,80 metro	Marisa Monte	1,79 metro
Cláudia Raia	1,80 metro	Martha (basquete)	1,90 metro
Georgia Wortman	1,75 metro	Monique Evans	1,75 metro
Gisele Bündchen	1,80 metro	Paula	1,74 metro
Grazi Massafera	1,73 metro	Shirley Mallman	1,81 metro
Hortência	1,74 metro	Sílvia Pfeiffer	1,80 metro
Ivete Sangalo	1,77 metro	Simone	1,80 metro
Juliana Paes	1,70 metro	Vera Fischer	1,74 metro
Luana Piovani	1,78 metro	Xuxa	1,76 metro
Luciana Gimenez	1,81 metro		

CHARLES E DIANA, O SONHO QUE VIROU PESADELO
O príncipe Charles e Diana Spencer casaram-se no dia 29 de julho de 1981, na Catedral de St. Paul, em Londres. A separação oficial foi anunciada em dezembro de 1992. Segundo o primeiro-ministro John Major, tudo foi resolvido "de forma amigável". Diana recebeu uma indenização de 24 milhões de dólares. Na prática, porém, Charles e ela estavam separados desde 1987. Antes, durante e depois, uma série de episódios agitou o Reino Unido:

Bem me quer, mal me quer

Junho de 1992
O jornalista Andrew Morton lança o livro *Diana: sua verdadeira história*. O livro conta que Diana tentou suicídio cinco vezes. Na primeira, seis meses depois do casamento, ela se atirou do alto de uma escada. O autor também afirma que o casamento do século fracassara.

Janeiro de 1993
Os ingleses ouvem um telefonema fortemente erótico que havia sido grampeado em 1989 entre o príncipe Charles e sua amante, Camila Parker-Bowles.

Junho de 1994
Numa entrevista à TV, Charles admite ter cometido adultério com Camila. Mas ele culpa o desequilíbrio emocional de Diana pelo fracasso do casamento.

Setembro de 1994
No livro *Princesa apaixonada*, publicado em 1994, o major da cavalaria James Hewitt conta que foi amante da princesa Diana durante cinco anos, entre 1986 e 1991. Ele foi instrutor de equitação de *lady* Di. Segundo o livro, o primeiro encontro aconteceu depois de um jantar no palácio de Kensington, onde nasceu a rainha Vitória. Hewitt conta que fez amor com a princesa até dentro de um banheiro durante uma festa para quinhentos convidados. O adultério da mulher do herdeiro do trono seria um crime punível com a pena de morte, de acordo com a Ata de Traição, de 1351. Hewitt recebeu 4,5 milhões de dólares pelas revelações.

Novembro de 1995
Também numa entrevista à TV, Diana confirma o romance com Hewitt e coloca em dúvida as qualificações de Charles para assumir o trono britânico.

Dezembro de 1995
A rainha Elizabeth II escreve uma carta pedindo que Charles e Diana se divorciem. Charles aceita no dia seguinte. Diana demora dois meses para responder. Ela abria mão do direito de ser rainha consorte e de ser chamada de "Sua Alteza Real". Mas queria continuar com o título de princesa de Gales.

Agosto de 1997
Na primeira hora da madrugada de 31 de agosto de 1997, Diana e seu namora-

do, o milionário egípcio Dodi Fayed, morreram num acidente dentro do túnel L'Alma, em Paris. Os dois estavam numa Mercedes dirigida em alta velocidade pelo motorista de Fayed, que estava bêbado. O enterro de Diana foi visto pela TV por quase 2,5 bilhões de pessoas. Seus admiradores a homenagearam com 50 milhões de ramalhetes de flores (um peso equivalente a 10 mil toneladas), 500 mil cartas de pêsames e mais 580 mil mensagens eletrônicas.

Abril de 2005
Charles, aos 56 anos de idade, casa-se com sua amante, Camila Parker-Bowles.

O CASO BILL CLINTON E MONICA LEWINSKY
Como tudo começou
Paula Corbin Jones, ex-funcionária da Casa Branca, abriu um processo contra Bill Clinton por assédio sexual. Segundo sua versão, em 8 de maio de 1991, ela trabalhava como recepcionista em uma conferência no Hotel Excelsior, em Little Rock, capital do estado de Arkansas. No meio da tarde, a jovem, então com 24 anos, teria sido chamada até um dos quartos, onde estava Bill Clinton. Ao entrar, Clinton teria baixado as calças e a cueca na sua frente. Em seguida, teria dito, sem cerimônia, apontando o pênis: "Dá um beijo". Paula declarou que deixou a suíte em estado de choque.

Em 1994, Paula entrou na Justiça com um pedido de indenização por danos morais. Exigiu 700 mil dólares e um pedido formal de desculpas. Clinton negou toda a história, mas admitiu que podia ter conhecido Paula, embora não se lembrasse dela. Para reforçar a acusação de que Clinton era mulherengo, os advogados de Paula saíram à procura de mulheres que estivessem dispostas a contar que haviam sido assediadas pelo presidente.

"Em estado de ereção, ele mede cerca de 13 centímetros, tem a circunferência de uma moeda de 25 centavos de dólar e entorta para o lado." Descrição do pênis de Bill Clinton feita por Paula Jones no processo em que acusa o presidente de assédio sexual.

Foi aí que Linda Tripp, ex-funcionária da Casa Branca, entrou na história. Ela contou à revista *Newsweek* que viu uma colega, Kathleen Willey, sair toda amassada do gabinete do presidente. "Ela estava com a blusa para fora da saia e o rosto todo manchado de batom", declarou Linda. Kathleen desmentiu a história, e o advogado de Clinton chamou Linda de "mentirosa". Para se vingar, ela fez amizade com uma estagiária chamada Monica Lewinsky, que lhe confidenciou detalhes de um romance com Clinton que durou um ano e meio, entre 1995 e 1996. As duas foram transferidas da Casa Branca para o Pentágono. Linda fez 16 horas de gravações.

De posse das fitas, Linda procurou o promotor especial Kenneth Starr. Starr se interessou pelo caso porque já investigava supostas irregularidades num negócio imobiliário chamado Whitewater, envolvendo o casal Bill e Hillary Clinton. Sem encontrar provas contra o casal, Starr resolveu investigar a questão sexual.

Quando os jurados começaram a fazer as primeiras perguntas mais íntimas, Monica Lewinsky pediu para responder de olhos fechados. Depois, mais calma, fez declarações bombásticas aos 23 membros do Grande Júri.

Para se defender, Bill Clinton se desculpou em público pelo que chamou de "relações impróprias". Mas insistiu em dizer que sexo oral não constitui relação sexual. No meio de toda essa confusão, Clinton admitiu apenas que teve um caso com a ex-cantora de boate Gennifer Flowers. Em 1992, durante a campanha presidencial, Gennifer declarou que tinha sido amante de Clinton por 12 anos. Ele desmentiu.

TODAS AS MULHERES DOS PRESIDENTES
Bill Clinton não foi o primeiro nem o único presidente dos Estados Unidos a viver romances extraconjugais. Há uma série de histórias, incluindo até mesmo candidatos à presidência:

John Kennedy, um capítulo à parte
★ Nenhum presidente americano superou John Kennedy em número de casos extraconjugais. Segundo seus biógrafos, em determinada fase da presidência, ele costumava ter relações sexuais cada dia com uma mulher diferente. Ele dizia que sentia dor de cabeça se não fizesse isso. Outra frase que Kennedy vivia repetindo a seus amigos: "Nunca dispense uma garota sem antes tê-la possuído de três maneiras diferentes".

★ John teve mesmo a quem puxar. Seu pai, Joseph, chegava a trazer amantes para casa, que passavam a partilhar a vida em família. A mulher, Rose, resignava-se com a presença daquelas mocinhas e as descrições das performances do marido.

★ O presidente mantinha um apartamento no Caroll In Arms, de Washington, para seus encontros sexuais. O apartamento estava registrado em nome do amigo George Smathers. Quando precisava fazer reservas em um hotel, Kennedy usava o nome do cunhado, o comediante Peter Lawford.

★ Seu caso mais famoso foi com a atriz Marilyn Monroe. Dizia-se que ele lhe teria pago 1 milhão de dólares em troca de sigilo.

★ Kennedy chegou a viver um caso com Ellen Rometsch, suspeita de ser uma espiã da Alemanha oriental, e Judith Campbell Exner, namorada de um chefe mafioso, Sam Giancana.

★ Certa vez, uma empregada de John e Jacqueline Kennedy encontrou uma calcinha de seda preta debaixo da cama do casal. Colocou a peça no guarda-roupa de Jackie. Quando a primeira-dama encontrou a peça, chamou a empregada e disse: "Não é do meu tamanho".

• Thomas Jefferson teve um romance com a mulata Sally Hemings, filha de sua empregada.
• Na campanha presidencial de 1884, a vida do candidato Grover Cleveland foi inteiramente vasculhada e descobriu-se que ele tinha um caso com uma viúva, com quem tivera um filho. Grover assumiu a história e, mesmo assim, acabou eleito – e reeleito em 1892.
• Warren G. Harding, presidente entre 1921 e 1923, fazia amor com a amante dentro de um armário embutido, em seu gabinete na Casa Branca.
• Franklin Roosevelt manteve longa ligação com a amante Lucy Mercer. Documentos secretos do FBI revelaram que a primeira-dama Eleanor Roosevelt teria tido um caso com o sargento Joseph Lash. Ao saber da história, o presidente enviou o soldado para o *front* de guerra, na Europa.
• Gary Hart era o favorito para vencer a campanha presidencial de 1988. Até que estourou nos jornais a história de seu caso com a modelo Donna Rice. Hart desistiu de concorrer.

TRAIÇÃO PERDOADA

★ A cafetina brasileira Andréia Schwartz foi responsável pela renúncia do ex-governador de Nova York, Elior Spitzer, em março de 2008. Segundo o jornal *The New York Post*, Andréia teria servido de informante na investigação federal que descobriu a ligação de Spitzer com a rede de prostituição. Ao lado da esposa, o ex-governador pediu desculpas por ter violado suas "obrigações familiares".

★ Uma reportagem da revista *Veja*, em maio de 2007, revelou que o senador Renan Calheiros (PMDB-AL) pagava a pensão de sua filha, nascida de uma relação extraconjugal com a jornalista Mônica Veloso, com a ajuda de um lobista de uma empreiteira. Ao se explicar na tribuna do Senado, Renan recebeu o apoio de sua mulher, Verônica Calheiros, que ficou na primeira fila da plateia. Ao final do discurso, os dois se abraçaram.

★ Em 1997, o então presidente dos Estados Unidos, Bill Clinton, foi acusado pela revista *Newsweek* de ter mantido relações sexuais com sua estagiária, Monica Lewinsky. A primeira-dama Hillary Clinton ficou ao lado do marido quando o presidente depôs no tribunal sobre o caso, afirmando que era tudo mentira. E manteve essa posição mesmo quando a polícia encontrou manchas do sêmen dele no vestido da estagiária. Três anos depois, Hillary foi eleita senadora pelo estado de Nova York. E, em 2008, foi pré-candidata à presidência dos Estados Unidos, sendo derrotada por Barack Obama.

★ Depois de três meses de casamento, a atriz Susana Vieira foi surpreendida com a notícia de que seu marido, o PM Marcelo da Silva, tinha sido preso em um motel, depois de supostamente ter batido em sua amante. Marcelo ficou hospitalizado e, depois, foi recebido de braços abertos por Susana.

★ A atriz Carolina Ferraz foi flagrada aos beijos numa mesa de restaurante com o ator Reynaldo Gianecchini. Os dois haviam atuado juntos na novela *Belíssima*. Quando a notícia foi divulgada pela imprensa, Carolina Ferraz pegou o primeiro avião com destino à Turquia para avisar seu namorado, o empresário Ediz Elhadif, que encarou o acontecido como uma brincadeira, e perdoou a namorada.

★ Quem seria a morena misteriosa flagrada aos beijos com o cantor e compositor Chico Buarque numa praia do Rio de Janeiro? Quando viu a foto na primeira página de todos os jornais, o pianista Ricardo Sjostedt logo identificou sua esposa, a fotógrafa Celina Sjostedt. Ricardo chegou a dar entrevistas sobre o episódio e explicou à imprensa que "mantinha uma relação aberta em seu casamento".

TRAIÇÕES FAMOSAS
★ O ator Jude Law foi pego no flagra pulando a cerca com a babá de seus filhos. Mas o problema não atingiu a mãe dos meninos, que já estava separada de Law, e sim sua noiva, a atriz Sienna Miller. Quando o filho de Law contou à mãe, a estilista Sadie Frost, o que havia visto, ela logo despediu a babá Daisy Wright, que resolveu não deixar barato. A moça seguiu para o primeiro tabloide que encontrou e contou sua história. Sienna ficou sabendo da traição pelo jornal, e não quis mais saber de Law. Depois, Sadie contratou uma babá polonesa de cinquenta anos.

★ O ator e diretor Woody Allen mantinha um caso com a filha adotiva de sua mulher, Mia Farrow. Depois que foi descoberto, ele abandonou a esposa e casou-se com a amante.

★ Mick Jagger traía sua esposa, a modelo Jerry Hall, o tempo todo. Na maior parte das vezes, a modelo descobria a traição por meio de tabloides e emissoras de televisão. Depois de aguentar muitas escapadas do marido, Hall finalmente desistiu do casamento, mas embolsou uma boa quantia em dinheiro.

★ A princesa Stéphanie de Mônaco protagonizou um conto de fadas às avessas quando se casou com seu ex-guarda-costas, Daniel Ducruet. O sonho durou pouco. Meses depois do casamento, o rapaz foi flagrado em fotos desconcertantes com uma dançarina chamada Fili Houteman, à beira de uma piscina. A princesa não deixou barato e Daniel teve que voltar ao seu antigo posto, sem nenhum dinheiro na conta bancária.

★ A atriz Jennifer Aniston foi traída por seu marido, Brad Pitt, quando ele participava das filmagens de *Sr. e Sra. Smith*, com a atriz Angelina Jolie. Os dois se separaram após o lançamento do filme. O novo casal, apelidado de "Brangelina" pela imprensa, já tem três filhos biológicos e outros três adotivos.

AS MAIS FAMOSAS "OUTRAS" DA HISTÓRIA
Maria Walewska
A polonesa Maria Walewska foi a mais famosa das 17 amantes do general e imperador francês Napoleão Bonaparte. Ela conheceu Napoleão aos 21 anos, quando era casada com o conde Anastase Walewski. Apaixonado, Napoleão criou o grão-ducado de Varsóvia em homenagem à amante. Tiveram um filho, que o conde Anastase, preocupado com questões políticas, aceitou reconhecer como seu.

A mais jovem amante de Napoleão, no entanto, era chamada de Betzy. Tinha 14 anos e morava na ilha de Santa Helena, local de seu exílio. Era filha de um tabelião encarregado pelo governo inglês de tomar conta do ex-imperador.

Marquesa de Santos (1797-1867)
Domitila de Castro Canto e Mello tinha 25 anos quando conquistou o coração de dom Pedro. Na intimidade ela era chamada de "Titília" pelo imperador. Quando dom Pedro a conheceu, ela ainda era casada com o alferes Felício Pinto Coelho de Mendonça, com quem teve três filhos. Ao conhecer dom Pedro I, em 1822, já estava separada do marido, que a acusara de adultério com um tenente-

-coronel e tentara matá-la com duas facadas. Embora o Código Criminal do Império considerasse crime o costume de "mulher teúda e manteúda", por ser o imperador, Pedro nunca teve problemas com seus romances.

★ Domitila de Castro foi agraciada com o título de "marquesa de Santos", numa provocação a José Bonifácio, que pertencia a uma família santista. Este se tornara inimigo político do imperador e o mais ferrenho adversário de Domitila.

★ Foram sete anos de uma paixão que incendiou a corte no Brasil – dois deles passados no palacete de São Cristóvão, no centro do Rio. O casarão, dado de presente pelo imperador em 1827, ficava próximo da antiga casa de dom Pedro, hoje o Museu Nacional, na Quinta da Boa Vista, no Rio de Janeiro. De seus aposentos, Pedro I podia ver a casa. Ciumento, o imperador tentava controlar a vida de sua amada. Numa carta, ele reclamou que não estava gostando de ver luz acesa no quarto dela até tarde da noite.

★ Pedro assinava suas cartas de amor para a marquesa como "O Demonão", "Fogo", "Foguinho" ou simplesmente "Imperador".

★ Quando Leopoldina morreu, Pedro tentou provar que a marquesa tinha sangue azul para que pudesse se casar com ela. Não conseguiu. As estripulias de dom Pedro com a marquesa tiveram repercussão internacional. Tanto que as negociações de um novo casamento para Pedro foram difíceis. Uma das condições impostas a sua união com Amélia de Leuchtenberg, princesa da Baviera, em 1829, foi despachar Domitila da corte, o que de fato aconteceu. A bela Amélia tinha 16 anos.

★ De volta a São Paulo, a marquesa de Santos casou-se novamente em 1842, desta vez com o brigadeiro Rafael Tobias de Aguiar, um dos homens mais ricos de São Paulo. Mas, antes disso, viveu com ele em concubinato por vários anos, dando-lhe seis filhos.

Marquesa de Pompadour
O rei francês Luís XV transformou a jovem Jeanne Antoinette, a marquesa de Pompadour, em sua amante. Ela acabou indo morar no Palácio de Versalhes e foi apresentada formalmente à rainha Maria Leczinska. Jeanne Antoinette era bem relacionada com personalidades da época, como Voltaire e o cardeal Richelieu.

A marquesa contraiu uma doença venérea e passou a não sentir mais prazer em suas relações sexuais com o rei. Por isso, ele resolveu escolher garotas que o satisfizessem, até mesmo em orgias.

O romance entre os dois acabou, mas ela continuou morando na residência real. Poderosa, a marquesa de Pompadour nomeava ministros e generais.

VOCÊ SABIA QUE...
... no Brasil, o dia dos amantes é comemorado em 22 de setembro? A data foi criada pelos fabricantes de *lingerie*.

Escândalos na praia

★ Lucy Bandeira escandalizou a praia do Arpoador, no Rio de Janeiro, em 1943. Ela foi a primeira brasileira a usar um maiô de duas peças, deixando a barriga de fora. Uma amiga trouxe a novidade dos Estados Unidos, mas não teve coragem de usar. Lucy, então com 22 anos, comprou o modelo e foi à praia.

★ A atriz Leila Diniz voltou a escandalizar o país em 1971. Apareceu de biquíni, exibindo seu barrigão de grávida.

★ Em janeiro de 2000, cinco mulheres faziam *topless* numa praia da Barra da Tijuca, no Rio de Janeiro. A polícia chegou e pediu que todas colocassem a parte de cima do biquíni. Uma delas — Rosimari Moura Costa, de 34 anos — se recusou e foi arrastada até a delegacia. Ela e o marido, Antônio Saraiva, de 62 anos, foram autuados por "ato obsceno", com base no artigo 233 do Código Penal.

★ Em setembro de 2006, Daniela Cicarelli foi flagrada por um *paparazzo* fazendo sexo com seu namorado na época, Tato Malzoni, na praia espanhola de Tarifa, que fica na província de Cádiz, no Sul da Espanha. O vídeo de quatro minutos foi colocado na internet e virou febre na rede.

RONALDO

"O fenômeno" não faz jus ao apelido apenas em campo. Desde que começou a brilhar no futebol, começou a emplacar sucessivos namoros e casos. Além de Milene Domingues e Daniela Cicarelli, com quem chegou a trocar alianças, Susana Werner e Anja, a filha de um dirigente do PSV, integraram o time das "Ronaldinhas". Mas a grande encrenca envolvendo sexo aconteceu no dia 28 de abril de 2008. Ronaldo foi a um motel do Rio de Janeiro acompanhado por três travestis. Um deles, André Luis Ribeiro Albertino, conhecido como Andréia Albertine, tentou extorquir dinheiro do craque, roubou seus documentos e foi à delegacia dar queixa de Ronaldo, alegando que ele não pagara pelo serviço e que havia consumido cocaína. A história foi desmentida por um dos travestis que os acompanhava.

QUERIDINHA DA AMÉRICA

A atriz **Vanessa Hudgens**, a Gabriella de High School Musical, foi "vítima" de um escândalo. A imprensa americana publicou fotos em que a atriz aparece nua fazendo poses para a câmera. Os assessores de Vanessa não negaram a veracidade das imagens e ela chegou a pedir desculpa aos fãs por tê-las tirado.

FAMOSOS QUE SAÍRAM DO ARMÁRIO

O *showbusiness* é surpreendido de vez em quando por astros e estrelas que resolvem assumir sua homossexualidade publicamente. Conheça alguns casos:

★ A cantora **Ana Carolina** assumiu sua bissexualidade em dezembro de 2005. Contou para sua mãe quando tinha 16 anos. Em entrevista à revista *Veja*, ela diz ser contra a postura de levantar bandeiras para defender o homossexualismo, pois fica parecendo que ser gay é uma doença.

★ **Christian Chávez**, cantor do grupo RBD, assumiu que era homossexual depois que fotos dele com o namorado foram divulgadas em um *site* sobre famosos para latinos. Nas imagens, o cantor aparece com seu namorado B. J. Murphy em uma cerimônia que oficializa a união do casal.

★ Em 1976, o cantor **Elton John** foi o primeiro grande astro a se assumir homossexual. Vive junto com David Furnish desde 1994, mas só oficializaram a união em 2005.

★ A cantora **Cássia Eller**, que morreu em 29 de dezembro de 2001, foi casada por 14 anos com a professora Maria Eugênia Vieira Martins. No período, Cássia teve um filho, Francisco Ribeiro Eller, que ficou sob a guarda de Maria Eugênia depois da morte da cantora.

★ **Ellen DeGeneres**, apresentadora do canal norte-americano NBC, disse, em 1997, durante uma entrevista à Oprah Winfrey: "Sou lésbica, aquariana e vegetariana".

★ **George Michael** nunca escondeu sua homossexualidade. Preso em 1998, fazendo sexo com outro homem em um banheiro público, afirmou que gosta de aventuras sexuais, mesmo tendo um relacionamento estável com Kenny Goss.

★ O ator **Ian McKellen**, que foi o vilão Magneto em *X-Men* e Gandalf em *Senhor dos Anéis*, assumiu sua homossexualidade nos anos 1980 e é um dos fundadores de um grupo ativista gay chamado "Stonewall". Em 2007, foi eleito o gay mais influente do Reino Unido.

★ Em junho de 2003 a atriz **Cynthia Nixon** se separou do pai de seus três filhos para viver um romance homossexual.

★ A atriz **Jodie Foster** assumiu seu relacionamento de 15 anos com a produtora Cydney Bernard em dezembro de 2007 ao dedicar a ela o prêmio que recebeu da revista *Hollywood Reporter*. A atriz tem dois filhos, mas se recusa a falar sobre a paternidade das crianças.

★ **Peter Mandelson**, ex-secretário do governo britânico, foi flagrado em boates gays com um namorado no Rio de Janeiro, em 1999. Mais tarde, assumiu sua homossexualidade.

NU COM A MÃO NO BOLSO

Caetano Veloso
Em 1996, o cantor foi atacado pelas atrizes da peça *As Bacantes*, montada pelo diretor Zé Celso Martinez. Durante o espetáculo, elas arrancaram a roupa do artista, que deixou o teatro praticamente pelado.

Carlinhos Brown
O cantor e percussionista baiano foi acusado de ato obsceno em 1998. Ele ficou pelado em cima do trio elétrico da Timbalada durante o carnaval em Salvador.

Gerald Thomas
Ao escutar as vaias do público para sua montagem de *Tristão e Isolda*, Gerald Thomas não teve dúvidas: baixou a calça e mostrou o bumbum. O "protesto" causou polêmica e levou o Ministério Público do estado do Rio de Janeiro a abrir um processo contra o diretor. Em contrapartida, Thomas alegou ter ouvido ofensas racistas de pessoas que estavam na plateia.

Janet Jackson
A irmã de Michael Jackson causou enorme rebuliço ao ter seu corpete de couro arrancado pelo cantor Justin Timberlake durante um show no intervalo do campeonato de futebol americano Super Bowl. Os seios à mostra, diz a dupla, foi um "acidente de guarda-roupa".

Luana Daltro
A modelo carioca abriu o desfile da marca de roupas Huis Clos como veio ao mundo. A intenção da "performance" era mostrar o ponto de partida da evolução no vestuário: o corpo.

Maria Eliane Lima Araújo
A dançarina do grupo Sedução Fatal ficou conhecida em todo o país como a "pelada do BBB". A moça ganhou o apelido depois de ter aparecido nua durante o programa de eliminação do candidato Harry, na terceira versão do

reality show Big Brother. Eliane chegou a abraçar o apresentador Pedro Bial, mas acabou sendo tirada de cena por seguranças.

Michael Llodra
Após garantir a Copa Davis em 2004, o tenista francês comemorou tirando toda a roupa diante do público. Gostou da experiência. Em 2005, agora para expressar seu inconformismo com a atuação na Masteris Series de Miami, escondeu-se no armário do colega croata Ivan Ljubicic. Detalhe: estava nu em pelo.

Robbie Williams
O cantor britânico tem o costume de mostrar seu bumbum em apresentações ao vivo. Na cerimônia de premiação da MTV Latina, em outubro de 2006, depois de cantar a música *Rudebox*, Robbie baixou as calças e mostrou o bumbum ao vivo na televisão.

Roberta Close sente prazer?
Em julho de 2008, Roberta Close participou do programa Nada Além da Verdade, apresentado por Silvio Santos. Ela disse que foi vestida como mulher no dia do alistamento militar. Então, Silvio quis saber se ela precisou ficar nua na frente dos oficiais:
– Quando comecei a tirar a roupa, mandaram parar – contou Roberta.
– Se fosse eu, queria ver tudo – disparou Silvio Santos.
Roberta Close contou também que, depois da operação de mudança de sexo, alguns homens quiseram transar com ela apenas para ver o resultado. A última pergunta feita por Silvio Santos no programa foi:
– Você tem orgasmo?
– Sou uma mulher normal, completa, com orgasmo e ponto G.
Mas o detector de mentiras disse que a resposta era falsa.
– Então, sou um poço de frigidez – afirmou.

7

Beijo é como ferro elétrico:
liga em cima e esquenta embaixo.

Frase de para-choque de caminhão

Beijos & prazer

O beijo é o começo de tudo. Ele acende paixões, desperta desejos, ajuda a manter aceso o amor. Depois, mergulharemos nos mistérios do prazer: as múltiplas possibilidades das posições sexuais, os caminhos do orgasmo e os mitos que cercam os alimentos afrodisíacos.

AAAARGH!
"A garota injetou 1 litro de saliva na minha
boca e, quando me afastei dela, tive de cuspir tudo.
Foi horroroso!"

Leonardo Di Caprio, falando de seu primeiro beijo,
no filme *O Romeu moderno*.

O beijo

UM POUCO DE HISTÓRIA

✱ Não se sabe como surgiu o primeiro beijo da humanidade. As referências mais antigas aos beijos foram esculpidas por volta de 2500 a.C. nas paredes dos templos de Khajuraho, na Índia.

✱ Entre os persas, na Antiguidade, os homens trocavam beijos na boca. Mas isso só valia para pessoas do mesmo nível social. Se um dos homens fosse considerado hierarquicamente inferior, o beijo deveria ser dado no rosto.

✱ Até a segunda metade do século IV a.C., os gregos só permitiam beijos na boca entre pais e filhos, irmãos ou amigos muito próximos. O filósofo Platão declarava "sentir gozo ao beijar".

✤ Entre os romanos havia dois tipos de beijo: o do dia a dia e o formal, chamado de *osculum*, dado em cerimônias. Os imperadores romanos permitiam que os nobres mais influentes beijassem seus lábios, enquanto os menos importantes tinham que beijar suas mãos. Os súditos podiam beijar apenas seus pés.

✤ Para assustar os filhos pequenos, as mães nativas da Indochina francesa ameaçavam-lhes dar "um beijo de homem branco", que era um beijo na boca.

✤ No período da Renascença, o beijo na boca era uma forma de saudação muito comum. Na Inglaterra, ao chegar à casa de alguém, o visitante beijava na boca o anfitrião, sua mulher, todos os filhos e até mesmo o cachorro e o gato.

✤ Em muitas tribos africanas, os nativos reverenciavam o chefe beijando o chão que ele pisava.

✤ Na Rússia, uma das mais altas formas de reconhecimento oficial era um beijo do czar.

✤ No século XV, os nobres franceses podiam beijar qualquer mulher que quisessem. Na Itália, entretanto, se um homem beijasse uma donzela em público naquela época era obrigado a se casar com ela imediatamente.

✤ "Beijo francês", ou "beijo de língua", é aquele em que as línguas se entrelaçam. A expressão foi criada por volta de 1920.

✤ Antigamente, na Escócia, o padre beijava os lábios da noiva no final da cerimônia de casamento. Dizia-se que a felicidade conjugal dependia dessa bênção em forma de beijo. Depois, na festa, a noiva devia circular entre os convidados e beijar na boca todos os homens, que em troca lhe davam algum dinheiro.

✤ Na linguagem dos esquimós, a palavra que designa *beijar* é a mesma que serve para dizer *cheirar*. Por isso, no chamado "beijo de esquimó", eles esfregam os narizes. No Nordeste brasileiro, também se usa a palavra "cheiro" no lugar de "beijo".

✻ O recorde de beijo mais longo é o do casal israelense Dror Orpaz e Karmit Tsubera: 30 horas e 45 minutos. Depois do beijo, em 1999, os dois foram parar no hospital com "esgotamento generalizado".

✻ Em 1909, um grupo de americanos que considerava o contato dos lábios prejudicial à saúde criou a Liga Antibeijo.

✻ Boatos no final do século XIX atribuíam à estátua do soldado italiano, *Guidarello Guidarelli*, obra do século XVI assinada por Tullio Lombardo, o poder de arranjar casamentos fabulosos a todas as mulheres que a beijassem. Desde então, mais de 7 milhões de bocas já tocaram a escultura em Veneza.

✻ Por causa do chefe de polícia de Tóquio, que achava o ato de beijar sujo e indecoroso, foram apagados dos filmes norte-americanos cerca de 244 mil metros de cenas de beijos.

✻ Oliver Cromwell, no século XVII, proibiu que fossem dados beijos aos domingos na Inglaterra. Os infratores eram condenados à prisão.

✻ O americano Alfred A. E. Wol estabeleceu o recorde mundial de beijos. Ele beijou 8.001 pessoas em oito horas.

O BEIJO EM NÚMEROS

• Para beijar, o ser humano movimenta 29 músculos (12 dos lábios e 17 da língua).

• O beijo mais apaixonado pode ter uma pressão de até 12 quilos sobre os lábios.

• Uma pessoa troca, em média, 24 mil beijos (de todos os tipos, dos maternais aos apaixonados) ao longo de sua vida.

• Um beijo pode repassar 250 vírus e bactérias diferentes. Quando se beija alguém, resíduos de sua saliva permanecem por três dias na boca de quem beijou.

• Em cada beijo, os dois apaixonados trocam 9 miligramas de água, 0,7 g de albumina, 0,18 g de substâncias orgânicas, 0,711 mg de gorduras e 0,45 mg de sais.

EMAGREÇA BEIJANDO

Um beijo *caliente*, que dure dez segundos, é capaz de queimar até 12 calorias. Veja quantos desses beijos você precisa dar para dizer adeus às calorias de:

1 porção de lasanha	107 beijos
1 Big Mac	46 beijos
1 *milk-shake* de chocolate	31 beijos
1 bola de sorvete de creme	29 beijos
1 garrafa de cerveja	25 beijos
1 cachorro-quente	24 beijos
1 fatia de pizza de muçarela	24 beijos
1 fatia de bolo de chocolate	20 beijos
1 pão de queijo	17 beijos
1 quindim	15 beijos
1 latinha de Coca-Cola	11 beijos
1 copo de suco de laranja	9 beijos
1 banana	8 beijos
1 bombom	7,5 beijos
1 maçã	6 beijos
1 picolé de frutas	5 beijos
1 brigadeiro	4,5 beijos
1 bala de goma	2,5 beijos

BEIJO EM OUTRAS LÍNGUAS

Alemão	*Kuss*	Japonês	*Kisu*
Chinês	*Qin-wen*	Maia	*Tzub*
Espanhol	*Beso*	Russo	*Potselui*
Francês	*Baiser*	Sotho	*Atla*
Grego	*Fílima*	Sueco	*Kyss*
Hebraico	*Neshiká*	Sumeriano	*Surub*
Inglês	*Kiss*	Tupi-guarani	*Pitei*
Italiano	*Bacio*		

BEIJOS MUITO FAMOSOS

✻ O escultor francês Auguste Rodin (1840-1917) viveu um tórrido romance com Camille Claudel, que ficou imortalizado numa de suas mais famosas obras, *O Beijo*.

✻ O final da Segunda Guerra Mundial foi anunciado em 14 de agosto de 1945. Na comemoração, o beijo entre a enfermeira Edith Shain e o marinheiro Carl Muscarello, dado em plena Times Square, Nova York, foi o símbolo da vitória dos aliados na Segunda Guerra. Os dois nem se conheciam. A foto, de Alfred Eisenstaedt, foi publicada na revista *Life* e depois rodou o mundo. Os dois só foram se reencontrar cinquenta anos depois, nos estúdios da rede de televisão CBS, que resolveu repetir a cena do beijo.

✻ O primeiro beijo do "Beijoqueiro" – apelido do ex-taxista José Alves de Moura, conhecido por driblar seguranças e beijar pessoas famosas – numa personalidade foi dado no cantor norte-americano Frank Sinatra, em 1980, num show no Estádio do Maracanã, no Rio de Janeiro. Sinatra o chamou de "Bandido Beijador". Depois disso, o Beijoqueiro sapecou bicocas também em Pelé, Tancredo Neves, Roberto Carlos e até no papa João Paulo II.

✻ A cadelinha Dama e o vira-lata Vagabundo dividem despretensiosamente um prato de espaguete. De repente, os dois encontram o mesmo fio de macarrão, e a cena termina com o primeiro beijo deles. Foi por isso que o desenho animado *A Dama e o Vagabundo*, de 1955, se tornou um clássico entre namorados.

✻ O beijo de Deborah Kerr e Burt Lancaster numa cena de amor na praia, com a onda cobrindo o corpo dos dois, foi um dos momentos inesquecíveis do filme *A um passo da eternidade* (1953).

✻ Não chegou a ser um beijo tradicional. Mas a passada de língua da Mulher-Gato (Michelle Pfeiffer) no Homem-Morcego (Michael Keaton), em *Batman – o retorno* (1992), merece entrar em qualquer antologia!

✻ O primeiro beijo trocado entre dois homens numa novela foi protagonizado por Ney Latorraca (Volpone) e Carlos Kroeber (Pedro Ernesto) em *Um sonho a mais*, de 1985.

✳ Em 2005, a novelista Glória Perez resolveu terminar a novela *América* com um beijo entre os personagens Júnior e o peão Zeca. Mas a Rede Globo vetou a cena na última hora. O fato causou protestos por parte de grupos homossexuais. Júnior, interpretado pelo ator Bruno Gagliasso, demorou a assumir sua opção sexual na trama.

Todo beijinho emagrece?
Não. Um inocente beijinho, aquele doce típico de festinhas de aniversário, tem 55 calorias.

O FIM DOS BEIJINHOS

Em 1995, os beijos foram abolidos pela máfia italiana para que seus integrantes não fossem mais reconhecidos pela polícia. Existia até um código por trás desses beijos:
- Beijo na mão – Sinal de respeito
- Beijo no rosto – Saudações, boas-vindas
- Dois beijos no rosto – Um acordo acaba de ser selado
- Beijo na boca – Descoberta de traição e condenação à morte
- Três beijos no rosto – Precedem uma execução

O QUE É A "DOENÇA DO BEIJO"?
Também chamada de mononucleose infecciosa, a "doença do beijo" é causada por um vírus que se espalha por meio da saliva. Ataca, principalmente, os adolescentes. Um dos primeiros sintomas é uma febre, que dura duas ou três semanas. Enquanto isso, os gânglios do pescoço, o fígado e o baço aumentam de tamanho. Não há remédio contra a doença. O paciente deve ficar em repouso até que os sintomas desapareçam.

Dia dos Namorados

COMO SURGIU

A versão mais conhecida originou-se na Roma antiga, no século III. O padre Valentim lutou contra as ordens do imperador Cláudio II, que havia proibido o casamento durante as guerras, acreditando que os solteiros eram melhores combatentes. O padre continuou celebrando casamentos e acabou preso e condenado à morte. Considerado mártir pela Igreja Católica, a data de sua morte – 14 de fevereiro – também marca a véspera das lupercais, festas anuais celebradas na Roma antiga em honra de Juno (deusa da mulher e do matrimônio) e de Pã (deus da natureza). Um dos rituais desse festival era a passeata da fertilidade, em que os sacerdotes caminhavam pela cidade batendo em todas as mulheres com correias de couro de cabra para assegurar a fecundidade. Outra versão diz que, no século XVII, ingleses e franceses passaram a celebrar o Dia de São Valentim como a união do Dia dos Namorados. A data foi adotada um século depois nos Estados Unidos, tornando-se o Valentine's Day. E na Idade Média dizia-se que o dia 14 de fevereiro era o primeiro dia de acasalamento dos pássaros. Por isso, os namorados da Idade Média usavam essa ocasião para deixar mensagens de amor na soleira da porta da amada.

A CHEGADA AO BRASIL

A data surgiu em São Paulo no dia 12 de junho de 1949, numa iniciativa da loja Exposição Clíper. Foi uma adaptação do Valentine's Day norte-americano. O publicitário João Dória, presidente de uma das grandes agências de publicidade do mundo, foi quem importou a iniciativa, e a ideia foi apoiada pelos comerciantes. No entanto, propuseram a troca da data para junho, época de baixas vendas na cidade. Foi escolhido o dia 12 por ser véspera de Santo Antônio, o santo casamenteiro.

BATE, CORAÇÃO!

As batidas do coração sobem, em média, de 70 para 150 vezes por minuto durante o beijo. Isso força o coração a bombear 1 litro de sangue a mais, pois as células pedem mais oxigênio para trabalhar. Haja emoção!
Uma relação sexual equivale, em termos de esforço físico, a dar uma volta caminhando pelo quarteirão ou a subir um lance de escadas. Portanto, do ponto de vista de trabalho do coração, quem consegue desenvolver essas

atividades também está apto a exercer uma atividade sexual normal. A relação sexual é considerada uma atividade física de intensidade moderada ou baixa para a maioria das pessoas. A aceleração dos batimentos cardíacos e a respiração mais rápida são mudanças normais no ato sexual. Elas só devem preocupar se persistirem por mais de 15 minutos após o orgasmo.

Há vários filmes sobre homens que sofrem ataques do coração durante uma transa. Existe mesmo esse risco?
Se um homem com um problema nas coronárias (artérias que levam sangue para o coração) tiver uma relação sexual mais intensa, ele corre maior risco de sofrer um infarto. Mas esse risco, na prática, não é muito grande. Algumas pesquisas mostram que a possibilidade de um homem sofrer um ataque cardíaco é maior nas relações extraconjugais do que dentro do casamento. Isso é explicado pelo maior grau de tensão, incerteza e risco que está presente nesse tipo de envolvimento. A mulher está menos sujeita que os homens a enfrentar problemas cardíacos até a chegada da menopausa. Depois dessa fase, os riscos de infarto na mulher são comparáveis aos do homem.

CUIDADO COM O PESCOÇO!
Um beijo mais afoito no pescoço pode deixar mancha. O sangue circula sob a pele, dentro de vasos bem frágeis (chamados de capilares). Quando um dos namorados beija o pescoço do outro com mais força, ele provoca um aumento de pressão no local, que pode romper os capilares. A mancha é formada pelo sangue que escapou e ficou preso embaixo da pele. Ele demora cerca de uma semana para desaparecer. É o tempo necessário para a reabsorção desse sangue. A mancha vai mudando de cor. De um vermelho-claro, ela primeiro escurece, depois fica amarela e finalmente some. Não existe remédio que acelere esse processo!

MORTE DURANTE O ATO
Átila (406-453), o rei dos hunos; Félix Fauré (1841-1899), ex-presidente da França; e Nelson Rockfeller (1908-1978), ex-vice-presidente dos Estados Unidos, faleceram enquanto mantinham relações sexuais.

> **VÍTIMAS DE UMA PAIXÃO**
> Uma pesquisa feita pela Universidade de Pisa, na Itália, descobriu que uma paixão dura seis meses. Depois vira amor ou acaba. Quem está apaixonado apresenta mudanças nos níveis de serotonina, uma substância presente no cérebro que regula o humor, a ansiedade, o apetite e o sono. Seis meses depois, os índices de serotonina voltam aos estágios normais.

PRELIMINARES
São as atividades sexuais que antecedem a penetração. Beijos, carinhos, carícias íntimas, masturbação e sexo oral são algumas das possibilidades de preliminares.

Na adolescência, o homem consegue manter uma ereção por uma hora ou mais. Na velhice, entretanto, ela dura cerca de sete minutos. Estimuladas, mulheres jovens demoram apenas trinta segundos para começar a se lubrificar. Já as mulheres com mais de sessenta anos precisam de, no mínimo, três minutos.

Zonas erógenas

São as áreas do corpo que funcionam como gatilhos para a sensação de prazer. Além da região genital, há uma infinidade de zonas erógenas no corpo das pessoas. Cada centímetro quadrado de pele tem entre 2 mil e 2.800 receptores nervosos. Os manuais de sexo antigo descrevem mais de quatrocentos pontos de prazer no corpo. Já imaginou descobrir todos eles?

Quais são as zonas erógenas do corpo feminino?
Além dos pontos clássicos, algumas partes bastante sensíveis ao toque são a virilha, os pés, a batata da perna e a região atrás dos joelhos. Mas o melhor é deixar a teoria de lado e partir para a prática. Um bom exercício é explorar todo o corpo dela e ir sentindo as reações. O corpo inteiro da mulher pode ser usado como fonte de prazer. O mesmo vale para os homens!

Quem sente mais tesão: o homem ou a mulher?
Tesão é excitação sexual. Tem gente que pensa que o homem sente mais tesão que a mulher. Nada disso. O tesão é igual para os dois sexos. Acontece que, culturalmente, o homem é estimulado a expressar seu interesse e apetite sexual, enquanto a mulher é educada para reprimi-los.

POSIÇÕES SEXUAIS

São as variações que um casal pode experimentar durante o ato sexual. A posição "papai e mamãe" é considerada a mais tradicional. A partir daí, uma infinidade de posições pode acrescentar novidades e apimentar a relação do casal.

Axilas

Homem e mulher se deitam de lado, um de frente para o outro. Ele coloca o pênis sob um braço da mulher, com espaço suficiente para a fricção, deixando a glande do outro lado, livre do atrito para não machucar.

Carrinho de mão

A mulher se deita de bruços e abre as pernas. O homem se ajoelha e a penetra como se estivesse empurrando um carrinho de mão.

Cavalgada

É a posição em que a mulher fica por cima do homem. Ela favorece a estimulação clitoridiana. A mulher pode ficar de frente ou de costas para o parceiro.

Colar de pérolas

O homem ejacula entre os seios da mulher.

Espanhola

O homem coloca o pênis entre os seios da parceira, que o fricciona. Uma variação é a mulher praticar o sexo oral no parceiro nessa posição.

Frango assado

A mulher se deita de costas e ergue as pernas em direção à cabeça, podendo inclusive apoiá-las nos ombros do parceiro.

Frottage
Esfrega-se o órgão genital no do(a) parceiro(a). A palavra vem do francês *frotter*, que significa "esfregar".

Lollipop
É uma espécie de 69 vertical. O homem fica em pé, levanta a mulher de cabeça para baixo e coloca as coxas dela sobre os ombros.

Papai e mamãe
A mais tradicional de todas. A mulher se deita de costas na cama. O homem deita por cima dela e faz a penetração. Posição mais comum nas sociedades ocidentais. Tem a vantagem de permitir uma penetração mais fácil e beijos e carinhos no rosto. O nome da posição em latim era *figura veneris prima* (posição primária na relação sexual).

Peixinho dourado
Uma brincadeira que surgiu nos bordéis do século XIX. O homem e a mulher ficam com as mãos amarradas e se deitam. Depois fazem amor sem usar as mãos.

69
Posição em que os parceiros praticam o sexo oral no pênis e na vagina ao mesmo tempo. Ganhou esse nome porque a posição dos parceiros é associada ao número 69. Daí surgiu também a expressão "66" para se referir ao sexo anal.

O QUE É...
... uma "rapidinha"?
O nome já diz tudo. Trata-se de uma transa rápida, sem preliminares. Pode acontecer num momento de pressa, de extrema excitação.

... uma massagem tailandesa?
Em vez de usar apenas as mãos, as massagistas usam partes de seu corpo

(seios, rosto, barriga, pé e órgão genital) para tocar e se esfregar no corpo do massageado. É também chamada de "massagem erótica", muito comum em prostíbulos de nosso país. A prática nasceu há milhares de anos no Havaí (e não na Tailândia). Diz a lenda que esse ritual servia para acalmar os vulcões da região.

A PERGUNTA É...
Estou namorando uma garota que é muito passiva na cama. O que devo fazer para convencê-la a experimentar novas posições?
Uma boa conversa pode resolver tudo. Muitas garotas ainda estão ligadas à ideia antiga de que os homens não gostam de mulheres muito ativas, porque elas dariam a impressão de ser muito "experientes". Vá com calma e mostre a ela que sair da rotina só melhora a relação entre vocês. Entre quatro paredes, tudo é válido, desde que nenhum dos dois se sinta agredido.

AO PÉ DO OUVIDO
As declarações de amor são assimiladas mais facilmente quando sussurradas no ouvido esquerdo. A descoberta foi do cientista Teow--Chong Sim, da Universidade Estadual Sam Houston, nos Estados Unidos. Segundo ele, este processo tem relação com o papel dos dois hemisférios cerebrais. O lado direito, que controla o ouvido esquerdo, é responsável pelo processamento dos estímulos sentimentais. Das 62 pessoas submetidas aos testes, as que ouviram declarações de amor pelo ouvido esquerdo conseguiram lembrar melhor das palavras.

Os manuais sexuais

KAMA SUTRA
O *Kama Sutra*, com lições de amor, sexo e contorcionismo, foi lançado entre os anos 493 e 498 pelo teólogo indiano Mallanaga Vatsyayana. O nome significa "Ensinamentos (*sutra*) do amor (*kama*)". Os textos – escritos em sânscrito – supunham que a felicidade no sexo dependia do conhecimento científico. A obra, que levou vinte anos para ser escrita, era destinada a nobres e pessoas ricas, pois poucos podiam se dar ao luxo de comprar um manuscrito de setecentas páginas.

O livro apresenta um total de 529 posições sexuais. O quê? Você, com muito esforço, não consegue imaginar mais que umas quinze ou vinte? Bem, no *Kama Sutra*, algumas variações são praticamente insignificantes, como uma leve inclinação de uma perna ou de um braço. Os famosos desenhos do *Kama Sutra* não fazem parte do trabalho original. Foram feitos muito tempo depois.
Leia a seguir alguns ensinamentos do *Kama Sutra*.

✳ De acordo com a dimensão de seu órgão sexual, um homem pode ser uma lebre (até 12,5 centímetros em estado de ereção), um touro (até 17,5 cm) ou um cavalo (acima de 17,5 cm). E, de acordo com sua capacidade de acolher o membro masculino, uma mulher pode ser considerada corsa (vagina com seis dedos de profundidade), égua (nove dedos) ou elefante (doze dedos). As relações mais equilibradas se estabelecem entre elementos equivalentes. Nas uniões desiguais, como entre um homem lebre e uma mulher elefante, o casal deve "procurar posições para criar equilíbrio".

✳ Segundo a duração do ato, os homens se classificam em rápidos, médios ou lentos. O homem que acaba rapidamente não é tão bem-visto quanto o que demora mais.

✳ Para atrair o sexo contrário, a jovem mulher deve estudar as "Sessenta e quatro artes do agradado". Se não for possível, deve ao menos conhecer algumas delas. Exemplo: praticar a música vocal, preparar grinaldas de flores, jogar adivinhação, encadernar manuscritos, aprender a falar com os papagaios.

✳ Não é considerado ruim em absoluto unir-se a uma mulher apaixonada, mesmo que seja por interesse. Se um homem não tem dinheiro e não conta com meios para viver decentemente, pode melhorar sua situação fazendo amor com uma mulher rica.

✳ Nos jogos amorosos preliminares empregam-se quatro tipos de abraço: o primeiro é o abraço do cipó, que envolve a mulher como faz o cipó com a árvore; ela beija o homem nos lábios e depois tenta se separar dele, emitindo um leve gemido; o segundo é conhecido como a subida na árvore: ela chega perto do amado, enlaça-o pelas pernas e começa a subir até seu pescoço, emitindo um pequeno suspiro; o terceiro abraço é conhecido como o do riso ou do gergelim: deitados, os dois amantes confundem braços e pernas com idêntica paixão, cara a cara; no quarto abraço os amantes ficam cegos de desejo, incapazes de esperar, apertando-se em uma mordida, misturando-se. Este se chama o abraço da água e do leite.

✻ Comer muitos ovos fritos na manteiga e depois mergulhados no mel fazem o membro ficar ereto por uma noite inteira.

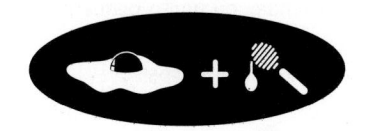

✻ Quando estimulada durante bastante tempo, a mulher começa a gostar da coisa. No princípio parece não estar muito interessada, mas pouco a pouco começa a abandonar-se e, se ele decidir descansar, ela não vai deixar.

✻ Existe uma arte de arranhar, em que os amantes usam as unhas sempre bem-cuidadas para aumentar a excitação um do outro, para demonstrar força, desejo ou paixão, o que pode ser feito em todas as ocasiões, por exemplo antes de uma viagem ou ao retornar de um passeio. As partes mais indicadas para aplicação do arranhão redondo (com as duas unhas desenhando algo parecido com duas meias-luas) são a parte superior da coxa, o baixo-ventre e as nádegas.

✻ Quando existe confiança mútua, é lícito praticar o sexo sem fronteiras (ou *Ayantritarata*), com mais pessoas ao mesmo tempo e sem limitações. Mas para o *Ayantritarata* deve existir um acordo total entre homem e mulher.

✻ Quando se casa com uma moça virgem, é necessário empregar muita doçura e ter muita paciência. É conveniente iniciá-la nos jogos amorosos sem deflorá-la imediatamente.

✻ Nem o homem nem a mulher podem saber com certeza o que o outro sente quando alcança o orgasmo. São prazeres diferentes, apesar de parecerem iguais. A excitação do homem acaba quando o orgasmo termina. Entretanto, a mulher continua excitada até depois que ele cessa.

✻ Se não houver motivos razoáveis para fazê-lo, é melhor evitar seduzir a mulher do outro. Quando se deseja a mulher de outro, convém, em primeiro lugar, analisar as chances de sucesso, considerar os riscos e descobrir se ela quer ser seduzida.

✻ O homem culto e inteligente, preocupado com a moral e ao mesmo tempo interessado nas coisas materiais e em viver bem, não deve se tornar um maníaco erótico, ávido de sexo, mas procurar uma relação estável.

✻ Devemos levar o casamento a sério. Para isso, as mulheres mentirosas devem ser descartadas, assim como as carecas, as que têm manchas na pele, as que têm peitos muito grandes ou muito pequenos e as que têm sempre as mãos úmidas.

Tradução publicada na revista *Playboy*, maio de 1995.

✻ No *Kama Sutra*, algumas posições sexuais têm nomes bem sugestivos, como "borboleta esvoaçando" (a mulher sobre o homem), "tocar a flauta" (felação) e "trilha do tigre" (penetração por trás).

✻ A obra se tornou conhecida no Ocidente graças ao explorador inglês Richard Burton (nenhuma relação com o ator), que fez uma versão resumida em 1883. O editor decidiu lançar apenas as partes mais ousadas e o livro foi classificado como "obsceno". Burton resolveu, então, fazer a tradução completa. Morreu pouco depois de terminá-la. Só que sua mulher ficou horrorizada com os textos e, em vez de entregar à editora, resolveu jogar tudo fora. Desse modo, o Ocidente só teve acesso à tradução completa do *Kama Sutra* em 1992.

ANANGA-RANGA
Manual sexual escrito no século XV, na Índia. Traz uma descrição das zonas erógenas dos homens e das mulheres, o ciclo da paixão erótica conforme as fases da Lua, uma compilação de posições sexuais e uma classificação dos órgãos sexuais masculinos e femininos.

O JARDIM DAS DELÍCIAS
Mais um clássico da literatura erótica indiana. Foi escrito no século XVI pelo xeque Umar ibn Muhammad al-Nefzawi e acabou sendo descoberto trezentos anos depois por um oficial inglês na Nigéria. Entre os escritos, Nefzawi catalogou 34 tipos diferentes de vulva, todas elas com nomes, como "fugitiva", "suculenta", "sugadora", "infatigável", "ansiosa", "porco-espinho", "silenciosa", entre outras.
O livro conta também a história de um homem chamado Abou el Keiloukh, que ficou com o pênis ereto durante trinta dias, sem descanso.

Trechos do livro
"Se o homem deseja que a mulher seja tomada de um grande desejo de coabitar com ele, antes de ir juntar-se a ela, deve mastigar cúbebas, piretro, gengibre e canela; depois umedecerá o membro com a saliva resultante dessa mastigação e assim fará amor. Desse dia em diante, a mulher sentirá uma tal afeição por ele que dificilmente poderá afastar-se dele um momento. O membro viril, untado com leite de jumenta, torna-se incomumente forte e vigoroso."

"Sabei, ó vizir, que se desejais o coito, ao unir-vos com uma mulher, não deveis ter o estômago pesado de comida e bebida, pois somente assim será vossa coabitação completa e boa. Se vosso estômago estiver cheio, somente danos poderão advir a vós ambos; tereis sintomas de apoplexia e gota, e o mínimo inconveniente será a obstrução de vosso canal de urina e o enfraquecimento da visão.

Que vosso estômago, assim, esteja livre de comida e bebida excessivas, e não tereis de temer doença alguma.
Antes de iniciardes o trabalho em vossa esposa, excitai-a com entretenimentos, de modo que a cópula possa terminar em satisfação mútua.

Assim, será bom que brinqueis com ela antes de introduzirdes vossa verga e consumardes a coabitação. Deveis excitá-la, beijando-lhe as faces, sugando-lhe os lábios e acariciando-lhe os seios. Prodigalizai beijos em seu umbigo e coxas e friccionai suas partes baixas. Mordei seus braços e não negligenciai nenhuma parte do corpo; colai-vos a seu peito e mostrai-lhe vosso amor e submissão."

VOCÊ SABIA QUE...

... na China antiga, os manuais sexuais eram deixados ao lado da cama para serem consultados? Eram dados às noivas, como presente de casamento. Esses manuais usavam nomes engraçados para se referir aos órgãos sexuais: Haste de Jade era o pênis; Porta de Cinábrio, a vagina; Terraço da Joia, o clitóris; Saguão de Exame, os lábios da vulva; e Fenda Dourada, a entrada da vulva.

TANTRA

Os drádivas, um povo que vivia na região Norte da Índia, desenvolveram uma técnica toda própria para alcançar a máxima satisfação sexual. O ritual foi batizado de "Tantra", substantivo masculino que vem do verbo sânscrito *tantori*, que significa "atingir o êxtase". Todos os truques foram transmitidos oralmente até meados do século XII a.C., quando surgiram os primeiros escritos sobre o assunto. No século VII, o Tantra passou a se tornar mais acessível.

Os ensinamentos tântricos contam que existem cinco posições básicas para se alcançar o chamado "orgasmo cósmico".

Em três delas, a mulher fica por cima, e o homem pode controlar melhor a ejaculação, e o pênis tem mais chances de tocar num ponto conhecido como Svadhisthana Chackra (atualmente denominado ponto G).

Descobriram também que a penetração por trás – com a mulher deitada de bruços ou de quatro – é ideal para alcançar o tal ponto mágico.

O tesão deve ser mantido até o limite do gozo várias vezes. Diz a lenda que os iogues tântricos eram capazes de ficar até 24 horas fazendo amor sem ejacular uma única vez.

AS LIÇÕES DO TANTRA
• A escuridão é o maior inimigo do Tantra. Faça amor de luz acesa ou pelo menos com luz de abajur ou velas. A luz verde ou azulada ajuda a aliviar a tensão. O laranja é revitalizante. O violeta proporciona uma sensação mística ao ambiente. Já o vermelho não é recomendado, pois estimula a paixão e o arrebatamento.
• Antes da relação sexual, prefira uma refeição leve, de carnes magras, peixes e saladas.
• Mantenha as unhas aparadas e lixadas para não transformar as carícias numa sessão de tortura. Não deixe a barba por fazer.
• Faça a higiene completa antes de cada encontro.

Orgasmo

✣ O orgasmo é uma sensação intensa e aguda de prazer que vem acompanhado de uma contração rítmica dos músculos que ficam na região que engloba o pênis, a vagina e o ânus.

✣ O orgasmo também é chamado "gozo".

✣ A duração do orgasmo no homem pode durar de dois a dez segundos.

✣ Um orgasmo feminino dura de cinco a dez segundos mais que o masculino.

✣ Em algumas mulheres já foram medidos orgasmos de até um minuto.

✣ Na hora do orgasmo, as paredes da vagina soltam uma descarga de 244 milivolts. Cinco mulheres, neste momento, poderiam produzir energia suficiente para acender uma lâmpada de 1 volt.

VOCÊ SABIA QUE...
... a palavra "orgasmo" vem do grego *orgasmós*,
que significa "ferver de ardor"?

FOI BOM PARA VOCÊ TAMBÉM?
Posso ter mais de um orgasmo durante a relação?
Pode, sim. Nem toda mulher consegue, mas é possível. Há casos raros de mulheres que chegam a ter oito ou nove orgasmos numa mesma relação. Com os homens, acontece diferente. Eles, em geral, demoram certo tempo para ter uma nova ejaculação e um novo orgasmo.

Meu namorado vive perguntando se eu gozei. O problema é que não sei o que acontece durante o gozo. Como posso saber se estou tendo um orgasmo?
Nem sempre se chega ao orgasmo durante uma relação sexual. Essa sensação varia de pessoa para pessoa. No orgasmo feminino há taquicardia, aumento da transpiração, aumento da lubrificação vaginal, prazer intenso e contração rítmica dos músculos da vagina, seguido de um relaxamento que se espalha por todo o corpo.

Tenho me esforçado muito para fazer com que a minha namorada chegue ao orgasmo, mas nem sempre consigo. O que devo fazer para ajudá-la a sentir prazer?
Pode ser que o problema seja justamente esse. Será que vocês não estão precisando relaxar um pouco? Essa busca desesperada de orgasmo pode até atrapalhar. As preliminares, as fantasias e a estimulação do clitóris ajudam. Curta toda a relação sem se preocupar tanto com a parte final. Assim, o orgasmo acaba vindo sozinho.

Por que, durante o orgasmo, eu às vezes sinto um formigamento nas mãos?
Esse formigamento é uma reação muito particular sua. O afeto e a emoção que são vividos no momento do orgasmo são bastante intensos e podem ter algumas repercussões inesperadas, dependendo de cada pessoa. Tem gente que chora, tem gente que mal consegue falar e tem gente que fica com o corpo formigando.

Quantos tipos diferentes de orgasmo as mulheres podem ter?
Os sexólogos costumavam se referir a dois tipos básicos: o clitoridiano e o vaginal. Alguns estudos, porém, apontam um só tipo de orgasmo, que pode ser mais ou menos intenso, de acordo com o nível de excitação.

É verdade que se eu aplicar pomada de xilocaína na glande, meu pênis ficará menos sensível e isso ajudará a retardar o orgasmo?
A xilocaína é um anestésico. Aplicada na glande, na forma de pomada, produz

um leve formigamento e uma discreta diminuição da sensibilidade local, mas tem pouco efeito sobre o controle da ejaculação precoce, cujo componente emocional é muito mais importante do que o físico.

Depois do orgasmo, sinto um sono incontrolável. A minha namorada, não. Isso é normal?
A sonolência que muitos homens experimentam depois do prazer é uma resposta do organismo a um momento de forte excitação. Sua namorada precisa entender que seu sono é normal e que não significa falta de atenção com ela. Têm mulheres que não gostam de homem que dorme depois do orgasmo e têm outras que também adoram dar uma cochilada. Converse com ela e chegue a um acordo.

O que são "orgasmos múltiplos"?
Orgasmos múltiplos são aqueles atingidos seguidamente, sem a necessidade de uma pausa. O orgasmo múltiplo é considerado um privilégio das mulheres, e só 60% delas, aproximadamente, o obtêm. Para isso, a mulher deve estar muito excitada e, preferencialmente, o orgasmo deve ter sido atingido por estimulação do clitóris. Os homens, invariavelmente, passam por um período refratário (período de "descanso") antes de atingir outro orgasmo.

Como conseguir um orgasmo simultâneo?
Essa não é uma tarefa fácil. Para chegar ao orgasmo simultâneo é preciso muito treino, além de um profundo conhecimento do corpo e das reações do parceiro.

> **ESTOU GOZANDO!**
> Alemão: *Spritz!*
> Espanhol: *Estoy acabando!*
> Francês: *Je vais jouir!*
> Inglês: *I'm coming!*
> Italiano: *Sto sborrando!*

É possível chegar ao orgasmo só com a masturbação, sem penetração?
A resposta é sim. Alguns estudos mostram que é mais fácil as mulheres sentirem orgasmos se masturbando do que com a penetração.

Fazer sexo todas as noites vai aos poucos acabando com o nosso desejo?
De jeito nenhum. Fazer amor estimula o funcionamento sexual. O desejo não é esgotado pela prática diária do sexo.

Acrobacias sexuais

Pesquisadores americanos descobriram que apenas 1% das mulheres consegue atingir o orgasmo manipulando os próprios seios. E apenas três em cada mil homens têm elasticidade suficiente para atingir o orgasmo chupando o próprio pênis.

TESTE
O que é anorgasmia?
a) Dificuldade de se atingir o orgasmo
b) Orgasmos atingidos com a prática do sexo anal
c) Número anormal de orgasmos simultâneos

Afrodisíacos

COMIDAS E BEBIDAS PARA AUMENTAR SEU PRAZER
A palavra "afrodisíaco" vem do nome Afrodite, da deusa grega do amor. São substâncias às quais se atribui o poder de aumentar o desejo e melhorar a performance sexual. Calma lá! Antes de sair enchendo a cara de amendoim e ostras, é bom que se explique uma coisa: não há comprovação científica da existência de substâncias que ajam diretamente no desejo. Pode ser tudo ilusório. Às vezes, quem usa uma delas acredita tanto em seu efeito que ele parece ser verdadeiro.

Abacate
A palavra vem do asteca *awacatl*, que significa "testículos". As virgens da aldeia eram proibidas de sair de casa enquanto os abacates eram colhidos.

Álcool
Consumida em pequena quantidade, a bebida alcoólica funciona como estimulante do sistema nervoso. A pessoa fica mais desinibida, alegre, eufórica. Se passar do limite, no entanto, o álcool pode ter o efeito contrário, ou seja, acaba inibindo o desejo e a libido.

Alho
O hálito de alho não é nada afrodisíaco. Mas ele pode ter efeitos incríveis na circulação, porque dilata os vasos, facilitando a passagem do sangue. Uma boa circulação é sempre importante para o funcionamento do pênis e da vagina. A cebola tem efeito semelhante.

Amendoim
Em uma de suas crônicas, o escritor Luis Fernando Verissimo explicou os efeitos do amendoim, quando é comprado com casca. À medida que vai sendo consumido, as casquinhas vão caindo no colo do casal. Em determinado momento, os dois tiram a roupa para sacudir as casquinhas... e tudo começa.
Falando sério, o amendoim tem grandes quantidades de vitamina E, elemento importante para a produção de hormônios sexuais. Mas, ao ser cozido ou torrado, ele perde parte das vitaminas.

Catuaba
Planta brasileira que ganhou fama graças à cultura popular. Dizem que ela é capaz de melhorar a disposição do organismo e combater o estresse. Essas melhorias acabam influenciando o rendimento sexual.
Os índios tupi batizaram-na com o nome de *akatu'ab*, que significa "capaz". Pesquisas mostraram que a planta estimula o apetite sexual em ratos.

Caviar
Apesar da fama, o caviar não tem nenhuma substância que o torne estimulante. O fato de ser exótico e caro desperta a imaginação dos amantes. E só. Há quem acredite que todos os peixes e seus derivados sejam afrodisíacos por causa de Afrodite, a deusa do amor, que nasceu no mar.

Chocolate
Os astecas tomavam uma bebida feita de cacau sempre que queriam homenagear a deusa do amor. O imperador Montezuma tomava cinquenta xícaras da bebida por dia e teve 19 filhos. A cafeína do chocolate pode fazer mal à ereção porque é vasoconstritora. Mas o chocolate também contém o aminoácido triptofano, que aumenta a produção de serotonina no cérebro. Essa substância é responsável pela sensação de bem-estar. Por isso, há ligação entre o alimento e a sensação de energia. Empate!

Feijão-fava
O feijão-fava é o principal ingrediente de uma sopa com supostos poderes afrodisíacos, muito apreciada na região do Mediterrâneo, principalmente na Itália.

Gengibre
Na Antiguidade, era um produto bastante procurado nos mercados de Roma e Atenas. Tem fama de ser um infalível estimulante genital. Aposta-se que ele aumenta a circulação local.

Ginseng
Os chineses conhecem o ginseng há 5 mil anos e o chamam de "elixir da vida". Estudos mostram que a raiz do ginseng ajuda a recarregar as energias e influencia o rejuvenescimento.

Guaraná
A semente da fruta amazônica atua no sistema nervoso central e dá a sensação de melhorar a disposição do corpo para atividades físicas.

Mel
O manual sexual *O jardim das delícias* já dizia que o mel tinha poderes afrodisíacos. No livro, o xeque Nefzawi contou a história de um ancião que passou cinquenta dias fazendo amor, depois de ter comido, por três dias seguidos, uma mistura de ovos fritos em manteiga e mergulhados no mel.

Mocotó
É um prato preparado com a pata bovina, sem o casco. Textos do poeta Horácio comprovam que o mocotó era um afrodisíaco comum em Roma durante o século I.

Ostra
Os romanos foram os primeiros a se referir às ostras como afrodisíacos. No século I, Juvenal dizia que eram "o alimento favorito das mulheres sem pudor". As ostras contêm mais óxido de zinco do que qualquer outro alimento, e o óxido de zinco está ligado à produção da testosterona, o hormônio masculino. A falta de zinco na adolescência pode prejudicar o desenvolvimento do órgão sexual e também a produção de espermatozoides e óvulos. As ostras têm dois excelentes garotos-propaganda. Dizem que Casanova costumava comer até cinquenta ostras no café da manhã, feito repetido pelo galã Rodolfo Valentino.

Ovo de codorna
Há até uma música bem popular que diz: "Eu quero ovo de codorna pra comer/ O meu problema você tem que resolver". Ele contém proteína e vitaminas do complexo B, importantes para o funcionamento do organismo.

Pêssego
Os chineses relacionavam o formato do pêssego cortado ao meio com a genitália feminina. Na gíria inglesa, *peach house* (casa do pêssego) significa prostíbulo.

Pistache
Como as outras amêndoas oleaginosas, o pistache tem propriedades afrodisíacas. Ele é rico em vitamina B6, que ajuda na produção de hormônios.

Romã
Segundo o *Kama Sutra*, o homem que come sementes de romã tem o pênis aumentado. As sementes da fruta têm substâncias químicas que poderiam estimular o organismo.

Salsão
Ganhou fama de afrodisíaco graças a madame de Pompadour, amante do rei Luís XV. Ela dizia que a sopa de salsão era um alimento necessário para "manter, prolongar e restaurar o vigor sexual".

Tomilho
As primeiras referências ao tomilho como afrodisíaco foram feitas no século IV a.C. Costuma-se também cultivar essa erva para atrair abelhas, que produzem mel, outro alimento considerado afrodisíaco.

Trufa
Cogumelo sofisticado e caríssimo usado na culinária. No início do século XX, cientistas alemães descobriram nas trufas o 5-alfa-androsterona, álcool volátil de odor semelhante ao almíscar e composição química muito semelhante à da testosterona, o hormônio sexual masculino. A mesma substância também foi encontrada no aipo, tido igualmente como afrodisíaco. Casanova, marquês de Sade, Napoleão Bonaparte e madame de Pompadour, apreciadores de trufas, ajudaram a espalhar sua fama.

VOCÊ SABIA QUE...

... os romanos diziam que usavam testículos de lobo em algumas de suas receitas afrodisíacas? Também se acreditava que era possível aumentar a virilidade usando em pulseiras o testículo direito de um burro.
Na esperança de regenerar seus órgãos sexuais perdidos, os eunucos chineses comiam os cérebros ainda quentes dos criminosos recém-decapitados.

Cheiros

DE ONDE VEM O CHEIRO DOS ÓRGÃOS SEXUAIS MASCULINO E FEMININO

HOMENS
É constituído pelos fluidos da próstata (constituem 38% do sêmen); pelos fluidos das glândulas de Cowper, que neutralizam a acidez da urina; e do hormônio testosterona, que dá o cheiro almiscarado de toda a mistura.

MULHERES
O cheiro vem dos fluidos das glândulas vulvovaginais, das parauretrais, do colo do útero e de secreções da vulva. Há hormônios nesses fluidos. O estrógeno (hormônio feminino) torna atraentes o odor e a textura da pele da mulher.

Feromônios

São mensageiros químicos que estão presentes nas secreções e odores do corpo. Seu cheiro não é percebido nem pelos narizes mais aguçados, mas, sem que a pessoa se dê conta, eles podem transmitir uma informação capaz de fazer uma pessoa se sentir atraída por outra. Essas substâncias têm um papel muito importante no encontro e acasalamento de muitas espécies de animais.

Nos últimos anos, a indústria tem tentado desenvolver alguns produtos, como perfumes, que se aproveitam das características dos feromônios para aumentar o poder de atração.

8

Prudência é saber distinguir as coisas desejáveis das que convém evitar.

CÍCERO
(106-43 a.C.), filósofo grego

Anticoncepcionais

Quando um casal quer engravidar, ele sabe exatamente o que fazer: transar. Mas, se os dois desejam evitar a gestação, precisam usar recursos que impeçam o encontro dos espermatozoides com o óvulo. Esses recursos são chamados de métodos anticoncepcionais.

Eles englobam desde mudanças de comportamento até hormônios que barram uma gravidez indesejada. Existem métodos mais e menos eficazes. Cada um deles traz vantagens e desvantagens e pode ser mais apropriado para determinada fase da vida. Neste capítulo, você irá conhecer todos os métodos e entender por que eles são tão diferentes.

Um pouco de história

O registro médico mais antigo de prevenção feminina contra a gravidez data de 1850 a.C.: uma receita num papiro recomendava aplicar na vagina uma mistura de mel e bicarbonato de sódio. O *Antigo Testamento*, de 1000 a.C., menciona mulheres que não engravidavam quando tinham relações sexuais na véspera da menstruação – o princípio da "tabelinha". No Egito, a rainha Cleópatra, que governou entre 51 e 30 a.C., usava esponjas marinhas embebidas em vinagre, e as egípcias, excrementos de crocodilo, compressas vegetais e emplastros de linho. Nenhum desses métodos, contudo, tem hoje validade científica. Acredita-se que o médico grego Sorano de Éfeso (98-138) teria sido um dos primeiros ginecologistas a descrever, em detalhes, os métodos anticoncepcionais. Segundo ele, seria melhor não conceber do que destruir o embrião depois.

A PÍLULA ANTICONCEPCIONAL

É um comprimido que, quando tomado corretamente, evita a gravidez. A pílula impede a ovulação (não deixa o óvulo amadurecer e sair do ovário). A mulher só deve começar a usar a pílula depois de passar por um exame médico, pois ela não é recomendada para quem tem diabetes, problemas de coração, pressão alta, varizes, problemas circulatórios, ou alterações no funcionamento do fígado ou dos rins. Também não devem tomar a pílula mulheres com mais de 35 anos, principalmente as fumantes.

Quem inventou a pílula?

Foi só a partir do século XX que os cientistas intensificaram as pesquisas em busca de anticoncepcionais femininos eficientes e seguros. Depois da criação do diafragma, em 1870, e do DIU (dispositivo intrauterino), em 1950, o avanço decisivo veio com as pesquisas que, em 1954, resultaram na criação da pílula anticoncepcional. Sua descoberta aconteceu na sequência de várias conquistas da medicina e da bioquímica. Já na década de 1930, constatou-se que o hormônio feminino progesterona apresentava indícios de ser anticoncepcional. Em 1952, um composto semelhante à progesterona chegou a ser sintetizado em laboratório. Mas só dois anos depois foram sintetizados esteroides com as propriedades desse hormônio. Para a descoberta, contribuíram os estudos do cientista Gregory Goodwin Pincus (1903-1967), consultor de pesquisas genéticas e fisiológicas da reprodução. Ao lado de Min Chueh Chang, cientista chinês da Universidade de Cambridge, e John Rock, que pesquisou a combinação dos hormônios, Pincus descobriu os estrógenos e progestágenos (derivados da progesterona que mais inibiam a ovulação), e a partir deles surgiu a pílula anticoncepcional.

A pílula foi testada com sucesso em mulheres de Porto Rico. A gravidez só ocorreu quando seu uso foi interrompido ou esquecido. Houve ainda alguns anos de testes, antes que fosse comercializada. Em maio de 1960, as norte-americanas já podiam usar a pioneira Enovid-R: ela continha cerca de 5 mil microgramas de progesterona e 150 microgramas de estrogênio, dosagem muito alta e diferente da normalmente encontrada nos ciclos naturais da mulher, o que provocava enjoos e problemas gástricos. No Brasil, a venda em farmácias começou em 1962. Nas pílulas de hoje, as doses de hormônios e seus efeitos indesejáveis são muito menores do que em 1960.

PERGUNTINHAS

Se eu tomar uma pílula e depois de algumas horas vomitar, existe a necessidade de tomar outra?
Se o período for de mais de duas horas, não é preciso tomar o remédio outra vez. Seu organismo já teve tempo de absorver o conteúdo da pílula. Caso o tempo seja inferior a duas horas, é necessário repor a pílula que foi perdida e consultar seu médico.

Minha namorada já tomou pílula anticoncepcional uma vez sem orientação médica – ela pegou uma cartela emprestada de uma amiga, leu as instruções e tudo correu bem. Só que agora ela quer voltar a tomar pílula e está insegura. O que fazer?
Em primeiro lugar, sua namorada merece uma bronca: que negócio é esse de tomar remédio dos outros?!? Remédio é uma coisa bastante pessoal. Não dá para dividir com ninguém. Quem receita remédio é médico. Só um profissional consegue produzir a melhor receita para cada pessoa. Mesmo com todos os cuidados, algumas vezes, o remédio ainda pode causar alguns problemas – efeitos colaterais, alergias não previstas etc. Imagine, então, tomar um remédio ao acaso! A medicina atual é tão vasta e complexa que um psiquiatra não arrisca prescrever uma pílula e um ginecologista não arrisca prescrever um antidepressivo. Por isso, antes de voltar a se medicar, sua namorada deve procurar um especialista.

Pílula anticoncepcional engorda?
Algumas pílulas podem levar a um aumento de peso. Outras provocam maior retenção de água no corpo – e isso também acaba elevando o peso.
Mas essa história não acontece com todas as mulheres nem com todos os tipos de pílulas. Por isso, vale a pena a mulher procurar um ginecologista para que os dois possam escolher a pílula mais adequada.

Tomo injeções de anticoncepcional há dois meses. Engordei e apareceram muitas espinhas no meu rosto. Isso é normal?
O método ideal para prevenir a gestação é aquele ao qual você se adapta melhor. Pelo que você conta, as injeções com hormônios estão trazendo ganho de peso e espinhas (dois efeitos que podem mesmo aparecer). Para garotas mais novas, existem alguns tipos de pílula que têm concentrações

mais baixas de hormônio e que podem diminuir os efeitos indesejados desse remédio. Além disso, existe o preservativo. Será que, numa época da vida em que você não tem um parceiro fixo, não seria melhor optar por essa solução? Não traz efeitos colaterais e também protege contra as doenças sexualmente transmissíveis.

Meu namorado fica um mês na nossa cidade e outro, fora. Só tomo pílula no mês em que ele está aqui. Isso pode me trazer algum problema?
O ideal é que o uso da pílula anticoncepcional seja feito de forma contínua, ou seja, os comprimidos devem ser tomados todos os meses. Usar a pílula em meses alternados pode não ser tão seguro. Existe o risco de uma gravidez, sim. Além disso, os efeitos colaterais da pílula (enjoo, dor de cabeça, sensação de incômodo nas mamas e pequenas perdas de sangue no meio do ciclo) desaparecem depois de dois ou três meses de uso regular. Toda vez que você para de usar a pílula por um mês inteiro, o retorno ao anticoncepcional pode significar a volta desses sintomas.

Uso pílula anticoncepcional há seis meses. Corro risco de engravidar se tiver uma relação sexual na semana em que paro de tomar os comprimidos?
A maior parte das pílulas vendidas atualmente traz uma combinação dos hormônios femininos estrógeno e progesterona. A garota deve tomar os comprimidos por 21 dias. A pílula bloqueia o eixo hormonal e impede a ovulação. Sem óvulos, não há risco de gravidez. Quando a caixa acaba, é preciso fazer uma pausa de sete dias. Há uma queda no nível dos hormônios no organismo. Essa queda leva à descamação do útero, e ocorre a menstruação. A pausa não pode ultrapassar sete dias. A pílula volta a ser tomada ao final da semana de "descanso", mesmo que a menstruação ainda não tenha acabado. Não há risco de engravidar nessa pausa.

FALSO OU VERDADEIRO?
Se a mulher tomar anticoncepcional por muito tempo, quando parar, ela demora a engravidar?
Falso. Esse é um temor antigo que não se provou verdadeiro. A mulher pode voltar a engravidar logo depois da interrupção do uso da pílula. Em geral, de um a três meses depois de parar, a mulher já está ovulando e pronta para engravidar.

Anticoncepcional tomado durante muito tempo reduz o desejo sexual da mulher?
Falso. O anticoncepcional não reduz o desejo sexual das mulheres.

Remédios podem cortar o efeito da pílula anticoncepcional?
Verdadeiro, em determinados casos. Depende da fórmula do remédio e da pílula. Alguns realmente interferem. É o caso dos antibióticos à base de tetraciclina. A única forma de ter certeza é consultar seu médico.

Camisinha

Não se sabe exatamente quando o preservativo começou a ser usado. Segundo o papiro de Petri, datado de 1850 a.C., um pedaço de pano impregnado com uma pasta feita de excremento de crocodilo e mel foi a primeira prescrição médica conhecida de um contraceptivo. Um pequeno pedaço de pano devia ser colocado no fundo da vagina para impedir a entrada do esperma.

Depois disso, vários outros métodos foram usados para criar uma barreira entre o pênis e a vagina: vesículas de cabra, meio limão, intestinos de carneiros, sementes de vagem e pedaços de linho, seda e couro.

Uma lenda grega conta a história de uma vesícula de cabra que teria sido usada como uma espécie de camisinha. Minos, o rei de Creta, tinha um sério problema: seu sêmen continha serpentes e escorpiões, que machucavam as mulheres com quem ele fazia amor. Felizmente, sua mulher Pasífae era imune à dor, mas as criaturas impediam que os dois tivessem filhos. A cura foi descoberta com a ajuda de uma segunda mulher. Ela permitiu que uma vesícula de cabra fosse colocada dentro de sua vagina. Minos ejaculou suas serpentes na voluntária, e os monstros ficaram presos dentro da vesícula do animal. Então Minos correu para os braços de Pasífae, fizeram amor, e ela engravidou.

Gravuras e desenhos do antigo Egito (1350 a.C. a 1200 a.c.) já mostravam homens com um envoltório no pênis, provavelmente feitos de tripas de animais, muito semelhantes à camisinha atual. Os antigos romanos também conheciam o método.

Uma das primeiras referências seguras vem do anatomista italiano Gabriel Fallopius (1523-1563), professor da Universidade de Pádua, publicada em 1564. Ele recomendava um saquinho feito de linho e amarrado com um laço, que provavelmente não era usado como anticoncepcional, mas para evitar doenças venéreas. Segundo seus próprios relatos, a invenção foi testada em 1.100 homens, "com completo sucesso". Nenhum ficou infectado. Fallopius também testou um artefato que devia ser posto dentro da uretra do homem, mas não obteve o mesmo resultado.

Um século mais tarde, um médico inglês conhecido como doutor Condom, alarmado com o número de filhos ilegítimos de Carlos II da Inglaterra (1630-1685), resolveu criar para o rei um protetor feito com tripa de animais para prevenir o nascimento de bastardos reais. Em inglês, a palavra que designa camisinha é *condom*, justamente uma referência a esse médico da corte de Carlos II.

A palavra *condom* apareceu impressa pela primeira vez em 1706, na Inglaterra, em um artigo sobre novos inventos para o combate de doenças venéreas. No *Dicionário clássico de linguagem vulgar*, publicado em 1785, em Londres, o preservativo era definido como "tripa seca de ovelha, vestida por homens no ato sexual, para prevenir doenças venéreas". Naquela época, ainda não se falava da utilidade da camisinha como método contraceptivo.

Os preservativos de borracha surgiram por volta de 1870. Eles eram extremamente grossos. Como também eram caros, os homens costumavam lavá-los e usá-los outras vezes. Esses preservativos só eram jogados fora quando a borracha arrebentava.

A primeira camisinha com um reservatório terminal (pequeno espaço que fica livre na sua ponta) foi lançada nos Estados Unidos em 1901 e era da marca Dreadnought.

Em 1939, com a descoberta do processo de vulcanização da borracha, as camisinhas se tornaram mais finas e elásticas.

A camisinha é o método anticoncepcional mais popular em todo o mundo, usado por 41% das pessoas. Em segundo lugar vem a pílula, com 19%.

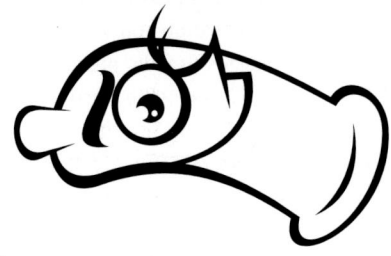

CURIOSIDADES

✱ A eterna rivalidade entre franceses e ingleses foi parar também nos preservativos. Os franceses chamam a camisinha de *capote anglaise* (capote inglês). A expressão nasceu há algum tempo, quando ainda não se falava em prevenção da aids. Usar camisinha, naquela época, era considerado uma frescura. Ofendidos, os ingleses contra-atacaram. Criaram a expressão *french disease* (doença francesa) para se referir a doenças venéreas.

✱ O preservativo recebeu no Brasil o nome de camisa de vênus numa alusão a Vênus, deusa do amor.

✱ Uma parte dos preservativos que não é aprovada no controle de qualidade é vendida a fábricas de brinquedos. As camisinhas, que têm a ponta cortada para evitar a revenda, são utilizadas como uma espécie de diafragma para fazer as bonecas chorarem.

✱ Os habitantes de Komi, na Rússia, estavam furiosos com a falta crônica de garrafas. É que eles compravam, na rua, bebidas que eram vendidas em grandes tonéis e precisavam das garrafas para fazer o transporte até sua casa. Até que um dia... Um homem descobriu que as camisinhas russas eram tão grossas e resistentes que podiam ser usadas como recipientes ideais para levar a bebida. As camisinhas, que podiam conter até 3 litros, acabaram com o problema de Komi.

✱ Durante muitos anos, os habitantes de uma cidade francesa lamentaram seu triste nome: Condom. Era uma gozação atrás da outra. Até que, em 1997, o prefeito resolveu mudar a imagem e tirar proveito do nome. Condom, segundo ele, devia ser a capital mundial do preservativo. Numa antiga garagem da Citroën, por exemplo, ele concedeu incentivos fiscais para a abertura de uma fábrica de camisinhas. Em 1998, a cidade de Condom inaugurou também o primeiro museu de preservativos do mundo, com 1.800 peças. Graças a essa ideia, a cidade recebe 300 mil visitantes por ano.

✱ O governo americano vendeu um grande lote de 50 milhões de preservativos para o Egito. Descobriu-se depois que a maior parte deles foi comprada por grandes atacadistas, que enviaram os preservativos para as zonas rurais. Os preservativos foram vendidos como balões para crianças.

✱ A polícia peruana prendeu em flagrante dois homens – Juan Córdova e José Guzmán – que tinham um negócio nada honesto. Durante o dia, eles vasculhavam uma rua muito frequentada por casais de namorados. Recolhiam os preservativos usados, lavavam e voltavam à noite ao local para vendê-los como novos.

✱ Em Sri Lanka, um homem pode ser detido se estiver andando com um preservativo no bolso ou na carteira.

✱ Um juiz em Toronto, no Canadá, condenou Charles Tumwesigye a 45 dias de prisão por ter tirado a camisinha no meio da relação sexual, sem a autorização de sua parceira.

✱ A inventora de cuecas e calcinhas com porta-camisinhas foi a americana Natalie Lerma-Solis.

✱ O chefe do departamento de saúde do condado de Contra Costa, na Califórnia, impediu a entrada de preservativos com sabor de menta. Ele explicou que o preservativo iria promover o sexo oral, prática proibida no local.

✱ O gerente do cinema London's Prince Charles Theatre, Bem Freedman, resolveu instalar *love seats* (cadeiras cujos braços se levantam para que os namorados possam ficar juntos) na última fila de sua sala. Mais: ele colocou camisinhas em cada assento.

✱ A propaganda e a distribuição de camisinhas só foi liberada no Brasil em 1979. A primeira propaganda foi do preservativo Involve, na revista *Playboy*.

TIRA-TEIMA
Quando o garoto deve colocar a camisinha?
O melhor é colocar a camisinha assim que o pênis estiver ereto. Não deve haver penetração sem camisinha. Mesmo sem ejaculação, alguns espermatozoides podem escapar naquele líquido incolor que sai do pênis durante a transa e provocar uma gravidez.

Quanto tempo de transa aguenta uma camisinha?
Não há tempo exato. Se for colocada corretamente, ela aguenta, em geral, o tempo que o pênis ficar ereto. Se você perder a ereção, a camisinha vai ficar solta e poderá escapar. Nunca tente reaproveitar uma que já tenha sido usada!

Namoro há quase um ano. Há quatro meses, tenho relações sexuais com meu namorado. Nós usamos camisinha, mas pela segunda vez ela estourou. O que fizemos de errado?
Talvez vocês estejam colocando a camisinha de forma errada. Será que vocês estão comprando uma marca de boa qualidade? A camisinha está sendo bem guardada (protegida do sol e não dobrada)? Será que, na hora de abrir o pacotinho, alguma coisa – uma unha ou um dente – está danificando o material? E, por último, será que vocês estão tirando o ar que fica na ponta da camisinha? Esses cuidados podem ajudar a evitar esses "estouros" fora de hora. É difícil perceber que a camisinha estourou quando ela está sendo usada. Se isso acontecer e a mulher estiver no período fértil, o melhor é procurar um ginecologista.

A camisinha pode entrar no corpo da mulher?
O canal que liga a vagina ao útero (colo do útero) é muito pequeno para permitir a passagem da camisinha. Ela pode até se soltar dentro da vagina na hora em que o homem tira o pênis, mas daí não passa. Nesse caso, ela é facilmente retirada com os dedos. Se a mulher tiver dificuldades de retirá-la, deve procurar um ginecologista.

Quando transo com camisinha, demoro mais tempo para gozar. Por quê?
É que, com a camisinha, a sensibilidade do pênis pode diminuir um pouco. Por isso, o orgasmo pode demorar um pouco mais. Com o tempo, isso tende a melhorar. É uma questão de adaptação. E, de mais a mais, uma transa mais longa pode até ser bem mais gostosa.

Para ficar mais protegido, é aconselhável usar mais de uma camisinha por vez?
Não. A sensibilidade fica reduzida e aumenta o risco de rompimento. Uma camisinha bem colocada dá conta do recado.

Namoro um menino que diz que não sente prazer quando usa camisinha. Ele me pediu para tomar pílula. O que faço?
A pílula evita uma gravidez indesejada, mas não protege contra as doenças sexualmente transmissíveis, como a aids. O melhor é conversar e explicar que há diversos tipos de preservativos, inclusive a camisinha feminina. Vocês poderão ir experimentando até achar um preservativo com o qual ele se adapte. Se não funcionar, o melhor é o ultimato: "Não transo sem camisinha".

Há risco de engravidar mesmo usando camisinha?
Só se for mal colocada, tiver algum defeito de fabricação ou se romper durante a transa. Para evitar essas situações, use apenas as marcas que tenham o selo de qualidade do Inmetro (Instituto Nacional de Metrologia, Normatização e Qualidade Industrial), que estejam dentro do prazo de validade e tenham sido bem conservadas. Aprenda também a forma correta de colocar a camisinha.

Meu namorado vive pedindo para eu colocar a camisinha nele com a boca. Não é perigoso rasgá-la?
Você precisa tomar bastante cuidado, sim! Há sempre a possibilidade de os dentes danificarem a borracha da camisinha, aumentando o risco de rompimento durante a relação sexual. Portanto, muito cuidado com essa prática.

Quando participo de sexo grupal, devo trocar de camisinha toda vez que troco de parceira?
Sempre. No sexo grupal, para cada parceira, use uma camisinha diferente. Caso contrário, você pode levar uma infecção de uma mulher para outra. Para cada tipo de prática sexual deve ser utilizada uma camisinha diferente. Assim, se houver sexo anal e, depois, sexo vaginal em uma mesma relação, coloque uma camisinha para a vagina e outra para o ânus.

Por que alguns homens perdem a ereção na hora de colocar o preservativo?
Em geral, durante as preliminares, o homem mantém um determinado ritmo de excitação e de estímulo, que é interrompido para a colocação da camisinha. Para a maioria dos homens, essa parada não interfere na ereção, mas alguns precisam fazer um certo esforço para resgatar o ritmo anterior. Na medida do possível, a colocação da camisinha deve ser vivida como parte do jogo erótico. Estimulações, brincadeiras, novas formas de obter prazer são bem-vindas nesse momento. No entanto, na cabeça de muitos homens, a ideia de pôr a camisinha é associada a um freio no prazer e na liberdade. Nesses casos, além da pausa natural, a colocação do preservativo fica revestida de uma carga pesada. Aí, não há ereção que resista. Seria legal, para esses homens, repensarem a importância do prazer com segurança.

Toda vez que transo com camisinha com meu namorado, sinto uma coceira e um calor muito grande na entrada da vagina. Já fiz a experiência de transar sem camisinha e não senti nada. Isso pode ser algum tipo de alergia?
Pode ser alergia, sim! Cerca de 1% da população tem alergia ao látex, material de que é feita a maioria das camisinhas. Outro 1% também apresenta alergia ao espermicida que vem junto com alguns tipos de preservativos.
A alergia pode afetar tanto o rapaz como a garota. Ele sente coceira e calor no pênis. Uma mancha avermelhada pode aparecer. Ela sente calor, desconforto e coceira logo após a relação sexual. Apesar desse problema, não dá pra sair por aí, transando sem camisinha. Quais são as alternativas? Em primeiro lugar, é sempre importante checar com seu ginecologista se está tudo em ordem. Depois, você pode tentar camisinhas sem espermicidas. Muitas delas têm apenas lubrificantes inertes, menos alergênicos. Se mesmo assim a alergia não melhorar, você vai ter que achar preservativos que sejam feitos de um material diferente do látex. O mais comum é um plástico chamado de poliuretano. Algumas camisinhas importadas, que podem ser encontradas nas grandes redes de farmácias, são feitas desse material. Para terminar, você tem a alternativa da camisinha feminina, que também é feita de poliuretano e não tem espermicida.

Se a embalagem da camisinha estiver velha e amassada, existe algum perigo?
Sim. A camisinha pode já estar com pontos desgastados, sujeita a furos. Prefira sempre uma embalagem em bom estado.

Tenho 22 anos, e meu pênis é bastante grosso. Gostaria de saber onde posso adquirir uma camisinha de tamanho maior.
A grossura do pênis varia de homem para homem, mas em geral há certo padrão nessa variação, e as camisinhas são feitas para atender a essa diversidade. No entanto, alguns homens de pênis mais fino ou mais grosso podem ter dificuldade em se adaptar ao padrão existente. Algumas marcas podem facilitar a adaptação por terem uma composição mais elástica. No Brasil, apenas no início de 2001 começaram a ser vendidas variações de tamanho de camisinha. Nos Estados Unidos, há camisinhas para adolescentes (de tamanho menor) e *X-large* (de tamanho maior). O ideal seria testar outras

marcas nacionais, pensar na possibilidade de arrumar algumas importadas ou, ainda, lembrar que a camisinha feminina pode ser uma opção. Nesse caso, a garota vestiria a camisinha, e o pênis não precisaria estar protegido por um preservativo masculino.

Quando meu namorado coloca a camisinha, fica um espaço na ponta. É assim mesmo?
O espaço é o reservatório de esperma e deve ficar sem ar. Se o espaço ficou cheio de ar, a colocação está incorreta e há risco de rompimento. Ao colocar a camisinha, é preciso apertar a ponta com o polegar e o indicador, enquanto se desenrola o preservativo sobre o pênis, evitando que o ar se acumule na ponta. A camisinha tem capacidade para aguentar até 5 litros de esperma.

Camisinha é feita de material reciclável?
Não. Como são feitas de látex, depois de usadas, as camisinhas devem ser incineradas. Se ficarem expostas ao meio ambiente, seu tempo de decomposição será de cinquenta anos. Para comparar: os absorventes menstruais femininos podem demorar quinhentos anos para se decompor.

VOCÊ SABIA QUE...
... se você usar qualquer lubrificante
à base de óleo, sua camisinha pode ganhar
furinhos microscópicos?
A vaselina é um dos lubrificantes proibidos.
Por ser um produto à base de petróleo, corrói o
látex de que são feitas as camisinhas.
Outros lubrificantes proibidos são o óleo para
bebês e os cremes hidratantes.

FIQUE ESPERTO!
• Pode ser chato precisar ir até a sala pegar a camisinha que está no bolso da calça. Ou ter que remexer o criado-mudo até achar uma camisinha. Tem gente que fica com medo de perder a concentração e acha que é melhor, então, transar sem camisinha. Errado! Para evitar esses problemas, procure deixar a camisinha perto de você. Mas não deixe de usá-la.
• Os ambientes molhados, como o mar, uma banheira ou o chuveiro, prejudicam a lubrificação do preservativo, aumentando os riscos de rompimento.
• Confira sempre se a camisinha que você comprou tem o certificado do Inmetro (Instituto Nacional de Metrologia, Normatização e Qualidade Industrial), que faz o teste de qualidade nos preservativos.
• Cerca de 90% das camisinhas nacionais têm 52 milímetros de largura. O mínimo permitido pelo Inmetro são 44 milímetros, enquanto a medida máxima sugerida é de 56 milímetros.

O exterminador de espermatozoides

PARA QUE SERVE O ESPERMICIDA?
O espermicida é um gel que deixa a vagina mais ácida do que o normal. Ele destrói os espermatozoides por desidratação. Ele também tem alguma ação de ataque contra os germes que causam as doenças sexualmente transmissíveis (DSTs). O espermicida é um método apenas 60% confiável. Se for usado com um diafragma, a eficiência aumenta para mais de 90%.
Muitas camisinhas já vêm com espermicida (essa informação consta da embalagem). Quando isso não acontece, você pode comprar o gel nas farmácias. O principal espermicida utilizado no Brasil é o nonoxynol-9.

COMO COLOCAR A CAMISINHA
1. Para vestir a camisinha, o pênis precisa estar ereto.
2. Aperte a ponta da camisinha com os dedos polegar e indicador para retirar o ar.
3. Com a outra mão, vá desenrolando delicadamente a camisinha sobre o corpo do pênis até a sua base.
4. Sempre deixe uma folga na ponta da camisinha para armazenar o sêmen.

COMO RETIRAR A CAMISINHA
1. Retire o pênis da vagina quando ele ainda estiver rígido. Do contrário, o esperma poderá escorrer para fora.
2. Segure as bordas da camisinha para impedir o vazamento do esperma.
3. Enrole a camisinha num pedaço de papel higiênico e jogue-a no lixo.
4. Algumas pessoas preferem dar um nó na camisinha para evitar que o esperma vaze.
5. Utilize cada camisinha uma única vez.

Quem não tem intimidade com a camisinha pode comprar uma caixinha e treinar antes das primeiras transas. Da primeira vez já rolam tantas encanações, que é bem melhor já ter dominado antes a arte de colocar a camisinha.
Os especialistas recomendam que, de preferência, quem não fez circuncisão tire a glande para fora do prepúcio (descubra a cabeça do pênis) e, aí sim, coloque a camisinha, pois isso reduz as chances de o preservativo se romper.

A camisinha feminina

* Camisinha feminina é um novo recurso para sexo seguro que chegou ao mercado na década de 1990. Ela foi criada e desenvolvida no Reino Unido. De lá, até hoje, é fabricada e vendida para o mundo todo.

* A camisinha feminina é feita de um plástico conhecido como poliuretano. Parece ser duas vezes mais resistente que o látex (tipo de borracha empregada na fabricação das camisinhas masculinas). Ela pode ser colocada até oito horas antes da transa e não é preciso tirá-la imediatamente após o ato. A mulher pode deixá-la por um tempinho maior e, quando for retirá-la, só precisará ter um pouco de cuidado para que o esperma não escorra. Como as masculinas, as camisinhas femininas são descartáveis e devem ser descartadas depois de utilizadas.

* Elas já vêm lubrificadas para facilitar o ajuste na vagina, mas, se for o caso, pode-se colocar mais um pouco de lubrificante. Na primeira vez em que for usar, seria bom fazê-lo sob a supervisão do ginecologista.
Bem maior do que a masculina, a camisinha feminina é uma boa alternativa para:
* pessoas que têm alergia ao látex (cerca de 1% das usuárias);
* homens que reclamam que a masculina aperta o pênis ou causa diminuição significativa da sensibilidade;
* mulheres que se relacionam com homens que se recusam a usar a camisinha masculina.

* Nos últimos anos, também foi lançada no mercado brasileiro uma camisinha feminina feita de látex. Ela é um pouco mais fácil de ser colocada e tem o custo mais baixo do que a de poliuretano. De qualquer forma, as pessoas alérgicas ao látex não podem usar esse tipo de camisinha feminina.

COMO COLOCAR A CAMISINHA FEMININA

1. Sente-se e coloque um pé em cima de uma cadeira. Abra as pernas, separando bem os joelhos.
2. Aperte o anel interno com o polegar e o dedo médio. Em seguida, coloque o dedo indicador entre eles – mas continue apertando o anel.
3. Com a mão, abra os lábios e coloque a camisinha dentro da vagina o mais profundamente que conseguir.
4. Agora, usando o dedo indicador, empurre o anel interno para ajustá-lo melhor dentro da vagina e para se certificar de que ele não ficou torcido.
5. Por fim, verifique se o anel externo está bem posicionado do lado de fora da vagina.
6. A adaptação completa acontece quando o pênis é introduzido na vagina.

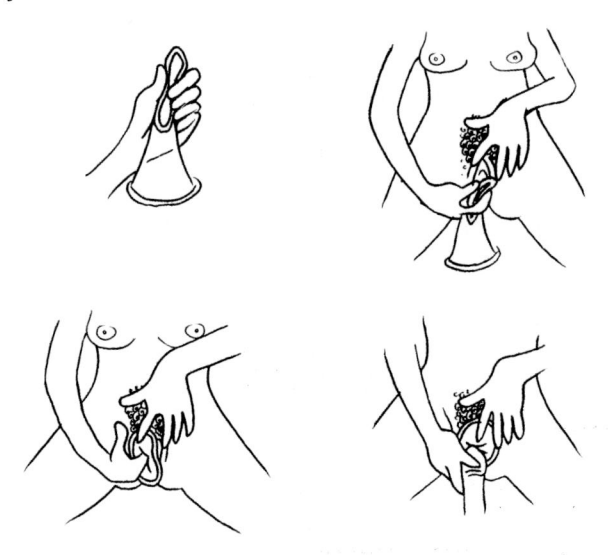

COMO RETIRAR A CAMISINHA FEMININA

1. Pressione e torça o anel externo para que o esperma fique dentro da camisinha.
2. Retire o preservativo com cuidado, enrole-o em um pedaço de papel higiênico e jogue-o no lixo.
3. Utilize cada camisinha feminina uma única vez.

TODOS OS MÉTODOS ANTICONCEPCIONAIS

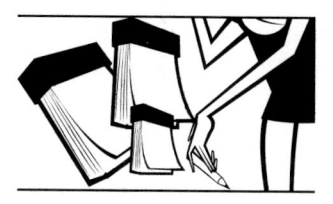

Métodos hormonais

PÍLULA
O que é
Uma pílula que deve ser tomada diariamente em ciclos de 21 dias, com intervalo de descanso de sete dias. Os hormônios contidos no medicamento impedem a ovulação, prevenindo contra a gravidez.
Taxa de sucesso
Se for tomada corretamente, sua eficácia é de mais de 99%. Com o uso típico (média de como a população toma a pílula, com as falhas e os esquecimentos), 5% das mulheres engravidam tomando a pílula no intervalo de um ano.
Vantagens
Fácil de tomar e regula ciclos menstruais.
Desvantagens
Não protege contra aids e DSTs. Pode causar efeitos indesejados como náusea, ganho de peso, aparecimento de espinhas, dores de cabeça e enjoo. Não é recomendado o uso de pílulas para mulheres que fumam.

INJEÇÃO CONTRACEPTIVA
O que é
Uma injeção de hormônio que impede a ovulação. Dependendo do tipo da injeção deve ser tomada todo mês ou trimestralmente.
Taxa de sucesso
Menos de 1% das mulheres que usam esse método engravidam.
Vantagens
Dura bastante; não precisa ser lembrada diariamente como a pílula.
Desvantagens
Não previne contra DSTs e aids. Pode causar efeitos colaterais, como ganho de peso e pequenas perdas de sangue no meio do ciclo.

IMPLANTES
O que são
Seis "filetes" que são inseridos no braço da mulher. Eles soltam pequenas doses de hormônio que previnem contra a gravidez.
Taxa de sucesso
Mais de 99%.
Vantagens
Duram até cinco anos.
Desvantagens
Não previnem contra DSTs e aids. Podem desregular os ciclos menstruais e causar outros efeitos colaterais, como dores de cabeça, ganho de peso e acne. Algumas mulheres conseguem vê-los debaixo da pele. Podem apresentar dificuldades ao ser retirados.

Métodos de barreira

CAMISINHA
O que é
Um preservativo feito de látex ou poliuretano que envolve o pênis, impedindo que o esperma seja depositado na vagina.
Taxa de sucesso
Se usada corretamente, sua eficácia é de 97%. Em uso típico, 14 em cada 100 mulheres engravidam com base em um ano de uso.
Vantagens
Não precisa de prescrição médica e previne DSTs e aids.
Desvantagens
Se não for usada corretamente, pode se romper. Também pode vazar se não for retirada da forma certa.

DIAFRAGMA
O que é
Um acessório de borracha que deve ser colocado no interior da vagina. Ele fecha a entrada do colo do útero, impedindo que o esperma o adentre e atinja o óvulo. Geralmente é usado com o espermicida (espécie de gel que destrói os espermatozoides).
Taxa de sucesso
Se usado de maneira correta, sua eficácia é de 94%. No uso típico deste método, 20% das mulheres engravidam.

Vantagens
Pode ser inserido até seis horas antes da relação.
Desvantagens
Não protege contra a maioria das DSTs, entre elas, a aids. Aumenta os riscos de infecção urinária. Não pode ser retirado até seis horas após a relação. Precisa ser lavado cuidadosamente.

CAMISINHA FEMININA
O que é
Um invólucro de poliuretano com dois anéis, um em cada extremidade. O anel interno deve ser colocado dentro da vagina. O externo fica 3 centímetros para fora da vagina, cobrindo os lábios vaginais. Recolhe o esperma, não deixando que ele entre em contato com o óvulo.
Taxa de sucesso
Se usada corretamente, sua eficácia é de 95%. Em uso típico, 21 em cada 100 mulheres engravidam por ano com o método.
Vantagens
Protege contra DSTs. Pode ser colocada até oito horas antes da relação. Pode ser usada com qualquer tipo de lubrificante. Não necessita de prescrição médica.
Desvantagens
Esteticamente não é atraente. Pode sair do lugar durante a relação. Se não estiver bem lubrificada, pode fazer barulho.

Métodos definitivos

LIGADURA DE TROMPAS
O que é
Uma cirurgia que liga (interrompe) as trompas de Falópio, impedindo que o espermatozoide atinja o óvulo.
Taxa de sucesso
Mais de 99%.
Vantagens
Não tem efeitos colaterais. É um método definitivo.
Desvantagens
Não protege contra DSTs e aids. Se a cirurgia não for bem-sucedida, aumenta o risco de gravidez tubária (dentro da trompa). A reversão pode ser complicada e nem sempre é possível.

VASECTOMIA
O que é
Uma cirurgia que bloqueia os tubos (ductos deferentes) que transportam os espermatozoides, não permitindo que eles sejam expelidos pelo pênis.
Taxa de sucesso
Mais de 99%.
Vantagens
Não apresenta efeitos colaterais. A operação é rápida.
Desvantagens
Não protege contra DSTs e aids. Apesar de a cirurgia de reversão ser possível, nem sempre é bem-sucedida. Quanto mais antiga a vasectomia, mais difícil será revertê-la.

Outros métodos

DIU
O que é
O dispositivo intrauterino (DIU) é feito de plástico e contém cobre ou progesterona. Tem a forma de um T e deve ser colocado no útero por um médico.
Taxa de sucesso
O DIU de cobre tem eficácia de mais de 99%. Já o de progesterona, de 98%.
Vantagens
Tem vida longa, e o de cobre pode durar até dez anos. O de progesterona dura de um a cinco anos.
Desvantagens
Não protege contra DSTs e aids. O de cobre pode aumentar o fluxo menstrual. Se a mulher contrair uma DST, aumentam os riscos de ela vir a ter uma inflamação pélvica (infecção do útero e dos ovários, por exemplo), podendo evoluir para a esterilidade. Sua colocação pode ser um pouco dolorosa.

ESPERMICIDA
O que é
Trata-se de cremes, géis, espumas ou supositórios que se destinam a uso vaginal. Agem sobre o esperma, "matando" os espermatozoides. Deve ser

utilizado como método complementar, junto com camisinha masculina, camisinha feminina ou diafragma.

Taxa de sucesso
Se usado de modo correto, em combinação com outro método, sua eficácia é de 94%. No uso típico, 26 em cada 100 mulheres engravidam por ano.

Vantagens
Também funciona como lubrificante.

Desvantagens
Usado sozinho, não protege contra a maioria das DSTs, entre elas a aids. Pode causar alergias e irritações.

Métodos naturais

TABELINHA

O que é
Tabelinha é o cálculo dos dias férteis da mulher, quando as chances de gravidez são maiores. Se a mulher apresenta um ciclo regular, a ovulação acontece 14 dias antes da próxima menstruação. Assim, três dias antes e três dias depois da data da ovulação, a mulher está no período fértil. Uma mulher, por exemplo, que tenha um ciclo de 28 dias, ovula no 14º dia. Então, do 11º ao 17º dia desse ciclo, ela deve evitar o contato sexual.

Taxa de sucesso
Se a tabelinha for corretamente observada, de uma a nove mulheres em cada cem acabam engravidando. No uso típico, cerca de 25% das mulheres engravidam.

Vantagens
É natural e não apresenta efeitos colaterais.

Desvantagens
Não é um método seguro, pois o dia da ovulação pode variar a cada ciclo em muitas mulheres. Contraindicada para mulheres com ciclos irregulares. Não previne contra DSTs e aids.

COITO INTERROMPIDO
O que é
O homem retirar o pênis da vagina antes de ejacular.
Taxa de sucesso
Feito de modo correto, a eficiência é de 96%. No uso típico, 19 em cada 100 mulheres engravidam por ano.
Vantagens
É totalmente natural. E só.
Desvantagens
Não é um método confiável: o homem precisa ter muito autocontrole. Alguns espermatozoides podem ser eliminados antes mesmo da ejaculação. Não previne contra DSTs e aids.

MÉTODO BILLINGS
O que é
Método que ensina a mulher a evitar a gravidez observando sua secreção vaginal. No período que se segue à menstruação o muco é mais grosso. Depois, vai afinando e ficando mais viscoso à medida que ocorre a ovulação.
Taxa de sucesso
Menos de 80%.
Vantagens
O método é natural.
Desvantagens
Pouco confiável. Qualquer infecção vaginal ou corrimento atrapalha a avaliação.

MÉTODO DE TEMPERATURA BASAL
O que é
A mulher deve anotar a temperatura axilar todos os dias antes de se levantar ou fazer qualquer esforço. No dia da ovulação, ela sobe quase 0,5 grau e fica assim por cerca de uma semana. Nos dias que antecedem esse aumento e nos posteriores a mulher deve tomar mais cuidado.
Taxa de sucesso
Menos de 80%.
Vantagens
Método natural.
Desvantagens
Pouco confiável. Qualquer febre ou esforço físico pela manhã altera a avaliação.

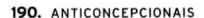

O CURIOSO RESPONDE
Se eu colocar um DIU, meu namorado vai sentir algo diferente nas transas?
O DIU (dispositivo intrauterino) é um pequeno objeto, em geral em forma de "T", que é colocado no interior do colo do útero, sendo considerado um método anticoncepcional bastante eficaz. Como é colocado dentro do útero, o homem não sente nada durante a transa. Se sentir qualquer coisa é sinal de que o DIU saiu de sua posição e está sendo eliminado. Nesse caso, a mulher precisa consultar o ginecologista. A única coisa que sai pelo colo do útero são dois fios muito finos e macios (fios de segurança), usados na hora de remover o DIU. Ele não protege contra doenças sexualmente transmissíveis e aids, portanto, a camisinha também deve ser usada. De modo geral, os ginecologistas preferem colocar DIU em mulheres que já tiveram filhos, pois é mais fácil introduzir o dispositivo em mulheres que já deram à luz, porque o colo do útero fica um pouco maior.

VOCÊ SABIA QUE...
... nunca se deve usar camisinha feminina junto com a camisinha masculina? Isso aumenta o risco de rompimento das duas. Se vocês quiserem usar as duas, aprendam a variar. Ou seja, cada vez um veste a sua!

O que é a "pílula do dia seguinte"?
É um método de contracepção de emergência, que deve ser administrado até 72 horas depois de uma relação sexual suspeita. É utilizado quando há, por exemplo, rompimento da camisinha e a mulher está no período fértil. Neste caso, impede que o óvulo fecundado se fixe no útero. Contém altas doses hormonais e deve ser sempre receitado por um ginecologista.

A "pílula do dia seguinte" não é um método abortivo?

O método não é considerado abortivo pela maioria dos especialistas porque não houve fixação do ovo no útero, o que acontece alguns dias depois da fecundação.

A pílula do dia seguinte deve ser empregada apenas como método eventual. O uso frequente pode causar náusea, vômitos, dor de cabeça e irregularidades no ciclo menstrual.

9

Não tenho tragédia na minha vida.
Por exemplo: eu nunca brochei.

ZIRALDO
(1932-), jornalista, escritor e cartunista

Pepinos

Transar é uma delícia. Faz bem para o corpo e para a alma. Mas, como tudo na vida, o sexo também pode ter lá seus percalços. É relativamente comum que algumas pessoas enfrentem certos pepinos que acabam atrapalhando a saúde e o prazer. De maneira geral, uma vida sexual mais responsável, com a prática de sexo seguro, uso regular de camisinha e visita ao médico, no caso de dúvidas ou dificuldades, reduz de forma considerável a possibilidade de problemas na vida sexual.

Ejaculação precoce

Existem muitas definições para ejaculação precoce. Talvez a mais correta seja a que diz que ejaculação precoce é aquela que acontece muito rápido, sem que o homem ou sua parceira tenham tido tempo suficiente para curtir a transa. Na maioria absoluta das vezes, o problema está na cabeça e não no corpo.

Não é porque alguém goza uma ou duas vezes muito rápido que tem ejaculação precoce. No começo da vida sexual, é normal as pessoas pegarem um "atalho" para gozar. Os garotos ficam ansiosos, têm medo de errar, não conhecem bem o próprio corpo e o corpo da namorada. Com o tempo e a prática, essa situação tende a melhorar.

Alguns estudos mostram que até 50% dos garotos têm ejaculação precoce nas primeiras transas.

Como faço para saber se tenho esse problema?

Quem já passou das primeiras transas, estabeleceu uma relação mais estável e continua ejaculando de uma maneira muito rápida pode estar com problemas de ejaculação precoce. Nesse caso, o melhor mesmo é tirar a dúvida com o médico.

Qual é o tempo certo para gozar?
Não existe um tempo certo, cronometrado, para gozar. Cada pessoa tem o seu. Alguns chegam lá em dez, quinze minutos, outros demoram uma, duas horas. Relaxar, curtir as carícias preliminares, não atropelar as etapas da transa e não ficar pensando no momento certo de gozar são algumas das dicas iniciais.

Ejaculação precoce tem cura?
O primeiro passo é ficar mais calmo, relaxado. Por exemplo: trocar carícias e sentir bem o corpo da namorada. Aprender a controlar o tesão. Depois, começar a perceber o que dá mais prazer. Vá na boa, sem estresse, sem pressa. Preste atenção também no tesão que a namorada está sentindo. Se houver mesmo um problema de ejaculação precoce, há tratamento, sim. Uma boa terapia e, às vezes, até pequenas doses de remédio (antidepressivos tricíclicos) podem resolver a dificuldade.

A cirurgia de fimose pode ajudar no controle da ejaculação precoce?
Quando se retira parte do prepúcio (pele que recobre a glande ou "cabeça" do pênis), há uma pequena diminuição na sensibilidade da glande, que talvez possa resistir um pouco mais no momento da relação sexual. Mas o mais importante é não deixar o emocional de lado: o controle da ansiedade é a questão central na ejaculação precoce.

PRATIQUE!
Exercício para retardar a ejaculação

Durante a transa, quando estiver para gozar, diminua o ritmo. Aproveite para trocar de posição, se for o caso. Aí comece tudo outra vez. Isso prolonga o tempo até a ejaculação. A técnica de começar e parar ajuda no desenvolvimento de um controle maior.

Impotência

Impotência é a dificuldade ou impossibilidade de se alcançar e manter uma ereção para uma relação sexual satisfatória. Episódios ocasionais de falhas de ereção (brochadas) são comuns entre os homens. O problema só deve ser tratado se for frequente.

A palavra vem do latim *impotentia*, que significa "falta de poder". Ela foi usada pela primeira vez em 1420 num poema de Thomas Hoccleve (1370-1454), mas só começou a se referir à falta de ereção em 1655.

O nome mais aceito hoje para designar a impotência é disfunção erétil.

TRATAMENTOS
Tratamento psicológico
A terapia pode ser a melhor opção se a causa for estresse, ansiedade ou depressão.

COMO TRATAR A IMPOTÊNCIA

As causas podem ser psicológicas ou físicas:
- Ansiedade
- Estresse
- Depressão
- Uso de certas medicações
- Abuso de álcool
- Diabetes
- Hipertensão
- Taxas elevadas de colesterol
- Baixos níveis de hormônio masculino (testosterona)
- Problemas de circulação no pênis

Dicas para evitar problemas de ereção:
- Limite o consumo de álcool (em especial, antes do sexo)
- Abandone o cigarro
- Faça exercício físico regularmente
- Reduza os níveis de estresse
- Construa com a parceira uma atmosfera agradável
- Aprenda a relaxar e controlar o estresse

Medicações
Injeções de hormônio (para homens com níveis baixos de hormônio masculino, a testosterona) ou pílulas (como o Viagra) podem ser prescritas pelo médico.

Injeções no pênis
A injeção, na base do pênis, é feita em casa momentos antes da relação, com substâncias químicas (prostaglandinas), que aumentam o fluxo de sangue para o pênis e provocam ereção.

Bomba a vácuo
Um tubo é colocado em volta do pênis, e o ar é retirado. Como resultado, aumenta o fluxo de sangue para o pênis e ocorre a ereção. Um anel elástico é colocado na base do pênis para reter o sangue e prolongar a ereção. O resultado pode deixar a desejar. Seu uso, indicado apenas sob orientação médica, deve ser limitado. Não compre esse tipo de bomba em *sex shops* e não use por conta própria, pelos riscos de lesão no pênis.

Cirurgia
Há cirurgias que podem ser feitas para aumentar o fluxo de sangue para o pênis ou para a colocação de uma prótese que simule uma ereção.

Medicações na uretra
Um pequeno supositório (metade do tamanho de um grão de arroz) – ou mesmo um gel – pode ser colocado no interior da uretra (abertura do pênis) para provocar uma ereção. Ele também possui prostaglandinas.

Como os deficientes físicos transam?
Os paraplégicos quase sempre podem fazer amor. Os homens podem ter ereções mesmo que estejam sem sensibilidade da cintura para baixo, bastando para isso uma estimulação local, assim como podem se deliciar com a visão da companheira tendo prazer. Seu rosto, pescoço, braços e peito frequentemente são sensíveis a carícias, e essa sensibilidade aumenta com a prática.

O que é papaverina?
Em 1982, durante uma cirurgia, o médico Ronald Virag injetou um relaxante muscular chamado "papaverina" na artéria pélvica de um paciente anestesia-

do. Para sua surpresa, apesar de totalmente inconsciente, o homem deitado à sua frente teve uma ereção que durou três horas consecutivas. No ano seguinte, o doutor Virag chocou os participantes de um congresso médico em Las Vegas. Ele baixou as calças, sem constrangimento, e mostrou seu pênis ereto. Pouco antes, Virag havia injetado a droga em seu próprio pênis.

A papaverina, no entanto, se mostrou uma faca de dois gumes. A droga pode levar o paciente a uma crise de priapismo. Ou seja, a ereção pode durar mais de seis horas, com riscos de causar danos aos corpos cavernosos do pênis.

Viagra
O princípio do Viagra foi descoberto em 1993. Cientistas do laboratório Pfizer testavam uma substância chamada sildenafil para combater a hipertensão, sem resultados. Quando os estudos estavam sendo cancelados, alguns pacientes relataram um estranho, digamos, efeito colateral. Passaram a ter ereções por mais tempo e com mais frequência. Foi assim que nasceu o novo medicamento, utilizado por homens que têm dificuldades de alcançar e manter a ereção. Ele deve ser usado sempre sob orientação médica. Existem pessoas que não podem tomar o remédio, por exemplo, cardíacos que usam medicações vasodilatadoras (que dilatam as coronárias).

Depois do Viagra, outros compostos têm chegado ao mercado para o tratamento dos problemas de ereção. Eles prometem agir mais rapidamente e causar menos efeitos indesejados.

Posso tomar mais de um comprimido de Viagra por dia?
Em primeiro lugar, nunca adote a automedicação. Apenas um médico deve dizer se um paciente pode tomar esse tipo de remédio, e em qual dosagem. O medicamento tem uma função que dura algumas horas. Em geral, os profissionais não recomendam mais de uma dose diária, pois os efeitos colaterais (náusea, enxaqueca e vermelhidão) podem ser potencializados.

Mesmo se o homem não estiver com tesão, o Viagra funciona?
Não. O Viagra é apenas um facilitador da ereção. Mas o homem precisa estar com tesão. Isso vai depender do estímulo sexual e do desejo. A droga bloqueia uma enzima que impede o relaxamento dos músculos dos corpos cavernosos do pênis. Desse modo, o sangue fica retido em maior quantidade e por mais tempo dentro do pênis.

O Viagra pode ser usado por qualquer homem?
Em meio à febre provocada pelo Viagra, ele tem sido procurado por jovens que enfrentam uma única dificuldade de ereção ou que acham que vão ter mais potência sexual com o uso do medicamento. Essas são noções equivocadas. O remédio não oferece efeito adicional para quem tem potência normal. Existe um limite natural da potência, que não é alterado pelo uso da medicação.

Quem deve usar o medicamento?
O Viagra deve ser usado por quem enfrenta problemas mais crônicos de impotência. Os melhores resultados são vistos nos homens que têm dificuldades de ereção por problemas físicos associados a fatores emocionais. O médico urologista é o mais indicado para saber quem deve usar o remédio.

Quais são os efeitos colaterais do Viagra?
Dor de cabeça, rubor, tontura, dor de estômago, congestão nasal e leve distorção na percepção das cores. A Federal Aviation Administration, dos Estados Unidos, recomenda aos pilotos de avião que não tomem Viagra menos de seis horas antes de voar – ele pode interferir na capacidade de distinguir as cores azul e verde, importantes para comandar uma aeronave.

Quais são os riscos de se tomar o Viagra?
Todo remédio novo traz risco de interações com outros remédios ou efeitos colaterais ainda desconhecidos. Um exame médico criterioso antes do início da medicação e o acompanhamento periódico diminuem esses riscos.
O Viagra, por exemplo, pode interagir com medicamentos que controlam a pressão arterial (hipotensores), provocando uma queda abrupta na pressão, o que coloca os homens que usam alguns desses medicamentos em risco de infartos e acidentes vasculares cerebrais (derrames).

Homens mais velhos, que estavam impotentes, convivem com problemas desconhecidos de obstrução nas coronárias (artérias que irrigam o coração). Como essa população não tinha vida sexual ativa, eles estavam de alguma maneira "protegidos" de infarto durante o ato sexual. Com o aparecimento do Viagra, que chegou a ser vendido nos Estados Unidos pela internet, sem exame médico prévio, muitos desses homens que apresentavam risco potencial de infarto podem ter começado a tomar o remédio e praticar o sexo ativamente. É bom lembrar que, hoje em dia, existe quase meia dúzia de remédios facilitadores da ereção no mercado. Apesar de terem mecanismos de ação semelhantes, cada um deles tem suas particularidades. Assim, é uma ótima ideia checar com seu médico aquele que mais se adapta a você. Nunca tome remédios por conta própria!

Viagra curioso

✳ Biólogos da Universidade do Mississippi, nos Estados Unidos, criaram em 1999 um adesivo impregnado com um remédio semelhante ao Viagra para ser colado em pássaros. Além de aumentar o apetite sexual, ele reduz o estresse do animal.

✳ Na China, cientistas tentaram em 2002 estimular a reprodução em cativeiro de pandas ministrando-lhes doses de Viagra. O primeiro animal a receber o tratamento foi Zhuang Zhuang. Ele recebeu uma dose e meia das administradas aos homens com problemas de ereção. Além do remédio, os pesquisadores também submeteram Zhuang a sessões de vídeo pornô. Em tempo: no cativeiro, os pandas, que estão em extinção, ficam indiferentes às fêmeas.

✳ Em 2003, a empresa norte-americana Wrigley lançou um chiclete feito com o componente químico do remédio. A propaganda do produto anunciava que bastava mascar a goma meia hora antes do ato sexual para que ele tivesse o mesmo efeito de uma pílula de Viagra.

✳ Uma mulher entrou com o pedido de divórcio na Inglaterra. O estranho é que ela culpou o Viagra pelo fim da relação. Segundo o jornal BBC, em matéria publicada em agosto de 2004, a britânica disse que seu cônjuge tornou-se sexualmente agressivo depois que começou a consumir o remédio.

✳ A polícia apreendeu, em maio de 2005, oitenta cavalos de corrida em uma pista ilegal localizada em Nápoles (Itália). Eles estavam sendo dopados por seus proprietários para melhorar sua performance durante as disputas. De fato, o remédio havia intensificado a capacidade cardiovascular dos animais.

✳ Uma lei dos Estados Unidos possibilitou a condenados de estupro e outros crimes sexuais a ter acesso ao remédio. Ela determina que todos os participantes do Medicaid (programa público de fornecimento de medicamentos) recebam a pílula de graça quando receitada por médicos. Isso inclui os presos. O fato foi constatado em maio de 2005. Na Califórnia, porém, uma outra lei foi sancionada para impedir que homens condenados por crimes sexuais fossem beneficiados com a ação.

> O nome Viagra tornou-se sinônimo de medicamento para a impotência sexual. No mercado existem outros medicamentos para o mesmo fim, como Cialis, Levitra, Pramil, Viril Plant entre outros.

CORTANDO O MAL PELA RAIZ

Em 1300 a.C., o rei Menefta retornou a Carnac, no Egito, depois de derrotar os líbios numa sangrenta batalha. Sangrenta mesmo: para comprovar sua vitória, ele levou consigo 13 mil pênis decepados de seus adversários. Mais recentemente, outros casos de pênis decepados tomaram conta do noticiário.

Em 23 de junho de 1993, o fuzileiro americano John Bobbitt teve o pênis decepado com uma faca de cozinha pela mulher, a manicure venezuelana Lorena. Ela disse que tinha sido estuprada pelo marido e resolveu se vingar. Deixou o apartamento e fugiu para a casa de uma amiga, carregando o órgão amputado. Atirou-o pela janela do carro no caminho. Ao ser detida, no entanto, a mulher contou onde o havia jogado. Ele foi recuperado, e Bobbitt passou por um reimplante que durou nove horas.

No tribunal, Lorena foi absolvida, alegando ter sido vítima de abuso e violência sexual. Passou 45 dias numa clínica psiquiátrica. Um ano depois, o marido virou astro de filmes pornográficos, como *John Wayne Bobbitt Uncut* (Intacto) e *Franken-penis*. Depois ordenou-se pastor da Igreja Vida Universal.

O MASSACRE DA SERRA ELÉTRICA

Em janeiro de 1994, o americano Bill Sconyer, de 23 anos, estava tomado pela ideia de mudar de sexo. Num momento de extrema loucura, ele cortou seu próprio pênis com uma serra elétrica. O órgão foi encontrado, mas o estrago foi tão grande que os médicos não conseguiram reimplantá-lo.

COMO É FEITO O REIMPLANTE DE PÊNIS?

Mesmo sendo uma região delicada e sensível à dor, o reimplante de pênis é tecnicamente mais simples que o de dedos e braços. Os vasos são muito finos, mas não há nervos e tendões para serem religados. Um dedo, depois de costurado, pode não recuperar os movimentos. Isso não acontece com o pênis, a não ser que haja algum problema de irrigação sanguínea.

Drogas X Sexo

O uso de drogas é um exemplo de situação que pode complicar a vida sexual das pessoas. Quem consome álcool ou drogas pode ter mais dificuldade de avaliar uma situação de risco. Diversos trabalhos científicos mostram que a pessoa que usa substâncias tóxicas acaba se cuidando menos no momento da prática sexual.

ÁLCOOL

Muitas pessoas bebem para se sentir menos tímidas e ansiosas. Com moderação, não há grandes problemas. O maior risco é ficar dependente da bebida para se aproximar de outras pessoas ou conseguir manter uma relação sexual. Quem bebe demais acaba cometendo alguns deslizes, como transar sem camisinha com alguém que acabou de conhecer. O excesso de bebida pode, ainda, causar algumas dificuldades, como falta de ereção nos homens e ausência de lubrificação nas mulheres.

COCAÍNA
Provoca dificuldade para se atingir o orgasmo e, a longo prazo, pode gerar problemas nos vasos sanguíneos, que acabam levando a alterações na ereção.

CRACK
É a que mais pode comprometer a vida sexual da pessoa, a ponto de o dependente deixar de pensar em sexo para viver exclusivamente sua relação com a droga.

ECSTASY (ÊXTASE)
O *ecstasy* é uma droga estimulante do sistema nervoso central. Desenvolvido inicialmente como um antidepressivo, seu uso para esse fim foi abandonado em função dos efeitos colaterais, como excitação, taquicardia, rubor facial e dificuldade de concentração. O *ecstasy* provoca euforia, desinibição e alteração na percepção sensorial, prejudicando a capacidade de avaliação. É chamado de "droga do amor" pela desinibição que provoca – a pessoa fica mais propensa a abraçar, beijar, trocar carinhos. A droga não deve ser misturada com álcool, e estudos indicam que seu uso pode trazer prejuízos para a memória.

MACONHA
Em pequena quantidade, tem o mesmo efeito do álcool. Numa escala maior, provoca perda de ereção e até falta de apetite sexual. Algumas pesquisas indicam que o uso crônico de maconha pode levar à diminuição da fertilidade no homem.

Dificuldades da mulher

A ausência de orgasmo e a dor durante a relação sexual são as principais queixas das mulheres que procuram os médicos com problemas na esfera sexual. O termo "frigidez" – nome genérico usado por muito tempo para descrever os problemas sexuais das mulheres – está ultrapassado. Hoje isso é chamado de disfunção sexual.

As dores podem ser provocadas por problemas físicos (feridas, infecções) ou por problemas emocionais (tensão, ansiedade), que levam a uma diminuição da lubrificação e do relaxamento dos músculos da vagina.

A falta de orgasmo, em geral, tem causas emocionais. O orgasmo feminino é, na média, mais difícil de ser alcançado do que o masculino. As hipóteses que tentam explicar esse fenômeno refletem as dificuldades sociais e culturais que a mulher enfrenta, ainda hoje, para lidar com sua própria sexualidade e prazer.

A mulher precisa conhecer melhor seu corpo, comunicar ao parceiro qual é o caminho de seu orgasmo e ultrapassar as barreiras que foram construídas pela sociedade em torno do prazer feminino.

Tenho uma cunhada que não se interessa por homens. Nunca teve namorados. Ela é frígida ou assexuada? Qual é a diferença?
É difícil saber, com certeza, o que se passa com ela. Uma mulher com disfunção sexual (o que antes se chamava de frigidez) tem desejo de se envolver com um homem, mas tem dificuldade de sentir prazer durante a relação sexual. "Assexuada" é um termo genérico para falar de alguém que não se interessa por sexo. Seria importante, para ela, procurar algum tipo de ajuda para entender o que está havendo. Às vezes, uma dificuldade emocional acaba fazendo que as pessoas tenham um bloqueio para se envolver afetiva e sexualmente.

O Viagra também funciona com mulheres?
Nenhuma pesquisa até este momento comprovou que o remédio melhora a resposta sexual da mulher. O que alguns estudos apontam é que ele pode elevar a irrigação clitoridiana.

LENDAS DA FERTILIDADE

✽ Na Índia o suco da romã é usado para combater a esterilidade. É uma das frutas mais relacionadas à fertilidade.

✽ Quando uma mulher cigana não consegue ter filhos, seu marido faz um pequeno buraco em cada extremidade de um ovo e sopra o conteúdo na boca de sua esposa, que deve engoli-lo de uma só vez. Esse ritual, acreditam os ciganos, garante a fertilidade da mulher.

✹ Já para os índios tupi-guarani, bater com uma serpente nas ancas de uma mulher que não consegue engravidar resolve o problema.

✹ Na Hungria, quando um casal não consegue ter filhos, diz a tradição local que deve-se colocar uma placenta seca sob a cama.

✹ Uma pesquisa realizada pelo Departamento de Nutrição da Escola de Saúde Pública de Harvard, Estados Unidos, revelou que uma mulher que toma sorvetes cremosos pelo menos duas vezes por semana tem um grau de esterilidade 38% menor do que as que não têm o hábito.

DSTs, infecções e corrimento

CORRIMENTO
Manchas na calcinha podem ser um sinal de que a mulher está com corrimento. Alguns corrimentos são normais, fisiológicos, e não indicam infecção. Mesmo quem nunca transou em toda a vida pode enfrentar esse problema. Uma série de microrganismos (bactérias e fungos) vive "pacificamente" dentro de nosso organismo. Quando o sistema imunológico da pessoa está mais fraco, depois de uma gripe ou numa fase de estresse, esses microrganismos podem causar uma infecção. Durante a menstruação, há uma mudança de pH (acidez) na vagina. A alteração favorece corrimentos em algumas garotas.
Falta de cuidado na higiene, após ir ao banheiro, também pode ser responsável por contaminações. A mulher deve se limpar sempre de frente para trás, e nunca ao contrário, evitando, assim, levar germes da região anal para a região genital. Só um ginecologista pode avaliar qual é a causa do corrimento e receitar algum remédio para resolver o problema.

Fiz sexo oral com minha namorada. Na semana seguinte, ela foi ao ginecologista e descobriu que tinha um corrimento. Que mal isso pode ter me causado?
Depende muito do tipo de corrimento. Muitos corrimentos não são provocados por germes causadores de doenças sexualmente transmissíveis (DSTs).

Outros, no entanto, podem ser um dos sinais de uma DST. É bom checar com o ginecologista qual foi o tipo de corrimento de sua namorada. Em muitos casos, mesmo não sendo exclusivamente uma DST, quando uma mulher tem corrimento o médico costuma receitar medicamentos para o casal. Isso porque, se o homem também for portador do germe, ele pode voltar a infectar sua parceira.

DOENÇAS SEXUALMENTE TRANSMISSÍVEIS

SÍFILIS

O que é
Doença que evolui de forma lenta. Pode comprometer múltiplos órgãos (pele, olhos, ossos, sistema cardiovascular, sistema nervoso). A lesão inicial é uma feridinha não dolorosa (ou pouco dolorosa), em geral única, cuja base é dura, lisa, brilhante e com secreção transparente. Pode aparecer nos grandes lábios, vagina, clitóris, períneo e colo do útero na mulher, e na glande e no prepúcio no homem.

Agente
Treponema pallidum (bactéria).

Complicações/consequências
Aborto espontâneo, parto prematuro, sífilis congênita, complicações neurológicas.

Transmissão
Por relação sexual, transfusão de sangue contaminado, pela placenta (a partir do quarto mês de gestação).

Período de incubação
Uma semana a três meses.

Tratamento
Com antibióticos.

Prevenção
A camisinha protege contra a contaminação genital.

CANCRO MOLE

O que é
Ferida dolorosa, de base mole, avermelhada e com pus. Em geral, na genitália externa, mas pode comprometer também o ânus.

Agente
Haemophilus ducreyi (bactéria).

Complicações/consequências
Muito contagiosa.
Transmissão
Por relação sexual.
Período de incubação
Dois a cinco dias.
Tratamento
Com antibióticos.
Prevenção
Com camisinha. Higiene genital antes e após a relação sexual.

CANDIDÍASE

O que é
A candidíase, especialmente quando ocorre na vagina, é uma das causas mais frequentes de infecção genital. Caracteriza-se por coceira, ardor, dor na relação e pela eliminação de um corrimento vaginal em grumos, semelhante à nata do leite. No homem apresenta-se com vermelhidão na glande. Não é uma doença de transmissão exclusivamente sexual. Diabetes, gravidez, obesidade, uso de roupas justas e higiene inadequada favorecem o crescimento do fungo que causa a infecção.
Agente
Candida albicans (fungo).
Complicações/consequências
Incômodo e prurido intensos.
Transmissão
Pode ser transmitida por relação sexual.
Período de incubação
Variável.
Tratamento
Medicamentos locais e por via oral.
Prevenção
Higienização adequada. Evitar roupas justas. Usar camisinha na relação sexual.

HERPES SIMPLES GENITAL

O que é
Infecção que vem e volta, causada por vírus que deixa lesões na forma de pequenas bolhas. Em quatro ou cinco dias, elas se rompem e depois cicatrizam. As lesões iniciais são dolorosas.

Agente
Herpes (vírus humano).

Complicações/consequências
Aborto espontâneo, infecções graves nos bebês.

Transmissão
Frequentemente pela relação sexual.

Período de incubação
Indeterminado.

Tratamento
Não existe ainda tratamento eficaz. Ele apenas diminui as manifestações da doença ou aumenta o intervalo entre as crises.

Prevenção
Higiene genital antes e após o relacionamento sexual e camisinha. Evitar sexo na fase ativa (com lesões) da doença.

GONORREIA

O que é
Secreção com pus que sai pela uretra no homem, e vagina ou uretra na mulher. É precedida de coceira na uretra e ardência para urinar. Na mulher a infecção pode ocorrer sem sintomas.

Agente
Neisseria gonorrhoeae (bactéria).

Complicações/consequências
Aborto espontâneo, infertilidade, gravidez ectópica (fora das trompas).

Transmissão
Relação sexual. O risco de transmissão é superior a 90%.

Período de incubação
Dois a dez dias.

Tratamento
Com antibióticos.

Prevenção
Com camisinha. Higiene pós-coito.

CONDILOMA ACUMINADO (HPV)

O que são

Lesões na região genital que lembram verrugas. Os locais mais comuns são a glande, o prepúcio e o meato uretral no homem; e a vulva, o períneo, a vagina e o colo do útero na mulher. Em ambos os sexos, pode ocorrer no ânus e no reto, não se relacionando necessariamente com o coito anal. Com alguma frequência a lesão é pequena, de difícil visualização à vista desarmada.

Agente

HPV, grupo com mais de setenta subtipos de vírus. As verrugas genitais ou condilomas acuminados são apenas uma das manifestações do HPV. Alguns subtipos causam lesões relacionadas com o câncer de colo de útero. Hoje, especula-se que até 20% da população feminina sexualmente ativa possa estar infectada pelo HPV.

Complicações/consequências

Câncer do colo do útero e vulva e, mais raramente, câncer do pênis e também do ânus.

Transmissão

Contato sexual íntimo (vaginal, anal e oral). Mesmo que não ocorra penetração, pode haver transmissão do vírus.

Período de incubação

De semanas a anos. Em média, de três a nove meses.

Tratamento

Local (cáusticos, quimioterápicos, cauterização). Recaídas da doença são frequentes, mesmo com tratamento adequado. Eventualmente, as lesões desaparecem de forma espontânea.

Prevenção

Camisinha usada adequadamente, do início ao fim da relação, pode proporcionar proteção. Exames preventivos (Papanicolaou) uma vez ao ano. Avaliação do parceiro.

Hoje já existe vacina para HPV (pelo menos para os tipos mais perigosos do vírus).

HEPATITE B

O que é
Infecção das células do fígado, que pode ir da ausência total de sintomas à falta de apetite, febre, náuseas, vômitos, fraqueza, diarreia, dores articulares e icterícia (amarelamento da pele e mucosas).

Agente
HBV (vírus da hepatite B).

Complicações/consequências
Hepatite crônica, cirrose hepática, câncer do fígado, além de formas severas, que podem matar a pessoa.

Transmissão
Pelos seguintes líquidos corpóreos: sangue, sêmen e secreções vaginais.

Período de incubação
Trinta a 180 dias (em média 75 dias).

Tratamento
Hoje alguns antivirais e moduladores da resposta imunológica estão sendo usados para combater diretamente o vírus.

Prevenção
Por meio de vacina, obtida por engenharia genética, com grande eficácia na proteção. Recomendam-se os mesmos cuidados descritos na prevenção da aids, ou seja, sexo seguro e cuidados com a manipulação do sangue.

AIDS

O que é
Síndrome decorrente de infecção crônica do organismo humano pelo vírus HIV, descoberto em 1979. O vírus compromete o funcionamento do sistema imunológico, impedindo-o de executar sua tarefa adequadamente, que é protegê-lo contra as agressões externas (por bactérias, outros vírus, parasitas e mesmo por células cancerígenas).

Agente
HIV (vírus da imunodeficiência humana).

Complicações/consequências
Doenças oportunistas, como a tuberculose e determinadas pneumonias, alguns tipos de tumores, como linfomas e o sarcoma de Kaposi, e distúrbios neurológicos e morte, se a pessoa não for tratada.

Transmissão
Sangue e outros líquidos corporais como sêmen, secreções vaginais e leite materno.

Período de incubação
De três a dez anos entre a contaminação e o aparecimento de sintomas sugestivos de aids.

Tratamento
Existem drogas que inibem a replicação do HIV, que devem ser usadas de forma associada (coquetel), mas ainda não se pode falar em cura da aids.

Prevenção
Na transmissão sexual se recomenda sexo seguro (seleção de parceiros e uso de camisinha). Cuidados no manejo de sangue. Não compartilhar seringas. Não há, no momento, vacina efetiva para a prevenção da infecção pelo HIV.

Sífilis

Em 1530, o dramaturgo Girolano Fracastero escreveu uma peça em que havia um pastor grego chamado Syphilis. Sífilis, em grego, significa "amante dos suínos". Dizia-se que a doença surgiu na América, pois ela só apareceu na Europa um ano e meio depois do retorno da esquadra de Cristóvão Colombo, que descobriu o novo continente em 1492. Durante vários séculos, a doença era conhecida como a "grande catapora" na Europa e na Ásia.

Os micróbios da sífilis foram identificados em 1905, e quatro anos depois o químico alemão Paul Ehrlich descobriu que poderia combatê-los com um derivado do arsênico.

CUIDADO!
Tem gente que acredita que é possível evitar doenças sexualmente transmissíveis apenas urinando depois da transa. Não caia nessa!

Ô chato!

O chato (*Phthirus pubis*) é um parasita externo que aparece, em geral, em pessoas que têm vida sexual ativa. É uma espécie de "primo" dos piolhos, que ataca muita gente. Basta ter entrado em contato íntimo com uma pessoa infestada. Fica aderido aos pelos da região pubiana e axilas. Ele pica a pele para se alimentar de sangue. Os sintomas aparecem, em média, depois de cinco dias. As picadas acabam provocando uma dermatite (irritação), que causa desconforto e muita coceira.

COMO SE LIVRAR DELE

✷ A pessoa deve aplicar uma loção especial no corpo e passar a noite com o remédio. No dia seguinte, um banho remove o excesso e os chatos mortos. A operação deve ser repetida uma semana depois. A confirmação de que você está com chato, a recomendação do melhor remédio e a forma de usá-lo devem ser feitas por um médico (de preferência, um dermatologista).

✷ Não adianta raspar os pelos, porque muitas vezes as lêndeas (ovos dos chatos) aderem a uma região muito próxima da pele. Além disso, a raspagem pode causar mais irritação e coceira cutâneas. Se você tem uma parceira ou parceiro fixo, ele também deve se tratar, para evitar que você se infeste novamente.

✷ Lençóis, toalhas e roupas íntimas devem ser lavados em água quente, secos ao sol e passados com ferro bem quente. Esse processo ajuda a eliminar os parasitas e suas lêndeas.

Secreção vaginal é a mesma coisa que corrimento?
Secreção vaginal é o nome genérico usado para qualquer líquido que saia da vagina – inclusive a secreção natural do órgão. É natural que a mulher sinta a vagina úmida quando está excitada. Existe também a secreção do período da ovulação, que parece clara de ovo. A mulher só deve se preocupar quando a secreção for diária, mais espessa, acompanhada de alguma ardência e coceira ou tiver cheiro peculiar. Nessa situação, ela pode ter um corrimento que talvez seja sinal de uma infecção vaginal, que precisa ser avaliada e tratada.

Aids

Até 1982, a doença era conhecida como "GRID" – Gay Related Immune Deficiency (Deficiência Imunológica Relacionada com Gays). Quando se descobriu que a doença também atacava heterossexuais, o nome foi mudado.

AS DEZESSEIS MAIORES DÚVIDAS DA MOÇADA SOBRE... AIDS

1. Posso pegar aids beijando alguém?
O HIV presente na saliva não chega a contaminar ninguém. A quantidade é tão pequena, que acaba neutralizada por uma substância da própria saliva, a lisozima. Mas, um alerta: se você tiver um ferimento na boca e, por exemplo, morder a língua de alguém infectado, o sangue dele pode entrar em contato com o seu organismo, trazendo algum risco de contaminação.

2. Quais os riscos de se contrair o HIV durante o ato da felação (sexo oral)? Evitando-se o contato com o esperma, o risco deixa de existir?
Vai aí uma máxima dos médicos que lidam com a aids: "Toda vez que existe contato desprotegido entre duas mucosas, há risco de contaminação".
Mucosa é o tecido que reveste internamente o organismo: pênis, vagina, ânus, boca etc. Boca no pênis = mucosa com mucosa, ou seja, há risco.
Mesmo que não ocorra contato com o esperma, acaba havendo uma troca de líquidos corporais. No homem, existe a secreção peniana, e, na mulher, os fluidos vaginais. O único jeito de eliminar esse risco é proteger uma das mucosas: no homem, com uma camisinha colocada no pênis; na mulher, com um filme plástico posto na entrada da vagina.

3. Numa festa na casa de um primo, transei com uma garota que nunca tinha visto antes. Usei camisinha. Depois, ela veio me dizer que tinha aids. Tire a minha dúvida: posso estar contaminado com o vírus?
Se você usou a camisinha corretamente, fique tranquilo. Usada da forma certa antes do início da relação sexual, ela previne a transmissão da aids e de outras doenças, além de ser um bom método de prevenção da gravidez. Não

adianta ficar "brincando" sem camisinha e colocá-la na hora da ejaculação. Para proteção total, a camisinha deve ser usada desde o começo.

4. Fiz sexo com uma garota de programa. Transei com camisinha, mas houve também sexo oral sem proteção. Devo fazer um teste de HIV?
Sim. O sexo oral apresenta menor risco do que práticas como sexo vaginal ou anal. Mas o risco existe. No sexo oral, saliva, sangue, muco e pus da boca podem entrar em contato com a mucosa (revestimento interno) do pênis ou da vagina. E, nesse contato, o vírus pode passar de uma pessoa para outra. Feridinhas e outras doenças venéreas facilitam essa passagem. O ideal é que o teste seja feito três meses após uma relação suspeita.

5. Fiz um teste de HIV, e o resultado foi "não reagente". Mas veio a observação: "Este resultado pode não ser definitivo, precisando ser correlacionado com dados clínicos. Seu médico decidirá se exames confirmatórios são necessários". O que significa isso?
O teste de HIV (chamado de Elisa) detecta anticorpos (proteção) que o organismo produz contra o vírus. Quem foi infectado pelo HIV desenvolve esses anticorpos. "Não reagente" significa que não existem esses anticorpos no seu teste. Em outros laboratórios pode vir a palavra "negativo". É a mesma coisa. Só que existe um tipo de "janela" no teste — tempo que o corpo leva para começar a produzir anticorpos, que varia de seis a doze semanas, com média de três meses após o contato suspeito. Daí vem a observação feita em seu teste. Se você fez esse teste cedo demais, ele pode ser negativo porque não deu tempo de seu corpo produzir os anticorpos; por isso, seria bom repetir o teste em três meses para ter certeza do resultado.
Em tempo: vale lembrar que o teste de aids é um exame muito sério, que pode ter um impacto forte sobre a moçada e é cheio de truques na interpretação dos dados. Portanto, deve ser pedido e lido pelo médico. Isso pode valer sua tranquilidade.

6. Outro dia fui com minha namorada a um motel e entramos dentro de uma *Jacuzzi* (banheira). Ao ligar a torneira, percebi que subiu um líquido escuro do ralo. Na hora não me preocupei. Depois, fiquei pensando no risco de ter me contaminado com o vírus da aids. Isso é possível?
O vírus da aids só é transmitido por meio de contato direto com sangue ou outros tipos de secreção. Eventuais partículas de HIV em uma *Jacuzzi* não

ofereceriam risco de contaminação. Não há perigo de transmissão da doença quando se compartilham copos, talheres, sabonete ou roupas de pessoas contaminadas, e o mesmo vale para chuveiro, banheira, vaso sanitário, piscina, praia etc. Os riscos reais de contaminação existem nos contatos sexuais desprotegidos e no uso compartilhado de seringas de drogas injetáveis. Mas essa história do motel é boa para as pessoas começarem a pensar na higiene do local que escolhem para transar. Um lugar em que roupas de cama, toalhas e sabonetes não são trocados pode trazer riscos para sua saúde. Um agente bem incômodo – popularmente conhecido como "chato" (que causa coceira intensa na região genital) – e até o HPV (vírus que causa as "verrugas venéreas") podem ser adquiridos nessa situação. Portanto, olho bem aberto na hora da escolha.

7. Sou um rapaz homossexual e estou com receio de ter contraído aids. Como faço para saber se contraí o vírus sem ter que consultar meus pais ou algum amigo? Existe algum teste que seja vendido em farmácias?
Não existe nenhum teste à venda em farmácia que mostre se uma pessoa está contaminada com o vírus da aids. O exame que dosa os anticorpos produzidos contra o vírus HIV (causador da aids) só é feito em laboratórios especializados por meio da análise de uma amostra de sangue. Você pode procurar um médico, que vai guardar total sigilo e, certamente, não irá contar a seus pais sobre o problema. Os COAS (Centros de Orientação e Assistência Sorológicos), mantidos pelo Ministério da Saúde e pelas secretarias municipais de saúde, fazem testes e oferecem aconselhamento gratuitos.

8. O sangue da menstruação pode transmitir a aids?
Certamente. Quem resolver fazer amor durante o período da menstruação não deve abrir mão do uso da camisinha.

9. Se eu e minha namorada tivermos feito o teste do HIV e o resultado for negativo, existe algum problema caso ela engula o esperma no sexo oral?
Existe problema, sim! O esperma pode carregar outros microrganismos responsáveis por doenças sexualmente transmissíveis, além do vírus causador da aids. Além disso, se eventualmente um dos dois romper o pacto do casal e fizer sexo fora do namoro, pode estar trazendo o vírus HIV para a relação de vocês.

10. Transei com um cara soropositivo e, o pior, sem camisinha. Como faço para confirmar se fui contaminada?
É importante procurar um médico e se informar sobre um exame de carga viral capaz de detectar se houve contágio pouco tempo após o contato suspeito. Esse é um teste mais caro e mais específico do que a sorologia, que a maior parte das pessoas faz. As sorologias necessitam de cerca de três meses após o contágio para mostrar os resultados (tempo que o corpo leva para produzir os anticorpos que denunciam a presença do HIV). Se o médico suspeitar de contaminação recente, há indicação para o uso de esquema de medicamentos de emergência, que evitam a multiplicação do vírus. Para não passar nunca mais por esses apuros, lembre-se: utilize sempre camisinha!

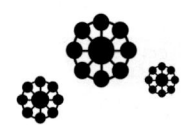

11. Só se pega aids se houver algum contato com o sangue do parceiro?
Nada disso. O vírus pode ser transmitido também pela secreção que sai do pênis antes da ejaculação, pelo esperma e pela secreção vaginal (lubrificação da mulher). Quando essas secreções entram em contato com a mucosa da boca, da vagina, do ânus ou do pênis, já existe porta de entrada para o HIV.

12. Uma mulher pode transmitir aids para o homem?
Sim. O entra e sai do pênis na vagina provoca atrito e podem aparecer pequenos arranhões no pênis. Embora quase imperceptíveis, são suficientes para a entrada do vírus presente na secreção vaginal de uma mulher contaminada. Também a mucosa — tecido que existe dentro do pênis (na uretra) — pode servir como porta de entrada para o vírus.

13. Soube que um ex-namorado meu morreu de aids. Será que eu estou com o vírus?
É preciso fazer o teste. Se a relação foi há mais de dez anos e o resultado der negativo, não é preciso repetir o teste. Mas, se tiveram relações sexuais há menos de um ano, você terá de fazer o teste três vezes, com acompanhamento de um infectologista.

14. É verdade que a probabilidade de uma mulher se contaminar é maior em uma relação sexual com um homem soropositivo do que o contrário?
Sim. O esperma contaminado tem uma concentração de vírus bem maior que a encontrada na secreção vaginal de uma portadora do HIV. Além disso, o

esperma fica depositado dentro da vagina, depois de uma relação sexual sem camisinha, o que não acontece com o líquido vaginal. A vagina também está mais sujeita a lesões (muitas vezes imperceptíveis) do que o pênis.

15. Pode haver contaminação se um pernilongo picar uma pessoa que seja portadora do vírus HIV e depois picar outra que não tenha o vírus?
Não. A quantidade de sangue sugada por um pernilongo é pequena, não há multiplicação do vírus no inseto e, além do mais, o inseto não injeta sangue que chupou em outra pessoa.

16. Quando uma pessoa soropositiva mantém relações sexuais com outras soropositivas, sua doença piora ou não há alterações?
Pode ocorrer uma piora por causa do aumento da quantidade de vírus no organismo. Também existem vários subtipos de vírus HIV. A mistura deles pode provocar mutações e dificultar ainda mais o tratamento.

TESTE

1. Em que continente a maioria dos cientistas acredita que surgiu o HIV, o vírus causador da aids?
a) Europa
b) América do Norte
c) África

2. No Brasil, dos mais de 180 mil casos notificados de aids, a principal forma de contaminação pelo vírus HIV foi por:
a) via sexual
b) uso compartilhado de drogas endovenosas
c) transfusão de sangue

3. A transmissão vertical da aids (da mãe para o filho) pode ocorrer no seguinte caso:
a) durante a gravidez
b) no momento do parto
c) na amamentação
d) todas as anteriores

Perigo! Perigo! Perigo!

Desde a chegada da aids, no começo da década de 1980, quase 100 mil brasileiros já morreram por causa da doença.

✳ Pesquisa do Ministério da Saúde, realizada em 1999, revelou que oito em cada dez homens, na faixa etária de 25 a 40 anos (portanto, a mais ativa da população), fazem sexo sem camisinha.

✳ O uso da camisinha aumentou nos últimos anos. Os 53 milhões vendidos no Brasil em 1992 saltaram para 300 milhões em 1998.

✳ O IBGE calcula que existem 49,8 milhões de brasileiros na faixa etária de 15 a 69 anos. Ou seja, os 300 milhões de camisinhas indicam que cada homem em idade sexualmente ativa consome apenas seis preservativos por ano.

✳ Em 1999, o Núcleo de Estudos para Prevenção da aids, da Universidade de São Paulo, anunciou que 71% das mulheres soropositivas tinham contraído o vírus por meio do marido ou parceiro fixo, com quem se relacionavam havia mais de um ano.

✳ É errado pensar que a aids e as DSTs são doenças exclusivas de pessoas promíscuas (que têm vários parceiros), homossexuais, bissexuais ou usuários de drogas. Essas infecções estão atingindo um número cada vez maior de pessoas dos grupos considerados sem risco. Hoje a relação é de dois homens para uma mulher contaminada. Essa relação já foi de 25 homens para uma mulher (no início da epidemia).

Herpes

Calcula-se que 60% da população brasileira já tenha entrado em contato com o *Herpes virus* humano. Mas ter entrado em contato com o vírus não significa que a infecção irá aparecer. Em algumas pessoas, o herpes não se manifesta, e as pesquisas não sabem explicar bem o porquê disso. Ele aparece, geralmente, quando há uma queda na imunidade (sistema de defesa) do corpo. Tem gente que toma sol e o vírus aparece. Para outros, o fator desencadeante pode ser o uso de remédio à base de corticoides, febre ou algum corte no local onde o vírus vai se manifestar. A lesão pode ser causada até por estresse.

EXISTEM DOIS TIPOS DE HERPES
O herpes do tipo I se manifesta mais nos lábios, dentro do nariz, na pele (em geral, a lesão é pequena) e nos olhos. Nas crianças, pode aparecer também na gengiva. Ele é transmitido pelo ar, pela saliva e pelo beijo. É raro haver contato por uso do mesmo copo ou toalha, pois o vírus sobrevive pouco tempo fora do organismo. O herpes tipo II é mais genital e quase sempre aparece na parte externa da vagina ou na glande (cabeça do pênis). Transmite-se por via sexual. A única maneira de evitá-lo é com o uso de camisinha.

Hoje, com as mudanças nos hábitos sexuais, existe a possibilidade de o tipo I aparecer na vagina e o tipo II, na boca.

Como saber se estou com herpes?
O herpes aparece na pele e em membranas mucosas, como lábios, narinas e genitais. A região fica vermelha, dá coceira e dor. Aparecem pequenas bolhas, que depois cicatrizam e viram uma crosta. A pele ou mucosa se regenera, e a crosta se desprende naturalmente e cai. A fase ativa do vírus dura de três dias a duas semanas.

Por que o herpes aparece sempre no mesmo lugar?
O vírus fica "adormecido" em determinadas terminações nervosas. Quando há uma queda na imunidade, ele acorda e sai dessas terminações, migrando até a pele ou a mucosa. Como o vírus fica alojado sempre na mesma região, ele segue o mesmo caminho e aparece no mesmo lugar. Depois do primeiro contágio, o organismo produz anticorpos que ficam "em alerta" no sangue, evitando uma nova contaminação. É por isso também que o vírus não se espalha pelo corpo.

Qual é o melhor tratamento?
Em primeiro lugar, é preciso ter paciência. Nada de inventar remédios por conta própria ou ouvir conselhos dos amigos.

Procure um dermatologista ou um infectologista e siga as orientações do médico. Existem medicamentos (pomada no local ou ingestão de comprimidos) que diminuem o número de crises e sua intensidade, principalmente quando se trata do herpes genital. Na fase de cicatrização, nada de ficar cutucando o local. Há risco de provocar infecção ou de o local ficar marcado. Só volte à rotina dos beijos quando tiver certeza de que as feridas desapareceram completamente. Tem gente que pode transmitir o vírus mesmo não tendo nenhum sintoma da doença. Mas o maior risco de transmissão está na fase em que as lesões (bolhinhas) estão ativas.

O herpes é uma doença perigosa?
Em casos raríssimos, o herpes pode causar cegueira (quando ataca os olhos e não é medicado a tempo), meningite ou encefalite. Também ataca os portadores do vírus HIV e quem tem câncer de uma maneira mais agressiva. Nos dois casos, a capacidade de o corpo se defender dos vilões fica debilitada.

Qual é a diferença entre herpes e sapinho?
Herpes é uma infecção provocada por um vírus. As lesões são compostas de pequenas bolhinhas dolorosas localizadas, em geral, na região dos lábios. O vírus fica "adormecido" em terminações nervosas próximas à boca e, quando há uma queda na imunidade, ele pode voltar a se manifestar. Sapinho é o nome popular das lesões de coloração esbranquiçada que se localizam dentro da cavidade bucal. É provocado por um fungo conhecido como *Candida albicans*, cuja presença é mais comum em bebês e pessoas com baixa imunidade.

10
Todas as formas de amor

Não me importo com o que as pessoas façam –
desde que não façam na rua e não assustem os cavalos.

PAT CAMPBELL
(1954-), atriz

As formas de relacionamento afetivo e sexual superam, de longe, nossa imaginação. Desde os primórdios da humanidade, diferentes possibilidades sempre existiram. Com a revolução de hábitos e costumes que surgiu a partir dos anos 1960, muitas dessas práticas e possibilidades ficaram mais evidentes. No Brasil, os ecos da revolução sexual chegaram mais fortes nos anos 1980. Independentemente de concordar ou não com determinados comportamentos, é importante saber que eles existem e que, para algumas pessoas, estão presentes no dia a dia. Mas essas formas de amor não acontecem, necessariamente, do mesmo jeito e todas ao mesmo tempo. Há preferências e variações que vão sendo descobertas pelas pessoas ao longo da vida.

Amizade-colorida

Relação amorosa ou sexual sem nenhum compromisso de exclusividade. A expressão ganhou força nos anos 1970, com a série *Amizade Colorida*, da TV Globo, estrelada por Antônio Fagundes. Ele fazia o papel do fotógrafo Edu, que levava para a cama quase todas as modelos que posavam para suas lentes. A relação, porém, durava até a manhã seguinte. Hoje não se fala mais em amizade-colorida, apesar de o sexo sem compromisso continuar em vigor. Os jovens adotaram uma versão mais *light*, chamada "ficar". O casal troca beijos e carinhos, mas não transa.

Ménage à trois

A expressão vem do francês e significa "encontro a três". Um casal se relaciona sexualmente com a participação de uma terceira pessoa, que pode ser outra mulher ou outro homem.

Por que uma das maiores fantasias do homem é transar com duas mulheres ao mesmo tempo?
Não existe uma explicação definitiva. Mas, no imaginário masculino, transar com duas mulheres é sinônimo de maior virilidade, potência e possibilidade duplicada de prazer.

O que é uma dupla penetração?
Dupla penetração é o nome dado à prática sexual em que a mulher é penetrada simultaneamente por dois homens. Um deles penetra na vagina, enquanto o outro penetra no ânus. Outra conotação do termo: dois homens penetrando na vagina da mulher ao mesmo tempo.

Poligamia

Relação em que, em geral, um homem tem várias mulheres, muitas vezes de forma consensual entre essas esposas. Em certas culturas, como alguns países de religião muçulmana, a poligamia é oficial. Entre alguns povos da África e da Indonésia é a mulher que pode ter vários maridos.

🌿 Estudos antropológicos mostraram que em cerca de mil das 1.154 sociedades humanas antigas ou atuais há permissão para que um homem tenha mais de uma mulher. Um chefe inca podia ter até trinta esposas, enquanto a seus súditos era permitido ter sete.

🌿 Segundo a *Bíblia*, Salomão, rei de Israel de 968 a 928 a.C., teve setecentas esposas e trezentas concubinas (*Primeiro Livro dos Reis*, capítulo 11). Acha muito? Pois o chefe asteca de Texcoco teve 2 mil concubinas e 144 filhos.

TESTE
Que grupo religioso adotou a poligamia no século XIX?
a) Judeus ortodoxos, na Europa
b) Anglicanos, na Inglaterra
c) Mórmons, nos Estados Unidos

Prostituição

A prostituta – ou o prostituto – cobra uma quantia em dinheiro ou algum tipo de favor para manter contato sexual com seus clientes. É uma relação, em geral, estritamente profissional para obtenção de sexo e prazer.

A prostituição masculina é provavelmente mais antiga que a feminina. Phaedo de Elis, discípulo do filósofo grego Sócrates, fazia programas. Historicamente, porém, a prostituição feminina revelou uma série maior de curiosidades:

🦋 As prostitutas da Grécia antiga já conheciam o valor da publicidade. Usavam sandálias com a frase "Siga-me" gravada em relevo na sola. Ao caminhar pelas ruas poeirentas, iam deixando atrás de si um rastro para os possíveis clientes.

🦋 Nos séculos IV e V a.C., na Grécia, as mulheres que ofereciam companhia e diversão (cortesãs) eram chamadas de heteras. Elas pertenciam à mais alta das três classes de prostitutas gregas. Recebiam aulas de artes e conversação. Dizia-se que também estimulavam o lado intelectual dos clientes. A segunda classe era chamada de aulétrides. Tocavam instrumentos musicais em festas e usavam a prostituição como segunda fonte de renda. A classe mais baixa era a das dicteríades, cujos principais talentos estavam nas relações sexuais.

🦋 A palavra hebraica original usada para prostituta era *K'deshah*, que significava "sagrado" ou "santo". A prostituição organizada foi originalmente praticada por sacerdotisas, e o dinheiro arrecadado era revertido em benefício do templo de adoração. As sacerdotisas de Afrodite geralmente permaneciam na função até morrer. Havia um feriado especial chamado de "festival da deusa das prostitutas".

🐦‍ As antigas prostitutas fenícias e egípcias foram as primeiras a usar batom, uma forma de anunciar seus talentos especiais no *fellatio* (sexo oral).

🐦‍ O escritor Alexandre Dumas Filho inspirou-se em Marie Duplessis, a mais famosa prostituta francesa, para escrever o clássico *A Dama das Camélias*.

🐦‍ A imperatriz romana Teodora, ex-prostituta (ou, para alguns autores, ex-dançarina), decidiu reabilitar todas as suas colegas. Criou um mosteiro que chegou a receber quinhentas meretrizes. Lá, eram submetidas a uma disciplina religiosa rígida. Muitas não aguentaram e cometeram suicídio, atirando-se pelas janelas.

🐦‍ Na Roma antiga, as prostitutas eram conhecidas como *lupae* (lobas, em latim). Explica-se: elas tinham o hábito de chamar a atenção de seus clientes imitando uivos de lobo. As mais solicitadas eram aquelas que depilavam a região genital. O programa com uma prostituta era acessível até mesmo para os mais pobres da sociedade romana. O preço variava entre 2 e 16 asses, o que correspondia ao valor de um copo de vinho ou de um pão. As prostitutas mais disputadas pelos ricos, no entanto, chegavam a pedir 40 mil asses.

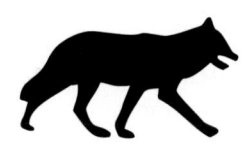

🐦‍ Em 1540, as prostitutas astecas cobravam dez caroços de cacau por programa.

🐦‍ Durante a dinastia Ming (1368-1644), os soldados chineses que vigiavam a Grande Muralha tinham um bordel à sua disposição. Além de suas obrigações sexuais, as prostitutas eram treinadas para lutar no caso de um ataque do exército mongol. Em toda a China, os bordéis eram conhecidos como "aposentos verdes".

🐦‍ Em 1964, o ministro da Defesa inglês John Profumo, que conhecia uma série de segredos de Estado, teve um caso com uma prostituta chamada Christine Keller. O ministro perdeu o posto, e a prostituta acabou revelando que vivia num triângulo amoroso que envolvia também o adido soviético em

Londres, Eugene Ivanov. O escândalo abalou o Império Britânico e determinou a derrota do Partido Conservador nas eleições seguintes. A trama chegou às telas de cinema em 1989 com o filme *Escândalo – a história que seduziu o mundo*.

VOCÊ SABIA QUE...

... a mulher que fica parada numa rua, esperando um cliente, está fazendo *trottoir* [trotoar]? A expressão "fazer *trottoir*" foi inspirada no significado da palavra *trottoir*, que em francês quer dizer "calçada".

🕴 Durante a Primeira Guerra Mundial, o comando do exército alemão concluiu que a falta de relações sexuais poderia prejudicar o rendimento dos soldados. Por isso, os alemães criaram os bordéis militares. Enquanto isso, nos Estados Unidos, os prostíbulos localizados a menos de 8 quilômetros dos quartéis foram fechados.

🕴 Para chegar ao estrelato, a cantora Mariah Carey contou com a ajuda da irmã mais velha, Alison. Era ela quem pagava o aluguel dos carrões e emprestava os sensuais vestidos que Mariah usava nos testes de gravadoras. Alison é uma assumida prostituta de Nova York.

FAÇA AMOR, NÃO FAÇA GUERRA

Prostituição e guerra sempre tiveram uma relação bastante estreita. Milhares de homens iam para o campo de batalha sem mulher ou namorada. Um grupo de prostitutas acompanhava os guerreiros para lhes vender serviços sexuais. Nem mesmo as Cruzadas, que tinham a missão religiosa de reconquistar a Terra Santa, escaparam dessa regra.

A DIFÍCIL VIDA FÁCIL

As prostitutas também são conhecidas como "mulheres de vida fácil". É comum a referência à prostituição como "a profissão mais antiga do mundo" ou "michê". Hoje em dia, as prostitutas são chamadas de "garotas de programa". Algumas também se passam por massagistas. Os homens que se prostituem recebem o nome de "gigolô" (originariamente, o termo referia-se ao homem que vivia da exploração de uma ou mais prostitutas) ou "garoto de programa".

O local em que as prostitutas se reúnem é chamado de zona do meretrício ou, simplesmente, zona. Uma das mais antigas do país é a chamada "Vila Mimosa", que fica no Rio de Janeiro.

ACREDITE, SE QUISER

🕊 O ator inglês Dermot Mulroney (*O casamento do meu melhor amigo*) confessou em uma entrevista que já havia trabalhado como garoto de programa em Londres.

🕊 Oscar Wilde chegou a contar a amigos que saiu com cinco garotos de programa numa mesma noite.

PERSONALIDADES HISTÓRICAS QUE DECLARARAM TER FEITO PROGRAMA COM GAROTOS
Sófocles (filósofo)
Sir Richard Burton (explorador inglês)
Cole Porter (músico)
Tennessee Williams (dramaturgo)
Gore Vidal (escritor)
Oscar Wilde (escritor)
Jean Genet (escritor)

TESTE
O que é um cafetão (ou alcoviteiro)?
a) Rapaz que serve café em bordéis
b) Agenciador de prostitutas
c) Bar em que prostitutas se reúnem depois do trabalho

DIÁRIO DA VIDA REAL
A ex-garota de programa Bruna Surfistinha tornou-se celebridade após o lançamento de seu livro *O doce veneno do escorpião*. Na obra, ela conta como saiu de casa aos 17 anos para se prostituir, além de detalhar suas transas com os clientes. Depois do sucesso, Surfistinha publicou mais dois livros: *O que aprendi com Bruna Surfistinha* e *Na cama com Bruna Surfistinha*.

A PROSTITUTA MAIS BEM PAGA DA HISTÓRIA
Em Ohio, nos Estados Unidos, o motorista de um carro-forte, Aaron McKie, devia pegar dinheiro num banco e transportá-lo até outro. Ao parar num semáforo, ficou encantado com uma prostituta que estava na esquina e resolveu contratá-la. Aaron a levou para o interior do carro, e os dois transaram. Algum tempo depois, quando chegou ao banco, ele percebeu que, ao sair, a moça havia levado um saco com 80 mil dólares.

Sexo grupal

Um por todos, todos por um. Algumas pessoas se juntam para manter relações sexuais ao mesmo tempo. Envolve troca de parceiros, voyeurismo e diferentes variações de coito.

OUTROS NOMES PARA SEXO GRUPAL
Bacanal
Orgia
Suruba

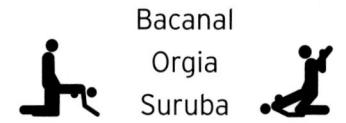

BACANAIS
Na Grécia do século IV a.C., os camponeses da cidade de Elêusis se entregavam a todos os tipos de prazeres sexuais para receber a graça divina de ter uma boa safra em suas plantações. Esse ritual era feito em homenagem a

Dioniso, deus do vinho e da fertilidade. Usavam símbolos fálicos ou esculturas na cabeça ou pendurados na cintura. As canções e diálogos tinham cunho sexual deliberado. Ao chegarem ao bosque, assavam um porco, como sacrifício, e a festa começava. Todos se despiam, dando início à orgia de homens, mulheres e crianças.

Os romanos resolveram copiar a prática. A cada três anos, eles preparavam festas para o deus Baco, similar romano do grego Dioniso. A comemoração caiu no gosto da população, que a batizou de "bacanal". As orgias tornaram-se práticas comuns. Em 186 a.C., os bacanais foram proibidos por causa de sua violência. A população não aceitou a proibição e continuou promovendo a festa.

SWING
Troca de casais. Na sua forma mais tradicional, em uma noite de sexo, o homem de um casal troca a esposa pela mulher de outro casal. Enquanto isso, sua esposa acaba ficando com o homem do segundo casal. Em algumas cidades do mundo, e aqui mesmo no Brasil, existem clubes de *swing*, nos quais são admitidos casais que trocam de parceiros durante a noite.

O QUE SÃO *ESSAYEURS*?
Os bordéis parisienses contratavam homens para ficar acariciando as prostitutas na frente dos clientes tímidos. Isso relaxava os fregueses, induzindo-os a participar do sexo.

☙ Os esquimós deixavam as esposas com um vizinho quando saíam em viagens de caça, e durante esse tempo elas deviam desempenhar o papel de esposa. Este era um costume essencial numa região em que a mulher e os filhos corriam o risco de não sobreviver sozinhos a semanas de frio inclemente.

☙ No passado, os chineses tinham o costume de alugar as esposas quando precisavam se ausentar por muitos meses. Se elas engravidassem e dessem à luz enquanto estivessem alugadas, a criança pertenceria ao homem que a estava alugando.

Incesto

É a relação sexual entre parentes consanguíneos, como pai e filha, mãe e filho, irmão e irmã, primo e prima. É um dos maiores tabus da sociedade ocidental. É importante lembrar também que as relações sexuais entre pessoas aparentadas trazem maior risco de malformação genética para os filhos. Isso acontece porque existe uma variabilidade genética menor, o que pode facilitar o encontro de genes que causem problemas.

🕊 O incesto era institucionalizado nos casamentos das famílias reais do Havaí, entre os incas do Peru, e no Egito dos faraós. No Egito, o faraó casava-se e tinha filhos com sua irmã de sangue. Um exemplo foi Cleópatra, que era irmã de seu pai e, ao mesmo tempo, sua sobrinha. Depois ela se casou com seu irmão-tio.

🕊 A partir do ano 731, o papa Gregório III proibiu o casamento entre primos até o sexto grau. Em 1215, Inocêncio III permitiu o casamento entre primos até o terceiro grau. A partir do Concílio de Trento, no ano de 1563, o casamento entre primos em segundo grau foi liberado. Para primos em primeiro grau é necessária uma autorização especial. Na Roma antiga, para se casar com a sobrinha Agripina, o imperador Claudius solicitou que o Senado mudasse as leis, o que de fato ocorreu.

🕊 Entre os aimarás, índios da América do Sul, é permitido que gêmeos se casem. Os habitantes das ilhas Marshall, no oceano Pacífico, como acreditam que os gêmeos já cometeram incesto de fato no útero, acham que pelo menos o menino deve ser morto.

🕊 No Brasil, entre os índios tupinambás, a moça entregava o irmão mais novo para uma mulher de outra família. O filho dessa união, quando atingisse a idade adulta, era cedido pela mãe para se casar com a tia, a mesma que iniciou a história.

🕊 Há leis que proíbem o incesto em quase todas as sociedades. Para os muçulmanos, o casamento é proibido até entre um homem e sua ama de leite e entre um homem e uma mulher que foram amamentados pela mesma mulher.

Orientação sexual

HETEROSSEXUAL
Pessoa que tem atração sexual por alguém do sexo oposto. É a orientação da maioria da população do mundo. Em grego, *hetero* significa "outro" ou "diferente".

BISSEXUAL
São homens e mulheres que se sentem atraídos por pessoas de ambos os sexos. Nem todo bissexual gosta de homens e mulheres na mesma fase da vida. Muitas vezes, ele se afeiçoa ora por uma pessoa de um sexo, ora de outro.

> **LÁ VEM HISTÓRIA!**
> O conquistador Alexandre, o Grande (356-323 a.C.), rei da Macedônia, era bissexual. Hephaestion, seu amante, morreu durante uma batalha e teve um dos funerais mais suntuosos da Babilônia. Os preparativos foram tantos, que a cerimônia só pôde ser realizada seis meses depois de sua morte.

VOCÊ SABIA QUE...
... a *popstar* Madonna teve sua primeira experiência sexual com uma amiga, Moira McPharlin, aos 15 anos? Sua primeira relação com um homem aconteceu no mesmo ano: Russell Long, de 17 anos, um colega de escola.

HOMOSSEXUAL
É a pessoa que sente atração por alguém do mesmo sexo. Há controvérsias sobre quem cunhou a expressão, que vem do grego *homos* (o mesmo) e do latim *sexus* (sexo). Alguns pesquisadores dizem que ela apareceu pela primeira vez numa troca de correspondência entre dois alemães, Karl Heinrich Ulrichs e Karl Maria Kertberry, em 1868. Outros defendem que a ideia foi da médica húngara Karoly Maria Benkert, em 1869.

A abreviatura "homo" começou a aparecer em 1929 em publicações *underground*. Era uma gíria de rua. Ela só ganhou popularidade quando foi publicada pela primeira vez, em 1933, numa revista satírica da Inglaterra, *Ordinary Families*.

LINHA DO TEMPO DA HOMOSSEXUALIDADE

1549
O jesuíta padre Manoel da Nóbrega menciona em seus escritos que muitos colonos tinham índios como "mulheres". A inquisição persegue Felipe de Souza, que afirmava já ter tido relações com freiras.

1895
É publicado *Bom-Crioulo*, de Adolfo Caminha, primeiro livro brasileiro protagonizado por um negro homossexual.

1930
Psiquiatras e endocrinologistas realizam tratamentos para curar o "desvio" homossexual.

1951
A poetisa norte-americana Elizabeth Bishop assume a relação com a carioca Lota Macedo Soares.

1969
Ocorre o episódio do bar Stonewall, símbolo do movimento gay. O local tinha uma clientela homossexual que, depois de várias ações repressivas da polícia, resolve reagir em uma mobilização que durou dois dias.

1970
Os escritores Aguinaldo Silva e Caio Fernando Abreu assumem sua homossexualidade.

1977
A revista *IstoÉ* publica matéria de capa intitulada "O poder homossexual".

1978
Surge o primeiro jornal gay brasileiro, *Lampião*.

1980
Ocorre em São Paulo (SP) o I Encontro Brasileiro de Homossexuais Organizados. É registrado o primeiro grupo brasileiro de direitos homossexuais, o Grupo Gay da Bahia.

1985
O pintor Darcy Penteado lança uma campanha de prevenção antiaids entre homossexuais brasileiros, mas ela é censurada.

1995
É fundada a Associação Brasileira de Gays, Lésbicas e Travestis (ABGLT). Marta Suplicy apresenta o Projeto de Parceria Civil.

1997
Ocorre a Primeira Parada GLBT, que reúne 2 mil pessoas.

1998
Uma pesquisa de opinião leva o dramaturgo Silvio de Abreu a tirar da trama da novela *Torre de Babel* o casal de lésbicas interpretado por Silvia Pfeiffer e Christiane Torloni.

2004
A dupla russa t.A.t.U vendeu cerca de 3 milhões de discos desde 2000, se apresentando como a primeira dupla de cantoras lésbicas do mundo. Depois de algum tempo, porém, as duas confessaram que o relacionamento não passava de uma farsa comercial. Lena Katina e Yulia Volkova nunca foram namoradas.

2005
Roberta Close consegue na Justiça o direito de mudar de nome. Ela, que se chamava Luís Roberto Gambine Moreira, fez uma operação de mudança de sexo em 1989.

2006
Estreia nos cinemas o filme *O segredo de Brokeback Mountain*, dirigido por Ang Lee, que mostra a relação entre dois caubóis texanos na década de 1960. Ele recebeu oito indicações ao Oscar.

2008
Sai o primeiro divórcio gay do Brasil. A juíza Lídia Maria Andrade Conceição, da 5ª Vara de Família e Sucessões do Foro Regional de Santo Amaro (SP), reconheceu a dissolução da união e determinou a partilha de bens entre dois homens que mantiveram "relação homoafetiva estável" por cinco anos e meio.

COMO OS HOMOSSEXUAIS TRANSAM?
Da mesma forma que os heterossexuais. Beijos, carinhos e carícias fazem parte das preliminares. Algumas vezes acontece a penetração, mas ela não é fundamental. Quando acontece uma relação de sexo anal, costuma-se fazer a distinção de dois papéis:
- **Ativo**
É o indivíduo que penetra.
- **Passivo**
É a pessoa que é penetrada.

Nem sempre esses papéis são fixos e definidos. As variações são bastante comuns no sexo entre homens. Aos poucos, essa terminologia vem caindo em desuso.
No caso de mulheres homossexuais, algumas podem usar objetos em substituição ao pênis. No entanto, a maioria prefere o sexo oral e as carícias feitas com os dedos e as mãos.

Na Grécia antiga, onde o homossexualismo era prática comum, não havia termo específico para designá-lo. O filósofo Sócrates (469-399 a.C.) era adepto do amor homossexual como a mais alta forma de inspiração para homens bem-pensantes, e achava que o sexo heterossexual servia apenas para produzir crianças. O exército encorajava o alistamento de casais homossexuais.

Os gregos acreditavam que dois amantes lutariam até a morte, lado a lado. Os homens mais bonitos eram escolhidos para o comando.

O DIA DO ORGULHO GAY

Em 1969, um grupo de homossexuais enfrentou a polícia num bar em Nova York. A briga ficou conhecida como a "Batalha de Stonewall". Para festejar aquela vitória, os homossexuais instituíram o Dia do Orgulho Gay (Pride), que é comemorado no dia 28 de junho nos Estados Unidos. No último domingo de junho, gays e lésbicas fazem um grande festival pelas ruas do Village, famoso bairro de Nova York. A data espalhou-se pelo mundo. Em São Paulo, por exemplo, cerca de 120 mil pessoas tomaram a avenida Paulista para comemorar a data no ano 2000 – o dobro do ano anterior.

SUPER-HERÓI GAY

O escritor americano Perry Moore, produtor do filme *As crônicas de Nárnia*, criou o primeiro super-herói adolescente gay. *Hero* conta a história de um adolescente que possui superpoderes e tem ainda que lidar com a descoberta da sua sexualidade. Moore também criou o site "Quem se importa com super-heróis gays?", em que relata as experiências de mais de 60 personagens homossexuais dos quadrinhos. Stan Lee pretende levar Hero para as telas do cinema.

A sigla GLS (Gays, Lésbicas e Simpatizantes) foi inventada em 1994 pela jornalista Suzi Capó, durante os preparativos do Festival Mix Brasil. Outra sigla que vem sendo utilizada no Brasil é a GLBT: Gays, Lésbicas, Bissexuais e Transgêneros (pessoas que mudam ou tentam mudar de gênero sexual, como travestis, transexuais e *drag queens*), considerada mais ampla.

TEMAS DA PARADA GLBT DE SÃO PAULO

1997   Somos muitos, estamos em todas as profissões
1998   Os direitos de gays, lésbicas e travestis são direitos humanos
1999   Orgulho gay no Brasil, rumo ao ano 2000
2000   Celebrando o orgulho de viver a diversidade
2001   Abraçando a diversidade
2002   Educando para a diversidade
2003   Construindo políticas homossexuais
2004   Temos família e orgulho
2005   Parceria civil já. Direitos iguais, nem mais, nem menos
2006   Homofobia é crime. Direitos sexuais são direitos humanos
2007   Por um mundo sem racismo, machismo e homofobia
2008   Homofobia mata! – Por um Estado laico de fato!

ANO	PARTICIPANTES
1997	2.000
1998	7.000
1999	35.000
2000	120.000
2001	250.000
2002	500.000
2003	1.000.000
2004	1.800.000
2005	2.500.000
2006	3.000.000
2007	3.500.000
2008	3.400.000

A BANDEIRA ARCO-ÍRIS

A *Rainbow Flag* (Bandeira do Arco-Íris), como é chamada, foi criada em 1978 pelo artista americano Gilbert Baker. Ela substituiu o antigo símbolo de gays e lésbicas, que era um triângulo cor-de-rosa (uma forma de recuperar o símbolo usado pelos nazistas para marcar os homossexuais nos campos de concentração). No começo, a bandeira tinha oito cores, cada uma com seu significado: *pink* (sexualidade), vermelho (vida), laranja (poder), amarelo (sol), verde (natureza), azul (arte), índigo (harmonia) e violeta (espírito). Quando começou a ser fabricado em série, o tecido *pink* estava em falta, e a bandeira acabou perdendo essa cor. Em 1979, durante a Parada Gay, em San Francisco, os organizadores queriam um número par de cores, e o índigo também saiu. Ficaram, então, apenas seis cores – vermelho, laranja, amarelo, verde, azul e violeta. Nessa data, a *Rainbow Flag* foi oficialmente adotada pela comunidade gay da cidade. Mas ganhou notoriedade dez anos depois, quando o síndico de um prédio em West Hollywood proibiu um morador de estender a bandeira na varanda de seu apartamento.

> **PERGUNTA CURIOSA**
> **Por que Campinas (SP) e Pelotas (RS) ganharam fama de cidades com muitos gays?**
> A explicação foi dada numa reportagem de Maurício Kubrusly no programa *Fantástico*. Em quatro ocasiões (1904, 1908/10, 1926/30 e 1931/32), Campinas teve um prefeito chamado Orozimbo Maia. Ele mandou seu filho, Carlito, estudar medicina na Europa. Na volta, porém, Carlito preferiu se dedicar ao teatro, e assumiu também sua homossexualidade. Num baile de carnaval, ele e alguns amigos saíram vestidos de mulher. O grupo causou o maior escândalo e ficou conhecido como os "Rapazes de Campinas". Daí a fama.
> No caso de Pelotas, os fazendeiros ricos mandavam seus filhos estudar na Europa. A maioria voltava com costumes, hábitos e roupas mais requintadas. Isso chocou o povo mais conservador e machista da cidade e da região.

LESBIANISMO

O homossexualismo também acontece entre as mulheres. Essa prática acabou sendo chamada de lesbianismo.
A mais famosa lésbica da história foi Safo, que viveu entre 610 a.C. e 580 a.C. na ilha de Lesbos. Acusada de participar de uma revolta contra o ditador Pítaco, ela foi exilada duas vezes. Na segunda, Safo conheceu um rico industrial da Sicília. Casaram-se e tiveram uma filha. Quando o marido morreu, ela voltou para Lesbos. Passou a supervisionar uma escola de meninas, que passavam o tempo curtindo música, poesia e amor. As meninas eram chamadas de "heteras" (companheiras em grego). Safo se apaixonou por uma de suas alunas, Átis, que foi tirada da escola pelos pais quando os boatos sobre os hábitos e costumes da instituição se espalharam pela cidade. Safo escreveu para ela os versos "Adeus a Átis". Voltou a amar os homens e se interessou por um marinheiro chamado Faon, que não lhe deu a menor bola. Certo dia, desesperada, Safo atirou-se de um rochedo e se afogou no mar. São Gregório de Nazianzus, bispo de Constantinopla, ordenou que os livros da poetisa

fossem queimados. Em 1072, o papa Gregório destruiu mais alguns de seus trabalhos. Por isso, calcula-se que os poemas de Safo conhecidos hoje em dia sejam apenas 5% de sua obra.

🌿 A palavra "lésbica" foi usada pela primeira vez para se referir a uma homossexual feminina em 1883 num artigo de um jornal médico americano.

🌿 No século XVIII, em Paris, madame Fleury fundou uma sociedade lésbica secreta. A Sociedade das Anandrinas reunia mulheres da alta aristocracia e logo ganhou ramificações em Londres, espalhando-se depois por toda a Europa.

Identidade sexual

TRANSEXUAL
Pessoa que tem a sensação de ter nascido com um sexo biológico incompatível com seu sexo emocional. É, por exemplo, uma pessoa que nasceu com sexo masculino, mas sente que, na verdade, pertence ao sexo feminino. No caso do homem, ele abomina o próprio pênis e deseja extirpá-lo ou faz de tudo para escondê-lo. Preocupa-se em adquirir cada vez mais características físicas femininas, tornando seu corpo o mais parecido possível com o que sente.

Como é a operação
A operação para mudança de sexo é uma das últimas etapas no longo processo de transformação do sexo. A pessoa passa vários anos se submetendo a acompanhamento psicológico, psiquiátrico, social e médico, a fim de garantir que ela não se arrependerá de uma cirurgia irreversível. Muitos transexuais tomam hormônios por muitos anos.
O que a operação faz é retirar os órgãos originais e substituí-los por algo parecido com os genitais do sexo oposto. Uma operação para mudança de

sexo de um transexual que quer se transformar em mulher dura aproximadamente três horas. Depois podem ser necessárias novas cirurgias para um ou outro retoque. No caso de um transexual que deseje se tornar homem, a operação é bem mais delicada. É preciso "construir" um pênis com outras partes do corpo.

TRAVESTI

Travesti é a pessoa que tem necessidade de se vestir com roupas que caracterizam o sexo oposto ou que precisa se sentir temporariamente fazendo parte do outro sexo. O travesti faz isso para ganhar a vida ou porque gosta dessa sensação. Em geral, eles não se identificam definitivamente como pertencentes ao sexo oposto, como os transexuais.

O termo "travestismo" foi criado na década de 1930 pelo cientista alemão Hirschfeld e envolveria mais que o uso de roupas do sexo oposto. Seria também agir como alguém do sexo oposto.

Travestis na História

🦋 O conquistador espanhol Balboa ficou horrorizado com a prática do travestismo entre os chefes da tribo quarequa, no Panamá. Segundo ele, ali reinava "a luxúria mais abominável e desnatural, praticada pelo irmão Kynge e muitos outros jovens com roupas de mulher, efeminados e delicadamente enfeitados". Balboa ficou tão horrorizado com aquilo tudo que atirou quarenta deles aos cachorros.

🦋 Um notório travesti foi o imperador romano Heliogábalo, que se vestia de mulher e expulsava as prostitutas dos bordéis, roubando-lhes a clientela. Ele acabou se apaixonando por um escravo, e no casamento vestiu-se de noiva, depois de passar por uma cena de defloramento. Heliogábalo foi assassinado por seus soldados depois que eles descobriram seu plano de abdicar e fazer de seu marido imperador, declarando-se imperatriz de Roma.

🦋 O travesti mais famoso da História foi o francês Chevalier d'Eon de Beaumont, um diplomata a serviço de Luís XV. Ele nasceu em 1728 e morreu aos 83 anos. Viveu 49 anos como homem e os outros 34 como mulher. Muitas pessoas pensaram que se tratava de um hermafrodita. Por sua causa, "eonismo" virou sinônimo de travestismo.

🦋 A rainha Zingua, de Angola, no século XVII, tinha um harém e mantinha seus maridos vestidos com indumentária feminina.

🦋 Catalina de Erauso foi uma freira espanhola do século XVII que deixou o convento vestida de homem, tornou-se soldado e lutou na América do Sul antes de ser descoberta.

🦋 Um célebre travesti foi o francês Abade de Choisy (1644-1724), que também era da família aristocrática.

🦋 Janus Barry vestiu-se com roupas masculinas e chegou a se tornar inspetor-geral-mor do departamento médico do exército inglês.

🦋 Filha de rico fazendeiro português, Maria Quitéria nasceu em Feira de Santana (BA) em 1792. Ainda menina, preferia caçar no mato a cuidar de costurar e bordar. Foi uma adolescente avançada para os padrões da época. Disfarçada de homem, alistou-se com o nome do cunhado, José Cordeiro de Medeiros, entre as forças que lutavam pela Independência. Na Batalha de Pirajá, o "soldado Medeiros" foi reconhecido por sua valentia. Em Itapoã, invadiu sozinha uma trincheira inimiga, levando dois prisioneiros para o acampamento. Quando sua verdadeira identidade foi descoberta, Maria Quitéria se tornou a heroína mais respeitada da guerra baiana. Por seus atos de bravura, foi promovida ao posto de primeiro cadete e recebeu do governo uma farda com saiote. Pôde assumir assim sua condição de mulher, continuando na luta até a vitória final.

TRAVESTIS E TRANSEXUAIS BRASILEIROS QUE FICARAM FAMOSOS

TÍTULO	SEU NOME VERDADEIRO
Laura de Vison	Norberto David
Madame Satã	João Francisco dos Santos
Roberta Close	Luís Roberto Gambino Moreira
Rogéria	Astolfo Barroso Pinto

ELE OU ELA?
- Roberta Close fez uma operação para mudança de sexo em Londres em 1989. Apesar disso, não conseguiu alterar seus documentos. Continua a usar o nome da certidão de nascimento: Luís Roberto Gambino Moreira. Roberta quer usar "Luiza Moreira". Ela declarou ter mantido um romance com o ator e comediante americano Eddie Murphy em 1991.
- A sensual Caroline Cossey, também conhecida como "Tula", foi uma das *bond-girls* do filme *007 – somente para seus olhos*. Ela nasceu homem e se chamava Barry Cossey. Fez a operação para trocar de sexo aos 16 anos.

As leis brasileiras

A operação para mudança de sexo é permitida no Brasil desde 1997. Antes disso, os brasileiros faziam a operação no exterior. O médico que desrespeitasse a lei podia ser enquadrado no artigo 129 do Código Penal, por "lesão corporal gravíssima" (perda de órgãos, sentidos ou funções), caso o paciente se arrependesse ou surgisse alguma complicação. A pena era de dois a oito anos de prisão. Para passar pela cirurgia, os candidatos devem ter mais de 21 anos e ser acompanhados por uma equipe multidisciplinar (psicólogo, psiquiatra, assistente social e cirurgião) durante dois anos.

Nos Estados Unidos, o transexual que faz a operação pode alterar seus documentos. Mas a certidão de nascimento traz o nome anterior, para evitar que alguém incorra em erro, por exemplo na hora do casamento.

A PERGUNTA É...

Todo travesti é homossexual? Homens que transam com travestis são homossexuais?

Nem todo travesti é homossexual. Mas, em geral, existe uma associação bastante comum entre travestismo e homossexualidade. Nem todo homem que procura um travesti para transar tem um comportamento homossexual predominante. A busca de um travesti pode ser uma atitude eventual.

OUTRAS MANEIRAS DE SER DIFERENTE

Andrógino: Nome dado às pessoas que têm uma aparência sexual ambígua. Fica-se na dúvida se a pessoa é homem ou mulher. Pode ser tanto por uma causa biológica ou decorrência de um padrão intencional de comportamento.

Drag queen: Homem que se veste com roupas femininas, em geral, com um forte caráter de humor, para shows e eventos. Há também a versão oposta, que são as *drag kings* (mulheres que se vestem e se comportam como homens).

Hermafrodita: Pessoa que possui as características sexuais de homem e mulher ao mesmo tempo: um pênis geralmente muito pequeno e malformado e logo abaixo uma vulva com um pequeno canal vaginal. É uma malformação congênita pouco comum. Quando isso acontece, é necessário que se faça uma cirurgia optando por um dos sexos. O médico leva em conta o sexo psicológico da pessoa para fazer a escolha.

Na mitologia grega, Hermafrodito era filho de dois deuses, Hermes (ou Mercúrio) e Afrodite, a deusa do amor. A ninfa aquática Salmacis apaixonou-se por ele, um jovem de muita beleza, mas seu amor não foi correspondido. Desesperada, Salmacis pediu aos deuses que unissem seu corpo ao de Hermafrodito para sempre. Os deuses atenderam a essa súplica. A partir daí, os gregos acreditavam que qualquer um que se banhasse na fonte de Salmacis se tornaria hermafrodita.

CROSS-DRESSING

Outra expressão criada para se referir a uma pessoa que gosta de se vestir como alguém do sexo oposto é *cross-dressing*, cunhada pelo inglês Edward Carpenter, no início do século XX.

Variações sexuais

SEXO ORAL
Beijar, sugar, morder, lamber e explorar os órgãos genitais e o corpo do parceiro com a boca, os lábios e a língua.

CUNILÍNGUA
O sexo oral feito pelo homem na mulher se chama cunilíngua (*cunnilingus*). A palavra vem do latim *cunnus* (vulva) e *lingere* (lamber).

FELAÇÃO
O sexo oral feito pela mulher no homem se chama felação (*felattio*). Durante a felação, o pênis entra e sai da boca da parceira, simulando movimentos do coito. Esse vaivém é chamado de *irrumatio* ("ser sugado" em latim).

Na boca do povo
Os adolescentes batizaram o sexo oral de "fazer um boquete" ou "bola gato". Existem também expressões populares como "fazer uma chupeta".

O que devo fazer para proporcionar prazer a minha namorada no sexo oral?
O clitóris é uma das regiões de maior prazer na mulher. Ele fica logo acima da vagina e pode ser estimulado no sexo oral. O primeiro passo é localizar o clitóris (peça para ela ajudá-lo) e tratar essa parte do corpo da mulher com muita delicadeza. Incentive-a a dizer do que gosta mais. Não se esqueça de colocar o filme plástico para proteger você e sua namorada.

O que devo fazer para me proteger durante o sexo oral?
Usar camisinha. Se o pênis estiver protegido, não há risco de as secreções e o sêmen do rapaz entrarem em contato com a boca da garota. Qualquer ferimento na boca, mesmo aqueles quase imperceptíveis, podem ser uma porta

de entrada para algum vírus ou bactéria. Evite camisinhas com lubrificante ou espermicida, que têm gosto ruim. Prefira aquelas que têm sabor.
No caso do sexo oral no sexo feminino, como dito, deve ser colocado o filme plástico.

É possível a mulher atingir o orgasmo apenas fazendo sexo oral no parceiro?
As probabilidades são menores, pois é mais difícil a mulher atingir o clímax sem receber nenhuma forma de estímulo direto na região genital.

Já tive uma namorada que fazia sexo oral comigo até o fim. Minha atual não quer saber, diz que tem nojo. Mas eu gosto muito. O que devo fazer para que ela mude de ideia?
Não dá para obrigar uma pessoa a fazer alguma coisa de que ela não goste no campo sexual. Você pode mostrar que gosta de sexo oral e que seria bacana se ela topasse essa forma de prazer. Se ela tiver preconceito em relação a essa atividade sexual, você pode, com paciência, tentar fazê-la mudar de ideia. No entanto, forçar qualquer tipo de prática sexual não é uma atitude legal. Converse com sua parceira e tente conquistar, com ela, mais esse território do prazer sexual.

Fiz sexo oral com meu namorado. Ele pediu que eu engolisse o esperma, e eu realizei seu desejo. Posso engravidar assim?
Não. É simplesmente impossível. A gravidez acontece se o homem ejacular próximo à vagina ou dentro do canal vaginal, pois isso possibilita o encontro do espermatozoide com o óvulo. Quando a garota o engole, o sêmen faz o mesmo caminho do alimento e vai parar no estômago. Sem chances, portanto. Mas fazer sexo oral sem proteção e engolir esperma traz risco de transmissão de DSTs e aids. Não esqueça disso!

Existe algum segredo especial para fazer sexo oral num homem?
Não. O que pode funcionar com uns não vai necessariamente agradar aos outros. É uma questão de muita afinidade, intimidade e conversa. Essa área é muito sensível e exige cuidados, certo? Não esqueça da camisinha!

É possível perder a virgindade apenas com sexo oral? Meu namorado o fez em mim e senti muita dor. Isso é normal?
O hímen costuma ser preservado na maioria dos casos em que há apenas o contato com a língua. A dor é normal quando o hímen tem orifícios estreitos, o que pode ser o seu caso. Qualquer tentativa de passagem causa dor, mesmo se não houver rompimento. Outro motivo de dor encontra-se na tensão. Se você não estiver relaxada, os músculos se contrairão, e a dor aparecerá.

Que tipo de risco eu corro se fizer *anilingus* (colocar a língua no ânus) com uma garota?
O ânus é uma região cheia de vírus, bactérias e parasitas intestinais. Você pode contrair até uma doença sexualmente transmissível. Mesmo assim, se quiser fazer isso, uma das recomendações é usar filme plástico, aquele usado na cozinha para embalar alimentos. Coloque-o em volta da região anal.

Adoro fazer sexo oral no meu namorado, mas só quando ele está limpo. É chato pedir para ele tomar banho antes de ir para a cama?
O ideal é você, sutilmente, sugerir um banho a dois, como parte das preliminares.

SEXO ANAL

O sexo anal é um tema que gera muitas dúvidas e curiosidades. Para começar, ele só deve ser praticado se a opção for prazerosa para os dois.

🐾 Sexo anal não faz mal à saúde, desde que seja praticado com alguns cuidados especiais. O reto é a parte final do sistema digestivo, portanto, um local bastante contaminado, principalmente por bactérias. Existe na parede do intestino grosso cerca de 1 milhão de bactérias por centímetro quadrado. Essas bactérias vivem bem aí, sem causar problemas, mas se forem "transferidas" para outras partes do corpo (como o pênis e a vagina) podem causar infecções. Além disso, uma série de doenças sexualmente transmissíveis (inclusive a aids e a hepatite B) podem ser passadas por meio da relação anal. Portanto, o uso de camisinha é obrigatório.

🐾 A mucosa (revestimento interno) do reto é mais fina e produz menos lubrificação que a mucosa da vagina (mais adaptada às relações sexuais). A musculatura da região anal também se dilata menos do que a musculatura da região vaginal. Dessa forma, a penetração deve ser feita com calma e cuidado. Além da camisinha, um gel à base de água facilita a penetração. Nada de vaselina e cremes hidratantes (que podem comprometer a camisinha) ou saliva (que pode causar infecções). O gel pode ser comprado em farmácias e deve ser passado na camisinha, depois que ela for colocada no pênis, e um pouco na região anal.

🐾 O ânus é uma região que exige maior cuidado durante o sexo anal. Pode ocorrer uma contração reflexa durante a transa, com risco de causar muita dor. Por isso, precisa ser ultrapassado com muita calma. Se houver problemas como hemorroidas ou fissuras, não se deve praticar o sexo anal, pois além de agravar essas situações pode provocar dor. A melhor indicação é procurar um médico especialista (proctologista).

🐾 A camisinha sempre deve ser trocada se o casal resolver passar da penetração anal para a vaginal.

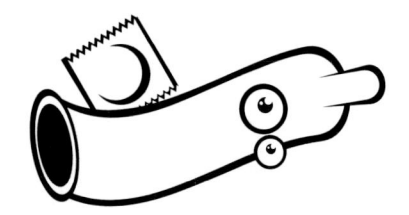

🗝 Todos os cuidados descritos valem tanto para uma relação anal entre um homem e uma mulher como para uma relação anal entre dois homens. É importante ter todos esses cuidados em mente antes de pensar em sexo anal.

🗝 Sexo anal não provoca gravidez. O ânus não se comunica com as trompas e o útero da mulher. O que pode acontecer é, eventualmente, escorrer esperma do ânus para a entrada da vagina e, daí, ocorrer uma gravidez, o que é bastante incomum.

MAIS DÚVIDAS

Meu namorado vive me pedindo para fazer sexo anal. Mas tenho medo de me machucar. Também não quero que ele vá procurar outra garota. O que devo fazer para vencer esse medo?

No sexo, as pessoas devem procurar fazer as coisas que curtem. Se for só por preconceito, talvez seja importante experimentar uma nova prática possível de sexo e prazer. Se você já tentou e sabe que não gosta, explique para seu namorado que essa é uma limitação sua, que ele terá de entender e respeitar.

O homem que gosta de ser acariciado na região anal é homossexual?

Não. Para muitas pessoas, a região do ânus é uma parte do corpo que proporciona uma sensação intensa de prazer. O fato de um homem pedir à mulher que acaricie a região anal não significa que ele seja homossexual ou bissexual. Isso vale também para os homens que curtem que a mulher introduza um dedo em seu ânus durante a relação. Tanto o bumbum quanto o ânus podem ser zonas de prazer no corpo do homem, mesmo nos heterossexuais convictos. Homossexual é quem tem prazer e se envolve afetivamente com uma pessoa do mesmo sexo. Não é quem gosta de praticar sexo anal.

Quando transamos, meu namorado gosta de penetrar o meu ânus com o dedo. Ele deve usar camisinha no dedo? Depois de retirar o dedo, ele pode friccionar meu clitóris ou devemos parar para ele lavar a mão?

Esta prática é chamada de "fio-terra", "costeleta" ou "socratismo" (uma alusão ao filósofo Sócrates, que a apreciava). Alguns cuidados devem ser tomados. Os dedos (em geral, o indicador ou o médio) devem estar limpos, com as unhas bem aparadas. Se a pele do dedo estiver íntegra, não há necessidade de usar proteção especial. Uma cuidadosa higiene (lavar bem as mãos e os dedos) depois é fundamental. No ato de levar um dedo do ânus para a vagina há o risco do transporte de germes de um local para outro e, portanto, de infecções.

11

Há apenas um afrodisíaco – a mulher especial que a gente gosta de tocar, ver, cheirar e espremer.

ERROL FLYNN
(1909-1959), ator

Fetiches e outras fantasias

Fantasias são situações imaginadas e realizadas pelas pessoas para apimentar sua vida sexual. Os fetiches fazem parte delas e facilitam a busca do prazer. Só é preciso tomar cuidado para não transformá-los num problema.

O que é um fetiche?
O fetiche é um objeto, um tipo de material, um comportamento ou uma parte do corpo que desperta um desejo sexual maior em uma pessoa. Trata-se de um complemento para a busca do prazer. Mas muitas vezes ele passa a se tornar um limite para a vida sexual das pessoas. Quando alguém depende exclusivamente do fetiche para se realizar sexualmente, pode estar enfrentando uma parafilia (veja texto neste capítulo).

♣ O fetiche pode ser representado por uma parte do corpo (seios, pés, nádegas ou umbigo), por um objeto (sapatos, chapéu, cueca, meia, luva, calcinha) ou um material específico (pele, couro, borracha, pelúcia).

♣ As pessoas ficam excitadas ao ver um objeto, senti-lo, cheirá-lo, ouvi-lo ou prová-lo. Os fetiches geralmente envolvem objetos associados à sensação de carinho e de intimidade. Os objetos habituais nos fetiches, em geral, representam prolongamentos do corpo.

Fetiches por roupas

Em 1850, na cidade de Paris, uma prostituta atendia um cliente, e ele teve de deixar o quarto por alguns instantes. Para brincar, ela colocou suas roupas. Ao voltar e vê-la vestida daquele jeito, o homem ficou maravilhado e quis

repetir a sessão com a garota, que passou a cobrar mais por isso. A prostituta começou a conversar com outros clientes e observar as fantasias de cada um. Ganhou muito dinheiro, e logo a ideia foi copiada por outras colegas.
Sutiã, cinta-liga, biquíni e calcinha são campeões quando se fala em objetos que podem despertar um fetiche. Mesmo que você não tenha nenhum fetiche especial por esse tipo de roupa, saiba um pouco sobre sua história.

SUTIÃ

Os primeiros sutiãs apareceram na ilha grega de Creta em 2500 a.C. As mulheres usavam armações que elevavam seus seios sem os cobrir. Mas os méritos da invenção ficaram para a francesa Herminie Cadolle. Em 1889, ela resolveu rasgar um espartilho ao meio e criou a peça. Somente em 1913 a *socialite* americana Mary Jacobs aperfeiçoou o modelo, tornando-o mais parecido com sua forma atual. Para isso, usou dois lenços, um pedaço de fita cor-de-rosa e um pouco de cordão. Mary vendeu sua criação a uma fábrica de roupas femininas, administrada pelos irmãos Warner, por 15 mil dólares. Os Warners lançaram ainda cinta-calças (1932), sutiãs em forma de taça (1935) e *collants* de lycra (1961).

CINTA-LIGA

Desde seu surgimento, ainda na Idade Média, a cinta-liga está ligada à ideia de sedução. No início, apareceu em forma de fitas que tinham como inocente objetivo sustentar as meias para que elas não caíssem. Na metade do século XIX, com as meias passando a ser usadas acima do joelho, as cintas-ligas ganharam o formato atual.

BIQUÍNI

O estilista francês Louis Réard bolou um maiô de duas peças. No dia 1º de julho de 1946, os Estados Unidos iniciaram seus testes nucleares lançando uma bomba atômica sobre o atol de Bikini, no oceano Pacífico. Réard aproveitou o nome do local para batizar a novidade.
Dizem que a inspiradora da criação foi Gertrude Ederle, uma americana, a primeira mulher a cruzar o canal da Mancha a nado, em 1926, com o tempo de 14 horas e 31 minutos. Para ter mais liberdade de movimento, ela cortou seu traje de banho em duas partes. Gertrude também ganhou uma medalha de ouro e duas de bronze em provas de natação na Olimpíada de 1924.

ROUPAS ÍNTIMAS

Antes do século XIX, a roupa de baixo feminina era apenas um camisão largo e algum tipo de calção. Feita para não ser vista por ninguém a não ser pelo usuário, a peça de baixo tinha pouca importância. A única exceção se registrou durante o período em que a cintura e o busto da mulher eram apertados e aumentados.

O corpete acabou sendo criado para dar o tal efeito aerodinâmico. Os historiadores da moda registram uma grande mudança nas roupas de baixo por volta de 1830. Elas se tornaram mais pesadas, mais compridas e praticamente obrigatórias. Não usar roupa de baixo significava falta de asseio. Os médicos também alertavam sobre os perigos de ficar com o "corpo resfriado". As roupas de baixo eram então brancas, normalmente engomadas e feitas de cambraia branca, de chita grossa ou flanela. Em 1860, as roupas de baixo das mulheres começaram a ganhar sensualidade e, vinte anos depois, a seda conquistou seu espaço.

TESTE
O que é "Viúva Alegre"?
a) Um tipo de espartilho todo preto
b) Nome de uma transa feita dentro de um caixão
c) O mesmo que golpe do baú

A COR DAS CALCINHAS
Calcinhas são um capítulo especial do Ano-Novo. O ideal é que sejam novas. As mulheres costumam escolher a cor da *lingerie* de acordo com o que querem conseguir no ano seguinte:

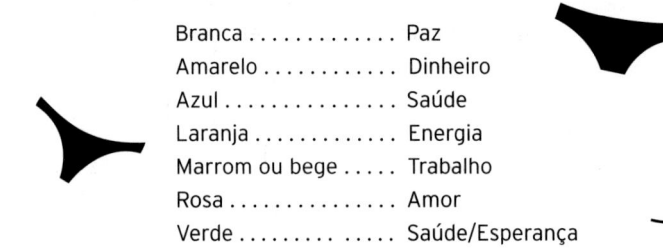

Branca . . . . Paz
Amarelo . . . . Dinheiro
Azul . . . . Saúde
Laranja . . . . Energia
Marrom ou bege . . . . . Trabalho
Rosa . . . . Amor
Verde . . . . Saúde/Esperança
Vermelho . . . . Paixão

Embora o preto seja uma cor proibida, há quem garanta que uma calcinha preta na passagem do ano tem o poder de atrair mudanças radicais.

VOCÊ SABIA QUE...
... os médicos recomendam que as mulheres
não usem calcinha para dormir,
para arejar a região genital?

Outros acessórios que "mexem" com a cabeça dos homens

SAPATOS DE SALTO ALTO
A adoração por mulheres e salto alto está relacionada também à "podofilia". A palavra vem do grego e significa "amor aos pés".

✤ Na China imperial, havia uma excessiva valorização dos pés. As mulheres de classes mais nobres tinham, desde muito cedo, que usar sapatos de ferro para que os pés não crescessem. Os chineses aristocratas adoravam mulheres de pés pequenos. Os pés dessas mulheres atrofiavam e acabavam deformados.

✤ Os sapatos de salto alto tiveram origem com a italiana Catarina de Médicis, no século XVI. Ela se casou com Henrique II, da França. Catarina era muito baixa e usava sapatos de salto alto para parecer mais alta. O uso do salto, então, se tornou uma febre entre as senhoras aristocráticas. Como era extremamente difícil caminhar sobre os primeiros saltos, os homens costumavam carregar no colo essas senhoras para subir e descer escadas.

✤ Uma prostituta francesa levou vários pares com ela para um bordel de elite em Nova Orleans, nos Estados Unidos, em meados do século XIX. A dona do lugar notou que os homens estavam dispostos a pagar mais por aquela moça e logo encomendou sapatos altos para todas as mulheres do bordel. Outros bordéis fizeram o mesmo, e os homens passaram a mandá-los buscar para as esposas. A demanda aumentou tanto que, em 1880, foi inaugurada uma fábrica de sapatos de salto em Massachusetts.

✤ Há vinte anos, a mulher brasileira calçava entre 34 e 36. Atualmente a média varia entre 36 e 38, acompanhando o crescimento da estatura média da população.

♣ O filósofo alemão Goethe também tinha adoração pelos pés de sua mulher Cristiane Vulpius. Em 1813, já aos 64 anos, ele pediu numa carta: "Mande-me o quanto antes o seu último par de sapatos, aquele já gasto de tanto dançar de que me falou em sua última carta, para que eu possa ter novamente algo seu para apertar".

MÁSCARAS

As prostitutas originalmente as usavam para esconder sua identidade na Europa do século XVIII. Porém, mais tarde, se tornaram populares entre as mulheres de *status* social mais alto. Propiciavam o anonimato entre amantes, ou protegiam contra fofocas e espiões.

CURIOSIDADES

♣ A agente secreta Mata Hari tinha predileção especial por homens fardados. Nem se importava com a nacionalidade. Nascida na Holanda, Margareth Gertrude Zelle adotou o nome artístico de Mata Hari no tempo em que tentava a carreira de dançarina em Paris. Foi fuzilada pelos franceses em 15 de outubro de 1917, aos 41 anos, acusada de passar informações para os alemães.

♣ O líder nazista Adolf Hitler (1889-1945) gostava de ver sua amante, Eva Braun, tirar a roupa e se deitar ao seu lado vestindo *lingerie* de couro. Antes de Eva Braun, Hitler teve um caso com Geli, de vinte anos, filha de sua meia-irmã. Ele escreveu várias cartas à garota. Numa delas, Hitler diz que gostaria de ser dominado e surrado, depois que ela o cobrisse de fezes e urina. Geli foi encontrada morta em 1931. Os legistas disseram que foi suicídio.

♣ O escritor francês Honoré de Balzac (1799-1850) teve uma série de amantes ricas e bem mais velhas que ele. A primeira foi madame de Berry, que tinha 46 anos, o dobro de sua idade na ocasião. Balzac corria atrás dela, engatinhando, por todo o apartamento. Isso a deixava muito excitada. Tanto que madame de Berry sustentou o autor por sete anos, até que ele publicou o primeiro volume do que viria a ser *A comédia humana*, em 1829. Balzac tinha uma atração especial por mulheres mais velhas. Foi de uma de suas obras, *As mulheres de 30 anos*, em que o escritor realçava as qualidades dessas mulheres, que surgiu o termo "balzaquianas".

CINTO DE CASTIDADE

✤ O cinto de castidade é um aparelho metálico colocado em volta da genitália feminina ou masculina e trancado a chave. Uns cobriam apenas a região da vagina. Outros trancafiavam também o ânus. Na hora de fazer suas necessidades fisiológicas, os usuários dos cintos eram obrigados a se aliviar por meio de pequenos furos (como uma peneira) e orifícios colocados em pontos estratégicos. Essas aberturas eram protegidas por lâminas pontiagudas para evitar a entrada de algum dedo mais sem-vergonha. A falta de higiene transformava o artefato num foco de doenças.

✤ Em 1996, o British Museum, de Londres, retirou de exibição um cinto de castidade que mantinha desde 1846, ao descobrir que ele era falso. De todo modo, existem referências escritas e pictóricas de cintos de castidade nos escritos europeus de oitocentos anos atrás. A referência mais antiga a um cinto de castidade na literatura europeia data da época das Cruzadas (empreendidas de 1095 a 1270). Ele seria feito de tecido, sugerindo que talvez tenha sido um mero símbolo de garantia de fidelidade, e não um dispositivo a ser usado.
Se existiram ou não, a verdade é que há um grande número de curiosidades sobre essa polêmica peça.

✤ No livro *Odisseia*, de Homero, Hefaístos criou um cinto para garantir a fidelidade de Vênus, depois de ela ter um caso com seu irmão.

✤ Duas freiras conhecidas por usar cinto de castidade e outras formas de automortificação foram canonizadas como Santa Rosa de Lima e Santa Marina do Equador. Felicity Riddy, professora do Centro de Estudos Medievais da Universidade de York, na Inglaterra, não encontrou nenhuma prova da existência do cinto e acredita que a história seja apenas "fruto de interpretação grosseira".

✤ A ilustração mais antiga que se conhece de uma mulher usando um cinto de castidade é um quadro italiano de 1405. Por volta de 1500, na literatura alemã havia histórias de mulheres que pagavam serralheiros (com o dinheiro dos maridos) para liberá-las do artifício.

✤ O pesquisador inglês James Brundage, especialista em sexualidade medieval, garante que os cintos de castidade eram usados para valer apenas nos homens. Era a maneira mais segura de garantir a integridade física dos prisioneiros, vigiados por guardas libidinosos.

♣ Os modelos mais antigos ainda hoje existentes datam de cerca de 1600, bastante tempo depois do fim do período medieval ou Idade Média. Uma dessas amostras foi encontrada num túmulo, ainda trancada, guardando a virginal castidade de um esqueleto.

♣ Em 1969, a empresa Dorset, na Inglaterra, resolveu fabricar cintos de castidade. E solicitou isenção de impostos, tentando tirar vantagem de uma lei que oferecia redução das taxas aos fabricantes de... equipamentos de segurança!

♣ No final do ano 2000, o policial chinês Zho Zin inventou a versão mais moderna de cinto de castidade de que se tem notícia. O minicadeado só pode ser aberto com um cartão magnético e uma senha. O modelo é bem higiênico. Permite que a mulher faça suas necessidades fisiológicas e tome banho. Só impede as relações sexuais.

Fantasias sexuais

Fantasias sexuais são situações imaginadas e, muitas vezes, realizadas pelas pessoas para "apimentar" sua vida sexual. A fantasia introduz algum desejo, situação ou objeto incomum na vida sexual das pessoas.

Do ponto de vista médico e psicológico, as fantasias sexuais – desde que aceitas de comum acordo pelo casal, não trazendo situações de risco e não sendo a única forma de realização de prazer – não constituem um problema.

Mas quando a pessoa passa a depender exclusivamente de um tipo de fantasia para realizar seu desejo, ela limita sua vida sexual, fazendo com que tenha dificuldades de encontrar parceiros que concordem com suas fantasias; por isso o indivíduo nesse caso corre o risco de se isolar afetiva e sexualmente.

VOCÊ SABIA QUE...

... quando foi amante do imperador romano Marco Antônio, Cleópatra montou com ele um grupo chamado "Os inimitáveis"? Como se fossem atores, os convidados representavam suas fantasias sexuais diante de todos. A apresentação costumava terminar em sexo grupal.

No limite da fantasia – a parafilia

O limite exato entre a fantasia e a parafilia (desvio sexual) nem sempre é fácil de ser definido. Quando a pessoa começa a depender cada vez mais de uma fantasia para poder ter uma vida sexual satisfatória, ela caminha mais na direção da parafilia. Neste lado da sexualidade, o prazer pode ficar dependente de alguma situação especial para acontecer e pode-se perder o controle sobre o desejo. Nem sempre há espaço para outro parceiro na parafilia. A pessoa está tão preocupada com seu desejo que pode comprometer sua possibilidade de se envolver afetivamente.

A palavra *parafilia* vem do grego e significa "lado a lado" e "amor" – ou seja, uma forma de amor paralela às comuns.

A maior parte das parafilias é mais comum em homens do que em mulheres. Talvez pela dificuldade maior de o homem unir afeto e sexo na mesma relação. São distúrbios que, muitas vezes, necessitam de um tratamento específico.

CONHEÇA AS PARAFILIAS MAIS COMUNS

Fetichismo
O fetichista depende de objetos, materiais ou parte do corpo para se excitar.

Masoquismo
O masoquista precisa sofrer ou ser dominado para sentir prazer.

Sadismo
O sádico precisa impor sofrimento, dor ou dominação para sentir prazer.

Voyeurismo
O voyeurista se excita ao ver as outras pessoas se despindo ou se envolvendo em contatos sexuais.

Exibicionismo
O exibicionista precisa mostrar partes de seu corpo, em geral da região genital, para conseguir prazer.

Pedofilia
O pedófilo se excita ao ver ou ter contato sexual com crianças e jovens pré-púberes (que ainda não passaram pelas mudanças corporais da puberdade).

Podofilia
O podófilo sente atração sexual predominantemente por pés.

Zoofilia
O zoófilo sente prazer quando vê animais em atividades sexuais, ou quando ele mesmo se envolve em contatos sexuais com animais.

PEDOFILIA

❖ O imperador romano Tibério (42 a.C.-37 a.C.) treinava meninos para nadar atrás dele e mergulhar para chupar e mordiscar sua genitália. Chamava-os de seus "peixinhos".

❖ Pelo costume maia, os pais de um jovem presenteavam-no com um menino escravo para ser usado no sexo. O jovem era proibido de escolher seu amante ou fazer sexo com mulheres antes do casamento. Essa estratégia tinha por objetivo proteger as mulheres casadas da ansiedade dos jovens.

Charles Chaplin foi um pedófilo?

O comediante Charles Chaplin tinha verdadeira adoração por meninas virgens e ninfetas. Casou-se quatro vezes, sempre com menores de idade. Conheceu Lolita Macmurray, com quem foi casado na década de 1920; ela com apenas 12 anos de idade e ele, 28. A mulher anterior do comediante, Mildred Harris, tinha 13 anos quando manteve as primeiras relações sexuais com ele. Em 1943, Chaplin se casou com Oona O'Neill, de 18 anos. Ele tinha 54. Ele adorava levar quatro ou cinco garotas para a cama de uma única vez. Tinha a fama de ter seis relações sexuais sucessivas com intervalos de apenas alguns minutos.

> Gerontofilia é o oposto de pedofilia.
> Uma pessoa jovem que tem preferência
> por pessoas bem mais velhas.

SADOMASOQUISMO

O psiquiatra alemão Richard Freiherr von Kraft-Ebbing (1840-1902) associou pela primeira vez o nome de dois autores, Donatien-Alphonse-François Sade e Leopold von Sacher-Masoch, a comportamentos sexuais estranhos.
Ele criou a palavra "sadismo" em seu livro *Psicopatias sexuais*. A palavra "masoquismo" veio depois, como contraponto à primeira.

SADISMO

Donatien-Alphonse-François Sade (1740-1814) ficou conhecido como marquês de Sade (passou a conde depois da morte do pai). Como escritor, ele descreveu o prazer de torturar e humilhar o parceiro para obter satisfação sexual.

Ele usava a violência em busca do prazer, na intimidade das alcovas e das celas de prisões e asilos que frequentou. Foi por isso que esse hábito ganhou o nome de "sadismo".

Sua fama cresceu por causa das inúmeras queixas que as prostitutas faziam às autoridades policiais. Ele as levava a um apartamento alugado na rua Muffetard, em Paris. Ao chegar lá, as prostitutas eram apresentadas a uma coleção de chicotes, cinturões de couro e correntes.

Sade passou a vida inteira se metendo em encrencas com a lei. Dos 74 anos de vida, Sade ficou nada menos que 29 em prisões e asilos para doentes mentais. Certa ocasião, ele foi preso por promover uma orgia em Marselha, onde foram servidos aos participantes bombons de chocolate envenenados. Um mês após seu casamento, Sade acabou detido por provocar desordens num prostíbulo ao lado de sua casa.

Em julho de 1780, ele terminou o texto de *Diálogos entre um padre e um moribundo*. O diretor do presídio leu os manuscritos e ficou chocado. Mandou retirar no mesmo instante pena e papel da cela do prisioneiro, para evitar que ele voltasse a escrever "coisas tão revoltantes".

No ano seguinte, Sade foi transferido para a prisão da Bastilha. Após vinte dias de trabalho, com jornadas de 19 a 22 horas, ele terminou sua obra principal: *Os 120 dias de Sodoma*, também conhecida como *Escola para libertinos*. Escrita num rolo de papel de 12 metros de comprimento, a obra descreve seiscentas variações do instinto sexual.

Sodoma, antiga cidade ao sul do mar Morto, no Oriente Médio, teria sido destruída pela ira divina por causa da devassidão de seus habitantes. Seu nome deu origem à palavra "sodomia", que é a prática de sexo anal.

Cadê a privacidade?

O tabloide inglês *News of the World* publicou fotos de Max Mosley, presidente da FIA (Federação Internacional de Automobilismo), numa orgia sadomasoquista. Mosley aparece ao lado de cinco mulheres. Segundo o jornal, o dirigente simulava ser um oficial nazista e duas prostitutas faziam o papel de prisioneiras de campos de concentração. A Alta Corte de Londres decidiu a favor de Mosley na ação que ele moveu contra o jornal, que teve que pagar uma indenização de 60 mil libras. O juiz entendeu que o direito à privacidade de atividades sexuais entre adultos em propriedade particular diz respeito apenas a eles.

MASOQUISMO
O prazer sexual vem da vontade de sentir dor ou ser humilhado numa relação.

Leopold von Sacher-Masoch (1836-1895)
Advogado, professor, jornalista e escritor, Leopold von Sacher-Masoch teve uma infância complicada. Apanhava do pai, era obrigado a lamber os pés de sua tia Zenóbia, a quem espiava praticando jogos de submissão e flagelamento com o amante sobre um tapete. Já adulto, passou a exigir castigos corporais, como chicotadas, e lambia os sapatos das amadas para chegar ao orgasmo. Descreveu esses jogos em detalhes na novela *Die damen in pelz* (A Vênus das peles), publicada em 1869. O interesse sexual de Sacher-Masoch se centrava no desejo compulsivo de sofrer dor e humilhação. Por isso, seu nome deu origem à expressão "masoquismo". Aos 59 anos, foi internado num asilo e morreu logo em seguida.

Leopold von Sacher-Masoch nasceu na cidade de Lemberg, na Galícia, que pertencia à Áustria. Depois da Segunda Guerra Mundial, a região foi dividida entre a Rússia e a Polônia. Hoje, ela pertence à Ucrânia.

A bandeira das comunidades *leather* (apreciadores de couro) e sadomasoquista apareceu em 28 de maio de 1989, durante o concurso de "Mister Couro", realizado em Chicago, Estados Unidos.

VOCÊ SABIA QUE...
... no restaurante suíço Hjarlter Dam é permitido que mulheres dominadoras prendam seus escravos à mesa ou ao pé da cadeira? Em Londres, existem os chamados "jantares escolares", em que os fregueses recebem chicotadas das garçonetes, vestidas de colegial, quando não comem todos os legumes e verduras do prato.

PEQUENO DICIONÁRIO DE SADOMASOQUISMO
Asfixia erótica
É uma prática sexual bastante perigosa. A pessoa amarra uma corda em torno do pescoço. Ao se aproximar do orgasmo, ela aumenta a tensão da corda, enforcando-se lentamente, dificultando o fluxo sanguíneo para o cérebro. Isso intensifica o orgasmo e gera sensações de euforia. Mas a falta de oxigênio, especialmente durante a excitação sexual, pode provocar desmaio ou até uma parada cardíaca fulminante. Calcula-se que mil pessoas morram por ano devido a essa prática. A primeira morte conhecida por asfixia erótica aconteceu em 1791. O compositor inglês Frantisek Koczware pediu a uma prostituta que o enforcasse para aumentar seu prazer sexual.

Bondage* ou *dominance
É o nome dado à prática de amarrar a pessoa durante a relação sexual. O masoquista obtém prazer ao ser impedido de se mover, sendo atado, amarrado, imobilizado por cordas, correntes, cadeados, algemas, amarras e mordaças de vários tipos. Prática frequente em relações sadomasoquistas.

Denim
Alguns fetichistas que se sentem atraídos por roupas jeans.

Dominatrix
É a mulher que exerce papel sádico nas relações sadomasoquistas. Também pode ser chamada de "dominadora" ou "rainha".

Escravo
Masoquista que gosta de ser dominado.

Flagelação
Uso de açoite, chicote ou varinha para excitar o parceiro sexual.

Grampos
Pequenas peças de metal que são colocadas em mamilos, genitália ou em qualquer parte do corpo. A dor que causam serve para excitar parceiros masoquistas.

Leather
Fetichistas que usam e sentem atração por roupas de couro.

S&M
Sigla mundial que identifica o movimento sadomasoquista.

Sadomasoquismo *light*
A personagem Tiazinha, vivida pela atriz Suzana Alves, inaugurou esse estilo. Ela fez sua estreia no programa *H*, na Rede Bandeirantes de TV, e brincava de torturar os adolescentes, depilando suas pernas.

Submisso
Pessoa que se submete aos desejos e ordens sexuais do parceiro.

Vinil
Fetichistas que se sentem atraídos por roupas de plástico e vinil.

TESTE
O que é um "Príncipe Albert"?
a) Nome de um vibrador de grandes proporções
b) Homem que gosta de transar com uma coroa na cabeça
c) É um *piercing* colocado no pênis

✤ Quando tinha oito anos, o escritor francês Jean-Jacques Rousseau (1712- -1778) levou uma surra de sua preceptora, *mademoiselle* Lambertier. Depois disso, Rousseau nunca mais se livrou do prazer de apanhar. Ainda menino, arrumou uma amiguinha de 11 anos que brincava de professora e aceitava bater nele. Adulto, esse pensador político que teve grande influência na Revolução Francesa declarou que sua vida social foi horrível. Segundo ele, faltou coragem para confessar esse seu desejo às suas amadas. Ele escreveu: "Deitar aos pés de uma amante impiedosa, obedecer às suas ordens, ser forçado e implorar seu perdão – isto era para mim um doce prazer".

✤ Na Inglaterra, existem pequenos grupos que fazem sessões de sadomasoquismo *light*. Eles têm nomes como "Os Sacanas" e "Os Vilões". Alguém fica no meio do grupo, abaixa as calças e recebe uma palmada. Quem apanha deve adivinhar quem bate. Se errar, continua apanhando. A atriz Elizabeth Hurley, namorada de Hugh Grant, declarou que já fez parte de uma dessas turminhas.

✤ O filósofo francês Michel Foucault (1926-1984), autor de *História da sexualidade*, era adepto de orgias violentas. Quando morreu, um grande saco cheio de chicotes, capuzes de couro, coleiras e algemas foi encontrado em um de seus armários.

✤ Ainda adolescente, o filósofo alemão Friedrich Nietzsche (1844-1900) foi seduzido por uma condessa, que adorava machucá-lo com um espeto. Certo dia, resolveu reagir. Apanhou um chicote e a açoitou. A condessa adorou e sempre pedia que Nietzsche repetisse a dose.

✤ O escritor russo Dostoiévski (1821-1881) tinha adoração pelos pés de sua jovem esposa, Anna. Em uma de suas cartas, escreveu a ela: "Sinto falta de beijar cada dedo do teu pé". Na cama, ele ficava tão fora de si que chegou a agredi-la fisicamente várias vezes.

✤ No século XIX, vários nobres ingleses frequentavam o cabaré de madame Berkley. Quem pagasse bem poderia ser chicoteado, açoitado, picado com agulhas ou urtigas, quase enforcado, escovado com sempre-viva, sangrado e torturado. Na mesma época, os luxuosos bordéis de Paris eram equipados com "quartos de tortura".

PERGUNTAS CURIOSAS

Namoro uma mulher maravilhosa, que tem uma particularidade: ela gosta de apanhar. Sinceramente, não sei o que fazer, pois tenho medo de machucá-la. O que devo fazer?
Algumas atitudes mais fortes (beliscões e tapinhas) podem ser excitantes para certas pessoas. O problema é encontrar um parceiro ou parceira que cultive o mesmo desejo. O melhor é conversar sobre esse assunto e estabelecer limites antes de começar as brincadeiras.

Meu marido tem uma fantasia que me excita muito: quer ser amarrado na cama. Qual é a melhor forma de fazer isso?
Se os dois curtem mesmo essa ideia, você pode escolher algo que não vá machucá-lo. O mais recomendado é gaze, que pode ser encontrada em qualquer farmácia. É macia e não machuca. Serve também corda de algodão, cachecol, roupas, fita adesiva. As *sex shops* ganham muito dinheiro vendendo algemas, mas isso pode acabar sendo perigoso. Elas podem deixar hematomas na pele. O mesmo vale para cordas de náilon. Escolha uma posição que o deixe excitado, mas não vá lhe render uma cãibra alguns minutos depois. Antes de começar, vocês devem combinar algum sinal para quando ele quiser parar a brincadeira.

Sou casado com uma mulher muito bonita e tenho uma vida sexual satisfatória. Mas costumo sonhar que estou transando com atrizes famosas do cinema e da TV. Estou com algum problema?
Não! É por meio das fantasias que nós vivenciamos muitos desejos que não podemos realizar na vida real. O desejo humano é infinitamente maior do que a nossa possibilidade de concretizá-lo. Não adianta censurar os sonhos. Eles aparecem de qualquer jeito e são uma espécie de válvula de escape para toda a tensão que se acumula durante o dia.

VOYEURISMO

A pessoa que se excita em observar (secretamente ou não) pessoas nuas ou praticando atividade sexual é chamada de *voyeur*. Os brasileiros adotaram essa palavra francesa que vem do verbo *voir* (ver) em francês.

✤ Pergaminhos japoneses do século VII já faziam referências ao voyeurismo. Um desses pergaminhos mostra um concurso nacional de pênis. Juízes mediam os membros dos jovens candidatos, enquanto mulheres da corte espiavam tudo através de buracos feitos em uma cortina.

✤ Charlie Chaplin comprou uma luneta e a colocou na varanda de sua casa em Hollywood. A intenção era observar as famosas orgias patrocinadas por seu vizinho John Barrymore.

✤ O estilista Giorgio Armani declarou que, quando era menino, gostava de ver a mãe e as tias tomando banho.

A HISTÓRIA DE LADY GODIVA

No início do século XI, o duque Leofric cobrava altos impostos dos habitantes do condado de Coventry, na Inglaterra. Sua mulher, Lady Godiva, intercedeu em favor do povo, pedindo que Leofric os reduzisse. O marido, então, fez-lhe uma proposta: ela teria de cavalgar nua em cima de um cavalo por toda a cidade. Lady Godiva certificou-se de que ninguém olharia sua nudez. No dia combinado, Coventry ficou deserta, com todas as portas e janelas fechadas. Apenas um morador, o alfaiate Tom, não resistiu à tentação e resolveu olhá-la. Descoberto, ele foi castigado com a cegueira e o desprezo dos outros moradores. Ganhou o apelido de "Peeping Tom" (o verbo *peep*, em inglês, significa "espiar").

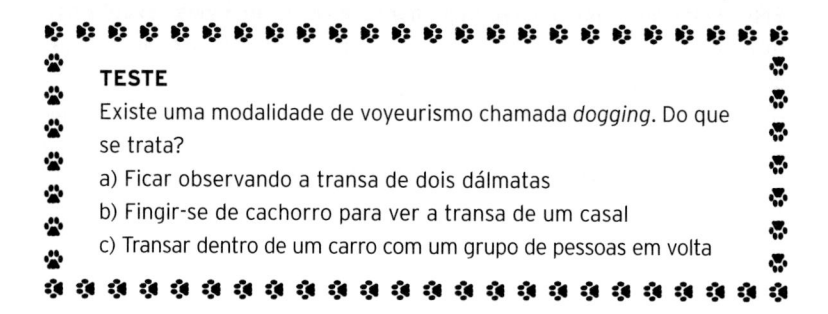

TESTE

Existe uma modalidade de voyeurismo chamada *dogging*. Do que se trata?

a) Ficar observando a transa de dois dálmatas
b) Fingir-se de cachorro para ver a transa de um casal
c) Transar dentro de um carro com um grupo de pessoas em volta

CLUBE DE MULHERES

Mulheres de todas as idades liberam suas mais loucas fantasias num show de *striptease* masculino que se popularizou depois da novela *De Corpo e Alma*, da Rede Globo, em 1991. Nele, os homens entram fantasiados de gladiador, índio, médico, motoqueiro, dom-juan e muitos outros personagens. Eles vão tirando a roupa em coreografias bem ensaiadas, até sobrar apenas a sunga. As mulheres podem subir ao palco para passar a mão no corpo deles.

Espetáculos de *striptease* masculino são exibidos no Brasil desde 1969. A pioneira foi a boate paulista Nostromondo, num show apresentado pela transformista Tânia Star. Antes do Clube das Mulheres, o espetáculo mais conhecido de nudez masculina era *Os Leopardos*, criado em 1985, no Teatro Serrador, no Rio de Janeiro. O ex-ator Guilherme de Pádua iniciou sua vida artística como um dos Leopardos.

Nos Estados Unidos, o grupo mais famoso de *strippers* masculinos é o Chineladas, criado em 1978, por Sete Banerjee, num clube de Los Angeles. No início, ele anunciava esse espetáculo como "A Disneylândia para mulheres". Homens musculosos, com calças justas, punhos e gravata-borboleta de cetim, fizeram a fama do lugar. Em 1983, a casa trocou Los Angeles por Nova York.

REVISTAS MASCULINAS

São vendidos 7 milhões de exemplares de revistas eróticas no Brasil por ano. O mercado de vídeo erótico no país vende 2 milhões de fitas, nacionais e estrangeiras, também por ano (dados de 1999).

Playboy

O americano Hugh Hefner era diretor de circulação de uma revista chamada *Children's Activities* em 1953. Tinha 27 anos e acreditava que havia mercado para uma revista de jovens adultos como ele. Para Hefner, as revistas masculinas da época ignoravam o que parecia ser a principal preocupação da maioria dos homens: as mulheres. Preferiam se concentrar em caçadas, armas, carros antigos ou tratores. Comprou por 500 dólares os direitos de fotos que Marilyn Monroe tirou para um calendário no início de sua carreira e foi atrás de dinheiro. Tomou dinheiro emprestado de amigos e parentes (com a mãe conseguiu mil dólares, embora ela não aprovasse a ideia da revista).

O nome da revista deveria ser *Stag Party* (em português, algo como "farra"). O símbolo seria um veado (*stag*), fumando piteira e esperando uma companhia feminina. Às vésperas do lançamento, porém, Hefner descobriu que já havia uma publicação com esse nome. Vários nomes foram pensados – *Top Hat*, *Bachelor*, *Gentlemen* – até que um amigo sugeriu *Playboy*, nome de uma fábrica de carros que havia falido. Junto com o nome, Hefner encomendou ao desenhista Arthur Paul um novo mascote. O coelho foi adotado e hoje é uma marca mundialmente conhecida. Em outubro de 1953, dos 69.500 exemplares do primeiro número que foram para as bancas, 54.175 acabaram vendidos.

Em 1960, Hugh Hefner inaugurou o primeiro Playboy Club, em Chicago. As garçonetes trabalhavam vestidas de coelhinhas. Cerca de 1 milhão de homens frequentaram os 22 clubes espalhados pelo mundo em seu auge, em 1972. O último Playboy Club fechou suas portas em 31 de julho de 1988, em Michigan.

A *Playboy* brasileira, cuja primeira edição foi lançada em julho de 1978 pela Editora Abril, veio suceder a revista *Homem*.

Somente em 1980 o nu frontal foi liberado pela censura brasileira.

Hustler

O americano Larry Flynt fez fortuna nos anos 1960 com uma rede de clubes de *striptease*. Na década seguinte, ele lançou a revista pornográfica *Hustler*. Ganhou notoriedade no mundo todo quando publicou fotos de Jacqueline Kennedy Onassis tomando banho numa ilha grega.

Na década seguinte, foi preso e teve várias de suas casas fechadas, sob a acusação de serem prostíbulos disfarçados. Acusado de publicar material pornográfico, foi parar nos tribunais. Agarrou-se à Primeira Emenda da Constituição (a que garante liberdade de expressão) para continuar publicando sua revista, e isso se tornou até tema do filme *O povo contra Larry Flynt* (1996).

Flynt foi um personagem que despertou tanto ódio que, ao sair de um tribunal no estado da Geórgia, acabou vítima de um atentado a bala, que o deixou paralítico e impotente. Sua mulher, uma *ex-stripper* bissexual e dependente de drogas, morreu em 1987, vítima da aids.

VOCÊ SABIA QUE...

... a palavra *hustler*, nome da revista de Larry Flynt, foi criada em 1825 para se referir a garoto de programa? Também é utilizada para designar o homem que ganha dinheiro de maneira ilegal.

CATECISMOS

O grande mito das historinhas pornôs nacionais surgiu em 1948. Carlos Zéfiro foi o pseudônimo que garantiu o anonimato de Alcides Caminha, autor de quase novecentas brochuras clandestinas, recheadas de sacanagem – os catecismos. Carlos Zéfiro atravessou mais de duas décadas em plena atividade. Seus gibis artesanais desafiaram até o período mais repressor da ditadura militar. A identidade de Caminha veio à tona em novembro de 1991, em uma reportagem do jornalista Juca Kfouri para a revista *Playboy*.

> **TEJE PRESO!**
> No começo do século XX, cartões-postais, fotos, filmes e espetáculos pornográficos começaram a aparecer em São Paulo e no Rio de Janeiro. O comerciante Victor de Mayo, dono da famosa Casa Paris, no centro paulistano, foi autuado em 1901 por vender cartões com "material ofensivo à moral". Em 1912, o delegado Rudge Ramos apreendeu filmes considerados obscenos que eram exibidos clandestinamente em dois cinemas de São Paulo, o Savoia Theatre e o Ideal.

ZOOFILIA

✤ No Egito antigo, havia um templo onde homens e mulheres transavam com cabras como parte dos rituais de fertilidade. Os egípcios antigos também praticavam o coito com crocodilos fêmeas para aumentar a virilidade masculina. Segundo algumas lendas, a zoofilia curava doenças venéreas, por isso era praticada.

✤ Os casos de meninos transando com vacas e carneiros se tornaram tão corriqueiros na Europa do século XVII que a Igreja Católica tentou proibir o emprego de pastores do sexo masculino.

✤ Na França do século XVIII, transar com um animal significava a pena de morte para os dois participantes. Em 1750, o camponês Jacques Ferron foi enforcado por ter mantido relações sexuais com um asno fêmea. Vários cidadãos, inclusive o abade do mosteiro local, se apresentaram como testemunhas e declararam que conheciam o asno havia muitos anos, o qual havia sempre se comportado dignamente. O tribunal então absolveu o asno, declarando que o animal tinha sido estuprado.

✤ Teodora, mulher do imperador romano Justiniano, tinha o hábito de jogar sementes ou cereais em sua vagina aberta. Gansos treinados eram colocados entre suas pernas para pegar as sementes com o bico.

❖ Na antiga Roma, quem fosse apanhado transando com um animal deveria pagar uma multa.

❖ Os homens da tribo Ponape, das ilhas Croline, na Micronésia, colocam um peixe na vagina da mulher e, então, lentamente o chupam para fora.

❖ Cleópatra tinha uma pequena caixa que enchia de abelhas. Colocava os insetos em sua genitália para estimulá-la, da mesma forma que se usam vibradores.

❖ Nos países de religião islâmica, é crime comer qualquer carneiro com que se tenha transado.

ACREDITE, SE QUISER
Em 1996, na cidade de Andradina (SP), uma dona de casa foi até a polícia e denunciou que o ex-marido, então com 49 anos, estava mantendo relações sexuais com galinhas e acabava "assassinando algumas". O acusado era reincidente. Em 1989, a mesma mulher havia denunciado que encontrara uma galinha desmaiada em sua cama.

De onde veio a expressão "afogar o ganso"?
Na Antiguidade, os chineses usavam gansos para satisfazer suas necessidades sexuais. Pouco antes da ejaculação, o homem mergulhava a cabeça do ganso na água. Desse modo, ele podia sentir as "prazerosas contrações anais da vítima durante seus últimos espasmos". O marquês de Sade escreveu que se usavam perus nos bordéis parisienses, onde o ato ficou conhecido como "avessodomia".

PERIGO! PERIGO! PERIGO!
Há algum tempo, em Hong Kong, as prostitutas do cais resolveram adaptar essa prática para atrair os clientes. Elas mergulhavam a própria cabeça dentro da água, enquanto o parceiro fazia a penetração da vagina por trás. Quando começava a se afogar, a prostituta era acometida de espasmos

vaginais, o que rendia um orgasmo inesquecível a quem tinha muito dinheiro para pagar pela perigosa aventura. Pouco antes de perder os sentidos, as prostitutas tiravam a cabeça da água para respirar.

DISQUE-SEXO
O serviço de Disque-Sexo nasceu nos Estados Unidos no início da década de 1980. O cliente é atendido por uma mulher ou um homem que diz frases picantes, simulando atividade sexual. Excitado, o cliente se masturba. Muitos disseram que o serviço ganhou força por causa do medo que se instaurou entre a população americana quando começaram a aparecer os primeiros casos de aids. A novidade só chegou ao Brasil dez anos depois, mas durou pouco. Em 1994, as companhias telefônicas nacionais cederam diante das inúmeras reclamações e suspenderam definitivamente os serviços eróticos. Hoje existem apenas serviços eróticos internacionais. Além do serviço, os usuários também pagam a ligação internacional.

FROTTEURISMO
É o ato de excitar-se sexualmente, de preferência pelo roçar do corpo no corpo de outra pessoa completamente vestida, geralmente em público, por exemplo, em transportes coletivos ou elevadores lotados.

NINFOMANIA
Mulheres que têm uma necessidade compulsiva de fazer sexo. Esse distúrbio pode se originar de diversos fatores, como tensão emocional, necessidade incomum de ser aceita pelos outros ou tentativa de negar conflitos internos. Muitos homens rotulam falsamente qualquer mulher, com um pouco mais de desejo sexual, de ninfomaníacas.
Uma das maiores ninfomaníacas da história foi a francesa *mademoiselle* Dubois, que viveu durante o século XVIII. Em seu *Catálogo de amantes*, manuscrito por ela, Dubois garante que foi para a cama com 16.527 homens num período de vinte anos. Suas façanhas foram eternizadas pelo marquês de Sade, que criou a personagem madame de Saint-Ange em sua homenagem no livro *Filosofia no bordel*.

Você conhece a palavra "satiríase"?
É o equivalente masculino da ninfomania feminina. Os sátiros foram notórios personagens da mitologia grega, metade bode e metade homem, que serviam ao deus Baco (também conhecido como Dionísio) e eram famosos por sua luxúria e hedonismo. Tinham pênis de tamanho exagerado, sempre em ereção e prontos para o ato sexual. O mais célebre dos sátiros chamava-se Príapo.

ASSÉDIO SEXUAL

No final da década de 1970, uma professora de direito da Universidade de Michigan, nos Estados Unidos, Catharine MacKinnon, teve a ideia de criminalizar o assédio sexual. No princípio, assédio sexual era a forma usada para designar quem usasse sua posição hierarquicamente superior para conseguir favores sexuais. No trabalho, por exemplo, o assediador poderia acenar com um aumento de salário, promoções e outras regalias para quem cedesse a seus convites. Quem não aceitasse corria o risco de demissão ou de não conseguir uma promoção, apesar de seus esforços profissionais.

Atualmente, nos Estados Unidos, qualquer pessoa, em qualquer lugar, pode ser enquadrada na lei, mesmo não sendo chefe ou superior de alguém.

Assédio sexual no Brasil é crime

A lei, sancionada em 2001 pelo presidente Fernando Henrique Cardoso, prevê pena de um a dois anos de prisão para quem, em condição hierárquica superior, constranger alguém com o objetivo de obter vantagem ou favorecimento sexual.

ATITUDES QUE CARACTERIZAM O ASSÉDIO SEXUAL
- Comentários sobre a aparência da pessoa
- Toques e outros contatos físicos
- Piadas e brincadeiras com conotação sexual
- Mostrar fotos e figuras com apelo erótico
- Convites para relacionamento sexual

✤ Em maio de 1998, o estudante Calvin Powers foi acusado de assédio sexual por ter dado um beijo no rosto de uma colega de classe. Powers foi suspenso pela escola, em Ohio, e processado. A juíza que julgou o processo absolveu Powers e ainda passou uma descompostura nos diretores da escola e nos pais da "vítima". Detalhe: Powers era um menino de apenas seis anos.

✤ Na Califórnia, o salva-vidas James Sabatino foi processado por Sarah Allard. Ela pediu 2 milhões de dólares na Justiça porque Sabatino usou respiração boca-a-boca depois de tê-la salvo de um afogamento.

✤ Também nos Estados Unidos, Shannen Free, um garoto de 12 anos, foi acusado de assédio sexual porque mostrou a língua para uma amiga da classe. A direção da Escola Coweeman Junior, na cidade de Kelson, em Washington, puniu-o com três dias de suspensão.

✤ Antes de aparecer no Código Penal, as denúncias contra assédio sexual no Brasil eram registradas nas delegacias como "perturbação da tranquilidade", artigo 65 da Lei das Contravenções Penais, que resultava apenas em multa. Os casos mais sérios de assédio sexual eram descritos como "constrangimento ilegal", crime previsto no Código Penal, mas muito difícil de comprovar.

ESTUPRO

Trata-se de sexo obtido por meio de coerção física ou emocional de uma vítima. A lei brasileira considera estupro apenas a violação da vítima mulher cometida por estuprador homem. Outras modalidades (um homem atacando homem ou uma mulher atacando um homem) acabam entrando na categoria de abuso ou violência sexual.

LÁ VEM HISTÓRIA!

Os assírios permitiam que o pai de uma virgem estuprada violasse a mulher do estuprador. Os babilônios puniam com a execução tanto o estuprador quanto as vítimas casadas, e os ingleses só castigavam o estuprador se ele se recusasse a casar com a mulher. Os persas puniam os homens que fossem surpreendidos dentro dos haréns, obrigando seus escravos a estuprarem-nos antes de os castrarem.

EXIBICIONISMO

Pessoas que gostam de mostrar os órgãos genitais para desconhecidos com o objetivo de excitar-se sexualmente são chamadas de "exibicionistas". Trocam-se propositalmente na frente de janelas abertas e sentem desejo com o ato de fazer amor em lugares públicos. Para o exibicionista se satisfazer é preciso haver também alguém que possa assistir à cena.

NATURISMO

O primeiro campo oficial de naturismo foi aberto na Alemanha em 1906. Hoje, estima-se que existam 70 milhões de naturistas ao redor do mundo, 250 mil deles no Brasil. O termo serve para designar um movimento que adota a nudez em praias e pequenas colônias.

O naturismo no Brasil

Em 1950, a atriz Luz del Fuego criou o Partido Naturista Brasileiro, com o apoio de 50 mil naturistas. Luz del Fuego era o pseudônimo da atriz capixaba Dora Vivacqua, que andava nua, com uma jiboia enrolada no corpo. Seis anos depois, na ilha do Sol, a poucos quilômetros de Paquetá (RJ), ela montaria o primeiro clube de nudismo do país. Acabou assassinada em 19 de julho de 1967 por dois pescadores que queriam roubar a pólvora guardada na ilha.

A história de Luz del Fuego foi contada no cinema, com Lucélia Santos no papel principal, em 1980.

> ### PELADO, PELADO
> No começo da década de 1970, universitários americanos criaram uma forma inusitada de protesto: correr sem roupa. A prática ganhou o nome de *streaking*.

VOCÊ SABIA QUE...

... andar de roupa em áreas destinadas à prática de nudismo pode ser considerado atentado ao pudor? Pois é! Quem afirma isso é Celso Rossi, presidente da Federação Brasileira de Naturismo. Essas áreas são criadas por decretos municipais. E a restrição serve para proteger os naturistas de "espertinhos".

O Dia Nacional do Naturismo é comemorado em 21 de fevereiro, data de nascimento de Luz del Fuego.

12

Educação sexual só devia ser dada por um veterinário.

NELSON RODRIGUES
(1912-1980), escritor

Mundo animal

Qual é o mamífero que tem um pênis de 3 metros? Conheça também um animal que tem testículos do tamanho de bolas de futebol; o roedor que copulou 224 vezes em apenas duas horas; e o inseto que explode logo depois de transar.

Os bem-dotados

O pênis de um elefante africano em ereção mede 50 centímetros. É, em média, quatro vezes maior que o do homem e pesa 45 quilos. Trata-se do maior pênis entre os animais que vivem na terra, mas perde para o da baleia azul, dona de um membro de 3 metros.

Touro	90 cm	Avestruz	34 cm
Girafa	77 cm	Tigre	28 cm
Cavalo	76 cm	Leão-marinho	15 cm
Camelo	65 cm	Chimpanzé	7 cm
Anta	60 cm	Pato	7 cm
Rinoceronte	60 cm	Gorila	5 cm
Morsa	60 cm	Orangotango	4 cm
Porco	45 cm	Gato	2,5 cm
Elefante-marinho	35 cm	Mosquito	0,2 cm

Tamanho não é mesmo documento. Você viu aí na tabela o tamanho do pênis de um gorila, né? Ele mede, em média, menos da metade do de um homem.

🐾 A vagina de uma elefanta tem 50 centímetros de comprimento. Você está achando que é muito? Pois a de uma baleia-azul varia de 1,80 a 2,40 metros, podendo se alongar quando necessário.

🐾 A ejaculação de uma baleia pode ter de 100 a 500 mililitros de sêmen. No caso do elefante, o volume fica entre 200 e 300 mililitros, o que equivale mais ou menos a um copo! A ejaculação do homem só é suficiente para encher uma colher de sopa!

🐾 Numa ejaculação, o homem libera em média 300 milhões de espermatozoides. Um gorila solta cerca de 50 milhões de espermatozoides, enquanto um chimpanzé libera 600 milhões. Todos esses números são quase tira-gosto quando comparados aos de um cavalo (13 trilhões).

🐾 Cada um dos dois testículos de um elefante pesa 2 quilos e tem o tamanho de uma bola de futebol. Já os da baleia-azul medem 76 centímetros e pesam 45 quilos cada um.

⚽⚽

🐾 O clitóris de uma baleia tem 8 centímetros.

🐾 O macaco-prego não é um animal de muitas estripulias sexuais. Mas tem um pênis com um formato bastante exótico, parecido com um prego.

O PRAZER ENTRE OS ANIMAIS
Os cientistas ainda não chegaram a uma resposta. Há alguns estudos, não conclusivos, de que cobras, coelhos e *ferrets* são capazes de atingir o prazer numa relação sexual.

FOI BOM PARA VOCÊ, MEU BEM?

🐾 Depois da penetração, a ejaculação de um elefante acontece entre 30 e 60 segundos.

🐾 O orgasmo de um coelho dura apenas 4 segundos.

🐾 Uma transa leonina é uma longa sucessão de pequenas transas, que duram de 6 a 68 segundos.

🐾 A exemplo do leão, a cópula do chimpanzé também costuma ser bastante rápida. Em média, ela é de 13 segundos. Por causa de seu tamanho, as baleias não levam mais de 30 segundos para gozar. Animais como o cachorro e o rinoceronte, no entanto, ficam até uma hora engatados.

🐾 Cada relação de um peixe-boi dura de 15 a 30 segundos.

🐾 O coala tem aquele jeitinho de bichinho dócil, mas quando transa... O macho monta na fêmea, morde o pescoço dela e tudo termina em apenas 2 minutos.

🐾 A transa dos pernilongos é *vapt-vupt*: 2 segundos.

🐾 Tartaruga tem problema de ejaculação precoce? Parece que não. Depois de montar na fêmea e se encaixar em sua cloaca, a transa da tartaruga dura de 5 a 10 minutos.

🐾 O tempo médio de uma relação sexual entre baleias minks é de 7 horas.

🐾 Está achando muito? Pois uma transa documentada entre duas cascavéis durou 22 horas!

Mamíferos

🐾 Na maior parte dos grupos de mamíferos, os machos mais fortes transam com praticamente todas as fêmeas. Os outros machos passam a vida inteira sem um único acasalamento.

🐾 Segundo o livro *Promiscuity* (Promiscuidade), do americano Tim Birkhead, 97% das fêmeas de espécies mamíferas não têm sempre o mesmo parceiro sexual. No reino animal, essa média é de 70%.

🐾 Os leões imobilizam suas fêmeas mordendo a nuca delas, às vezes até sangrar. Tudo dura apenas 20 segundos, com o macho rosnando baixo ou mordendo o pescoço da fêmea e saindo rapidamente de cima dela, antes que seja mordido pela parceira. Essa reação não o assusta nem um pouco. Um macho foi observado alternando sexo com duas fêmeas durante 24 horas, nada menos que 86 vezes. Em média, um leão transa cinquenta vezes num dia. Não é à toa que ele é chamado de "rei dos animais"!

🐾 O recorde de Atleta Sexual pertence a um roedor do deserto que copulou com sua fêmea 224 vezes em apenas duas horas.

🐾 Os elefantes vivem em grupos separados por sexo: as manadas de fêmeas têm de vinte a quarenta integrantes de todas as idades. Os machos vivem com elas somente enquanto são amamentados. Depois de adultos, geralmente vivem sós ou em grupos de até sete membros, voltando a se encontrar com as fêmeas para se acasalar. Os machos geralmente são tranquilos, mas às vezes, quando chega a época reprodutiva, alguns deles literalmente enlouquecem, atropelando qualquer coisa que cruze seu caminho. As fêmeas atingem a maturidade sexual aos seis anos e os machos, aos sete. Cada fêmea permanece no cio por poucos dias. As que estão prontas para a reprodução ficam longe uma da outra. Por isso, o macho que conseguir caminhar por mais tempo acha um número maior de fêmeas no cio. A cópula dos elefantes requer a total cooperação da fêmea. Se ela não ajudar, o macho pode perder o interesse ou se tornar agressivo e tentar machucar a parceira, mordendo seu rabo e orelhas. Depois de dominá-la, o elefante tenta a monta. Assim que ele consegue, a fêmea experiente fica embaixo do macho. O pênis dele tem uma curva em forma de S, que torna o órgão flexível. Graças a isso, ele pode "procurar" os genitais da fêmea.

🐾 Os cavalos juntam os focinhos para mostrar afeição, enquanto os elefantes cruzam as trombas. As girafas esfregam o pescoço uma no da outra quando estão apaixonadas. Os cafunés e a catação de piolho entre macacos não têm nenhuma conotação sexual. Servem apenas para manter a coesão social do bando.

🐾 A hiena fêmea é a mais masculinizada entre todas as espécies do reino animal. A hiena possui um clitóris que tem as mesmas dimensões do pênis do macho, que ela faz ficar ereto quando quer. A vagina e a uretra formam um canal comum, que sai pelo órgão avantajado da fêmea. Os lábios da vulva imitam o saco escrotal, fazendo que os genitais femininos fiquem muito parecidos com os masculinos.

🐾 A transa entre as baleias ocorre uma vez por ano, geralmente no inverno. Tudo começa quando o macho emite sons na forma de pulsos de baixa frequência, para atrair as fêmeas. Seu pênis permanece embutido até a hora do "vamos ver". A maturidade sexual é atingida entre os seis e os doze anos.

🐾 Na época de acasalar, os testículos do camelo aumentam de peso: de 66 para 225 gramas. Os machos têm uma glândula entre as orelhas que, nesse período, produz uma secreção marrom e malcheirosa, usada para demarcar o território e atrair as fêmeas. A fêmea para de comer e emagrece brutalmente. Quando quer transar, a fêmea do camelo se aproxima e fica esfregando seu órgão genital na cara do macho. Excitado, o macho faz a penetração. O ato dura de 3 a 15 minutos. O macho baba bastante e faz uma série de ruídos.

🐾 Algum tempo antes da relação sexual, o guepardo fêmea emite sons para chamar os machos. Seu cheiro também muda. Quando eles se aproximam dela são recebidos a patadas – a fêmea quer ter certeza de que o escolhido será forte e corajoso.

🐾 Quando estão querendo sexo, vários machos de peixe-boi cercam uma ou mais fêmeas. Eles se agridem com golpes violentos da nadadeira caudal sobre o ventre. Os casais copulam frente a frente, na perpendicular, com a cabeça fora da água, ora um por cima do outro, na cavalgação, ora de lado. Para que o órgão sexual do macho penetre no da fêmea, é necessário que ela o flagele, batendo-lhe com a cauda sobre o sexo. Os músculos abdominais relaxam-se ao redor do sexo da fêmea, fazendo com que ele se abra para receber o órgão masculino. O pênis do macho se projeta 5 a 8 centímetros do corpo.

Quando a fêmea está receptiva, ela se torna promíscua, permitindo que muitos machos copulem com ela. Além do sexo para reprodução, muitas vezes os machos praticam atividades homossexuais que podem durar horas. Depois de trocar carícias, as aberturas sexuais se relaxam, e os pênis expostos são friccionados em mútua masturbação.

🐾 A marinha americana financiou uma pesquisa sobre o comportamento das baleias orcas em 1979. Os técnicos observaram situações de homossexualismo entre alguns machos da espécie. Mas essa informação foi vetada pelos militares e não pôde entrar no relatório final.

🐾 Cientistas chineses estão estudando uma forma de ministrar Viagra aos pandas para aumentar seu apetite sexual. Dessa forma, esperam conseguir salvar a espécie da extinção. Remédios da medicina chinesa já foram experimentados, sem sucesso. O panda só consegue manter uma relação sexual por 30 segundos, tempo considerado insuficiente para que a fêmea engravide logo na primeira tentativa. A fêmea tem um período fértil por ano, que dura apenas três dias. Cada gravidez gera dois filhotes. Um dos dois é descartado pela mãe, que concentra seus esforços na criação de um por vez.

🐾 Se forem deixados juntos, um rato e uma rata multiplicam-se em mil ratos em apenas um ano.

🐾 Se a girafa fêmea estiver no cio, o macho a segue e fica cheirando seus órgãos genitais. Depois esfrega o corpo dela com sua cabeça e pescoço, estimula sua cauda para que ela urine e finalmente pula sobre a parceira, introduzindo nela seu pênis.

🐾 Botos adoram um *ménage à trois*. É comum observar uma fêmea e dois machos praticando sexo juntos. Pesquisadores, no entanto, não sabem ao certo qual é o papel do segundo macho.

🐾 As capivaras vivem em manadas (geralmente de trinta animais), em pastagens próximas à água. Todo grupo tem um macho dominante. Todo exemplar do sexo masculino possui um calombo, entre o focinho e a testa, que produz um odor forte e característico. Mas só o líder o esfrega nas fêmeas que conquistou, assim como em seus filhotes e nas árvores, para marcar território. No período reprodutivo, a fêmea fica entrando e saindo da água, atiçando o macho, numa busca que pode durar mais de 1 hora. Uma vez juntos, o macho sobe em cima da parceira, chegando até a afundá-la com seu peso. A transa costuma não durar muito, mas pode se repetir por até 15 vezes seguidas com menos de 5 minutos.

🐾 As antas atingem a maturidade sexual entre os dois e os cinco anos de idade, dependendo da alimentação. Durante a corte, macho e fêmea ficam lado a lado, nariz com cauda, emitindo sons que mais parecem o trinado de um pássaro. A cópula geralmente ocorre na água, ambiente que as antas adoram, mas pode acontecer também em terra firme. Os dois transam várias vezes seguidas. Depois disso, a fêmea põe o macho para correr!

🐾 Em vários mamíferos – gatos, cachorros, ratos, cutias, porcos-espinhos, entre outros –, o tempo para obter uma ereção é muito rápido. Não leva mais do que 3 ou 4 segundos.

🐾 Na hora da transa, a fêmea do hipopótamo está sempre molhadinha. É que ela permanece submersa durante o ato sexual. De tempos em tempos, levanta a cabeça para respirar. O hipopótamo tem um pulmão bem grande, que lhe permite ficar até 10 minutos submerso. Quando afunda, seus ouvidos e nariz se fecham para que a água não entre.

🐾 Quando está com desejo, a fêmea do rinoceronte começa a cutucar o pretendente com seu chifre.

🐾 Os golfinhos também têm relações homossexuais e fazem sexo por prazer. A conclusão é dos biólogos do Centro Golfinho Rotador, na ilha de Fernando de Noronha. Segundo José Martins, coordenador do centro que investiga a rotina dos animais, 21 golfinhos machos e fêmeas foram flagrados com parceiros do mesmo sexo, oito deles fazendo sexo oral. Cerca de 1.200 animais passam pela ilha na costa brasileira todos os dias.

A fêmea do tanreque, uma espécie de porco-espinho que habita a ilha de Madagáscar, na África, tem entre 22 e 24 mamilos.

NÚMERO DE TETAS
Égua 2
Elefante 2
Vaca 4
Cadela 10
Porca 18

Por que "veado" virou sinônimo de homossexual masculino?
É que, durante o inverno, os veados machos dormem juntos, um agasalhando o outro contra o frio.

MACAQUICES
Os chimpanzés fêmeas são mais assanhadinhas que os machos. Costumam manter relações sexuais com um grande número de parceiros ao mesmo tempo. Num período de seis meses, existem casos de chimpanzés fêmeas que têm uma infinidade de parceiros diferentes. Em um grupo de chimpanzés, biólogos descobriram que 54% dos filhotes não são do macho que passa mais tempo com a fêmea. Entre os gorilas, acontece o contrário. São os machos mais fortes que mantêm um grande número de fêmeas à sua volta.

VOCÊ SABIA QUE...
... fora algumas poucas exceções entre os macacos, os seres humanos são os únicos mamíferos que conseguem se relacionar sexualmente de frente um para o outro?

Elas estão no cio

O acasalamento entre os animais se dá em várias fases. Em algumas espécies, começa com uma alteração hormonal na fêmea, que determina se ela está no período fértil. É o chamado "período do cio". Ela pode demonstrar isso para o macho na cor dos pelos ou penas, no cheiro e também em seu comportamento. Nessa fase, muitos machos brigam para conseguir uma fêmea.

🐾 A cachorra tem o primeiro cio aos seis meses, e daí para a frente duas vezes por ano. Veja como funciona o ciclo sexual dela:
• O cio dura em média 18 dias, com sinais evidentes: vulva inchada, mucosa avermelhada e início de sangramento.
• A hora de separar a fêmea é o 11º dia a partir do início do sangramento.
• Se tiver dúvida, faça o teste. Toque de leve a parte superior da vulva. Se a cadela puser a cauda de lado, e não entre as pernas, está pronta para acasalar.

🐾 A gata só fica pronta para procriar entre os três e os nove meses. O macho se torna adulto a partir dos sete meses. O período do cio estende-se por mais ou menos 15 dias e ocorre, em média, uma vez por ano. Como a gata não sangra quando entra no cio, é preciso ficar alerta em relação ao seu comportamento:
• Ela fica impaciente e rola no chão.
• Tem um miado diferente, mais insistente.
• Tenta fugir de casa.
• Se você passar a mão pelo corpo dela, a gata levanta o rabo num gesto nervoso.
Se as fêmeas tiverem gestações seguidas, os filhotes podem nascer fracos (alguns nem sobrevivem). Isso também prejudica a mãe, que não tem tempo de se recuperar entre uma cria e outra. O veterinário pode aplicar uma injeção de anticoncepcional na fêmea assim que ela entrar no cio. Aplicações constantes de anticoncepcional, entretanto, não são indicadas, pois podem causar problemas no útero e ovários do animal. A outra solução é a esterilização cirúrgica.

❧ No período do cio, que dura 37 dias, um chimpanzé fêmea tem de quinhentas a mil relações sexuais, com uma infinidade de machos (que ela já selecionou entre os melhores).

❧ Uma ovelha chega a copular 170 vezes em cada período do cio, também com carneiros diferentes.

O que são feromônios?
São moléculas invisíveis, voláteis, que muitos animais usam para comunicar ao sexo oposto que estão a fim de transar. Funcionam como uma espécie de mensageiro químico do sexo e são detectados por estruturas que estão no nariz ou focinho do parceiro. A palavra vem do grego e significa "que transfere excitação". A descoberta foi do químico alemão Adolf Butenandt, em 1959.

❧ O bicho-da-seda possui um olfato tão aguçado que pode sentir o recado da fêmea a até 11 quilômetros de distância.

❧ Quando o cio está próximo, as cadelas permitem que os machos as acompanhem. Os cães formam grupos atraídos pelo cheiro, o que indica que, a qualquer momento, elas vão ceder. Os mais apressadinhos tentam cobri-las antes da hora e são repelidos entre rosnados e latidos. Entre tantos candidatos, elas escolhem os mais fortes. Essa fama de seduzir um grupo inteiro deu sentido à palavra *bitch* (cadela, em inglês).

❧ A fase do "namoro" entre os cangurus pode durar de 2 horas a 3 dias. Os machos seguem as fêmeas no cio, cheirando a região da bolsa (marsúpio), enquanto tocam a cauda das fêmeas com as patas dianteiras.

PERGUNTA CURIOSA
Como é que o porco-espinho faz amor?
Uma antiga piada diz que é "com o maior cuidado". Não deixa de ser verdade. O ato sexual dos porcos-espinhos é bastante complicado. Com o pênis já a postos, o macho empina-se e começa a esguichar sua urina na fêmea. Ela não gosta e resmunga até que ele pare. Agora que chamou a atenção da fêmea, o macho se aproxima dela por trás. Nesse momento, as fêmeas devem baixar seus espinhos. O macho faz o mesmo. Com uma das patas, ele empurra o pênis em direção a ela e inicia a penetração. Aí é o momento mais perigoso. Fêmeas jovens, com pouca experiência, às vezes não baixam todos os seus espinhos e podem machucar o macho.

Répteis e anfíbios

😺 As serpentes *thamnophis* colocam na fêmea, junto com o esperma, um tipo de secreção que endurece dentro dela, vedando o acesso de outros machos. Ou seja, depois de consumado o ato, ninguém mais poderá entrar.

😺 O coaxar dos sapos no pântano é sinal de excitação sexual. Na primavera, as fêmeas vão se encontrar com os machos. Ansiosos, os sapos ficam excitados e tentam penetrar em qualquer coisa que apareça à sua frente. Às vezes, na pressa, agarram um outro macho ou mesmo um peixe. Algumas fêmeas são atacadas por dois sapos ao mesmo tempo.

😺 A cobra macho tem dois pênis – conhecidos como hemipênis –, um de cada lado do corpo. Ao transar, ela utiliza apenas um por vez.

😺 Durante a época reprodutiva, crocodilos macho e fêmea soltam um odor que é bastante atraente para eles. Para fazer a corte, ficam ambos circulando um em torno do outro, um esfregando o pescoço no do outro e sacudindo a cauda. A transa geralmente acontece na água. O macho monta nas costas da fêmea e põe seus membros anteriores ao redor do pescoço dela. A fêmea gira o corpo ligeiramente e levanta a cauda para ter o contato sexual.

😺 Antes da transa, o macho da tartaruga precisa cortejar a fêmea, e isso pode demorar horas. Ele corre (!) atrás dela e bate em seu casco com força. Assim, o barulho pode ser ouvido facilmente por ela. Não satisfeito, morde as patas da fêmea para forçá-la a ficar parada, levantar a cauda e abrir a cloaca (cavidade por onde saem a urina e as fezes) para estabelecer o contato sexual.

🐾 A serpente macho começa a cortejar a futura parceira mordendo-a e roçando seu corpo no dela, atraído por um odor que a fêmea exala pelo corpo e pela cloaca, que é produzido por feromônios. Depois dessa primeira aproximação, o macho pode prender o corpo da fêmea com mordidas rápidas, ou ficar rastejando ao lado dela, balançando a língua, esfregando o queixo nas costas dela e finalmente descansando a cabeça sobre a dela. Percebendo que "o terreno está limpo", o macho levanta a cauda da fêmea e imediatamente insere um de seus dois hemipênis na fêmea, dependendo do lado que ela estiver com relação ao corpo do parceiro. O hemipênis tem estruturas parecidas com espinhos, chamadas espículas, que ajudam a manter o órgão dentro da fêmea durante a transa.

Peixes e crustáceos

🐾 As fêmeas do cavalo-marinho têm um prolongamento do órgão genital que parece um pênis. Por ali, elas soltam os ovos, que são recolhidos pelos machos em seu abdome. O macho mistura seu esperma ali dentro, e é ele que fica grávido.

🐾 Os caranguejos podem até andar para trás, mas na hora do amor ficam um de frente para o outro.

🐾 Existe um tipo de ostra no litoral da Dinamarca que troca de sexo a cada cinco anos.

🐾 O pênis do polvo fica em um dos oito tentáculos.

Aves

🐾 O pinguim não é nada romântico. Para dizer a uma fêmea que deseja acasalar, ele atira uma pedra em sua cabeça. Quando ela o aceita, os dois se abraçam e fazem uma canção de amor juntos.

🐾 Para atrair as fêmeas, os flamingos dançam sem parar. Na época da reprodução, os machos fazem coreografias nupciais, que servem para comunicação.

🐾 O pênis do pato tem o formato de um saca-rolhas.

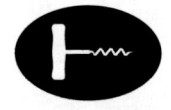

🐾 Quando chega a época reprodutiva, o entusiasmo do avestruz é tão grande que os testículos do macho aumentam 400% e passam a produzir espermatozoides. Além disso, ele fica com o bico e as penas avermelhados – normalmente, têm cores escuras. A fêmea se abaixa para o ato sexual, enquanto o macho fica por cima e introduz seu pênis (cerca de 34 centímetros de comprimento e até 20 de circunferência!) na parceira. São necessários apenas 2 ou 3 minutos para que ele ejacule. Assim que está refeito, o macho parte para novas investidas sobre outras fêmeas, embora ele sempre tenha as de sua preferência.

Insetos e invertebrados

🐾 A maioria das aranhas não tem pênis, apenas uma protuberância que sai de sua barriga. Ao contrair os músculos da barriga, o macho esguicha esperma na teia da fêmea e sai rapidamente. Em outras aranhas, o órgão sexual do macho está localizado no final de uma das patinhas.

🐾 Depois do acasalamento, a aranha conhecida como viúva-negra simplesmente devora o companheiro. Ela pode liquidar dessa maneira até 25 pretendentes num só dia.

🐾 A fêmea do percevejo nasce sem o órgão sexual externo. Por isso, o macho precisa perfurá-la com seu pênis pontiagudo durante o ato, injetando o esperma em sua corrente sanguínea.

🐾 O caracol faz um único acasalamento na vida. Quando acontece, ele dura 12 horas!

🐾 A fêmea do louva-a-deus é violentíssima durante o ato sexual e come qualquer coisa que apareça ao seu redor em busca de mais nutrientes para sua cria. Por isso, para transar e escapar com vida, o macho precisa imobilizá-la completamente, prendendo suas patas. A fêmea permite que o macho a penetre. Mas, ao menor descuido, ela pode arrancar e devorar sua cabeça. O mais curioso é que, mesmo decapitado, o macho continua transando. Sem o cérebro, ele "perde o medo da fêmea" e copula melhor.

🐾 Um zangão espera muito tempo pela honra de transar com uma abelha-rainha. Mas isso também significa sua sentença de morte.

🐾 Algumas espécies de moscas têm pênis tão grandes quanto o seu próprio corpo.

🐾 O vaga-lume macho emite sinais luminosos para localizar a fêmea.

🐾 A libélula macho pratica uma espécie de felação antes do coito. Ela encontra sua parceira durante o voo e põe a cabeça contra seu órgão genital até acabar se acasalando.

🐾 Um inseto chamado *Necroscia sparaxes* chegou a permanecer na posição de cópula com a fêmea durante 79 dias. Outro inseto, o *Abedus herberti*, conseguiu a marca de cem relações sexuais em 36 horas.

13

> Obrigada, adorei cada centímetro.
>
> MAE WEST
> (1892-1980), atriz

Sexo no cinema

O sexo, a paixão, os romances e os escândalos sempre serviram de munição para os filmes, que encantam e fascinam o público desde os primórdios do cinema. Neste capítulo, você vai mergulhar também nas principais aventuras que envolveram os filmes pornôs e seus protagonistas.

> "A última vez que estive dentro de uma mulher foi quando visitei a Estátua da Liberdade."
>
> Woody Allen, em *Crimes e pecados* (1989)

Dez filmes para ver namorando

1. *O último tango em Paris* (1972)
O filme chocou meio mundo com a famosa cena em que um americano de meia-idade (Marlon Brando) unta com manteiga o bumbum de uma garota francesa (Maria Schneider) e faz com ela sexo anal. No enredo, o americano tenta se recuperar do choque causado pelo suicídio da mulher. Vive um tórrido caso com uma garota que encontra por acaso, ao examinar um apartamento vazio. Pelo filme, Brando recebeu 3 milhões de dólares e Maria, apenas 3 mil.

> **O que acontece se eu usar manteiga em vez de lubrificantes numa transa anal?**
> Um dos problemas da manteiga é que ela pode danificar o látex (borracha) da camisinha. O ideal é que todos os lubrificantes utilizados na relação sexual com camisinha sejam à base de água. Só esse tipo de lubrificante não altera a composição do látex. Outro problema com

a manteiga é que, por ser um produto de origem orgânica, ela pode conter microrganismos (bactérias, por exemplo), que prejudicam as células da mucosa (revestimento interno) do ânus.

2. *O império dos sentidos* (1975)

Foi o primeiro filme comercial com cenas de sexo explícito. Nas quase duas horas de projeção, são poucos os instantes do filme do diretor japonês Nagisa Oshima em que não rola sexo dos mais criativos, explícitos e verdadeiros entre o casal de protagonistas. Até comida entra no jogo erótico. A história é baseada num caso real, ocorrido em 1936. A prostituta Sada Abe e seu cafetão, Kichi, se unem para fazer sexo sem descanso. E vão até as últimas consequências.

Colocar chantili, sorvete, champanhe e outras coisas desse tipo na vagina da garota causa algum mal?
É melhor evitar introduzir substâncias estranhas dentro da vagina. A mucosa (revestimento interno) vaginal é um tecido mais sensível do que a pele. Nela, há uma série de microrganismos locais, que formam a flora vaginal. Essa flora protege a vagina de alguns tipos de infecção. Álcool (no caso do champanhe) e outros líquidos (como refrigerante) podem modificar a acidez da vagina e alterar a flora bacteriana. Substâncias orgânicas (chantili, manteiga etc.) podem conter bactérias e fungos prejudiciais à vagina. O melhor é que esses alimentos, no caso das brincadeiras sexuais, sejam utilizados somente na pele e no corpo, mas não dentro da vagina.

3. *Atração fatal* (1987)

O advogado Dan Gallagher (Michael Douglas) conhece Alex Forrest (Glenn Close), uma executiva de uma editora, numa festa. No dia seguinte, o caminho dos dois se cruza novamente, e eles acabam almoçando juntos. A esposa de Dan, Beth, está viajando, e ele não vê mal nenhum em passar o fim de semana ao lado daquela mulher tão atraente. A aventura extraconjugal, no entanto, se transforma num pesadelo. É assim que começa *Atração fatal*, sucesso cinematográfico de 1987. Alex comete a primeira loucura amorosa no beijo de despedida. O beijo termina em sangue. Alex Forrest fica loucamente apaixonada por Dan e quer conquistá-lo de qualquer maneira – qualquer maneira mesmo. Transforma-se progressivamente numa criatura cruel. Mata o coelhinho de estimação de Ellen, filha do advogado, e chega a sequestrá-la, além de tentar matar Beth com uma faca na luta final.

Beijos com mordidas podem trazer riscos de transmissão de aids?
Sim. Beijos tão vorazes podem produzir sangramentos e ferimentos, que aumentam o risco de transmissão de DSTs e de aids.

4. *Instinto selvagem* (1992)

O ex-roqueiro Johnny Boz, famoso em San Francisco, aparece morto em sua casa. Estava amarrado na cama com uma echarpe branca e tinha levado 31 golpes de furador de gelo pelo corpo. A principal suspeita é sua namorada Catherine Tramell (Sharon Stone), psicóloga e escritora. Com o pseudônimo de Catherine Wolf, ela havia lançado pouco tempo antes *O amor machuca*, a história de um roqueiro que morre daquela maneira. Quem começa a investigar o caso é o detetive Nick Curran (Michael Douglas), que se interessa por Catherine. Nick descobre que ela está escrevendo outro livro, em que ele é o personagem principal e se envolve numa trama cheia de suspense e até lances de bissexualismo. Nos tempos de faculdade, Catherine teve um caso com a médica Elizabeth Gardner, namorada de Nick, que acaba envolvida na série de assassinatos. Roxy, a amante de Catherine, tenta atropelar Nick. A polícia descobre que outros crimes enigmáticos tinham aparecido em seus livros, inclusive a morte dos pais num acidente de carro.

Existem pessoas que podem ficar realmente viciadas em sexo?
Sim. Michael Douglas, que fez o papel do detetive Nick Curran em *Instinto selvagem*, assim que terminou a filmagem, internou-se numa clínica especializada em "viciados em sexo". O sexo pode adquirir um caráter compulsivo na vida de algumas pessoas. Elas passam a viver quase exclusivamente em função de seu desejo. Deixam de se preocupar com estudo, trabalho e amor e se tornam dependentes. Podem passar horas atrás de parceiros ou simplesmente se masturbando.

5. *Proposta indecente* (1993)

Um casal ganha uma viagem a Las Vegas e tira a sorte grande. No começo da viagem, os dois ganham muito dinheiro nos cassinos. Mas a sorte não demora a mudar. Eles perdem tudo, até mesmo as economias que seriam usadas para pagar a hipoteca da casa. Um milionário (Robert Redford) se encanta pela garota (Demi Moore) e oferece 1 milhão de dólares para passar uma noite com ela.

Você toparia?
Na época do lançamento do filme, em 1993, o jornal *Folha de S.Paulo* fez uma enquete com mulheres paulistanas. Ao contrário de Demi Moore, 79% das entrevistadas disseram que não passariam uma noite com um desconhecido nem por 1 milhão de dólares.

6. *Corpo em evidência* (1992)
Rebecca Carlson (Madonna) trabalha numa galeria de arte e se envolve com um milionário bem mais velho, que sofre de problemas cardíacos. Depois que ele é encontrado morto, Rebecca é acusada de assassinato por overdose de sexo. Ela vai a julgamento. O advogado Frank Dulaney (William Dafoe), contratado para defendê-la, acaba seduzido por Rebecca e passa a viver inúmeras fantasias. Uma das mais marcantes está na cena em que Rebecca despeja cera quente de vela sobre o corpo do advogado.

Cera quente é usada em jogos sexuais?
Sim. Para algumas pessoas, o medo e a dor causados pela cera quente podem contribuir para aumentar a adrenalina e a excitação.

7. *Paris, Texas* (1984)
Um homem chamado Travis (Harry Dean Stanton) desaparece e só é encontrado pelo irmão mais novo quatro anos depois, numa cidadezinha do Texas chamada Paris. Travis volta para Los Angeles. Junto com o filho, Travis parte em busca da mulher, Jane (Nastassia Kinski). Os dois se encontram num *peep-show*, lugar em que os homens observam as mulheres através de um vidro sem serem vistos. As cabines têm um telefone em que os dois podem ficar conversando.

Quem inventou o *peep-show*?
No final do século XVII, havia homens que pagavam para espiar em buracos feitos nas paredes de bordéis. Esses buraquinhos teriam sido os ancestrais do *peep-show*, espetáculo em que uma pessoa se fecha numa pequena cabine para ver vídeos ou *stripteases*, ao vivo, através de uma janelinha.

A criação do *peep-show* é atribuída ao americano Reuber Struman, um próspero comerciante de filmes pornôs. Criou as cabines em suas próprias lojas, em Cleveland, na década de 1960. Os homens entram em pequenas cabines e, ao depositar uma moeda, podem assistir a trechos de filmes exibidos ali dentro. Muitos frequentadores se masturbam dentro desses locais.

8. *Harry e Sally – feitos um para o outro* (1989)
Garota (Meg Ryan) oferece carona para o namorado de uma amiga (Billy Cristal) entre Chicago e Nova York. Nos anos seguintes, eles se reencontram em situações inesperadas e se hostilizam. De briga em briga, o ódio se transforma em amizade e depois em paixão.

A cena mais famosa do filme acontece dentro de uma lanchonete. A personagem de Meg Ryan simula um orgasmo, diante do ar incrédulo de garçonetes e clientes. O *nightclub* Starz, localizado na Louisiana (Estados Unidos), anunciou a criação do primeiro concurso de melhor orgasmo fingido da América, inspirado nessa cena. A polícia proibiu a realização da competição.

Como saber se uma mulher está fingindo um orgasmo?
Muitas vezes é bem difícil. Até porque algumas mulheres sabem representar muito bem um orgasmo. Existem alguns marcadores físicos: aumento da transpiração, elevação da pulsação, contração rítmica dos músculos da vagina e intensa lubrificação vaginal. No entanto, a própria relação sexual pode levar a muitos desses sinais. Se sua parceira quiser fingir – e for uma boa atriz – vai ser bem difícil saber o que está realmente acontecendo.

9. *Janela indiscreta* (1954)
No clássico de Alfred Hitchcock, um fotógrafo (James Stewart) quebra a perna e não pode sair para trabalhar. Passa o tempo todo olhando as janelas do prédio em frente pela teleobjetiva de sua câmera. Até que, certo dia, presencia um crime. O diretor Brian de Palma, com *Dublê de corpo* (1984), presta homenagem a Hitchcock, fazendo lembrar *Janela indiscreta*. Nele, um ator de filmes de terror começa a se sentir atraído por uma mulher que ele vê se despir numa janela defronte do apartamento onde mora.

> **Comprei um binóculo para espiar umas garotas do prédio em frente. Agora só consigo me masturbar fazendo isso. Tenho algum problema?**
> Toda vez que alguém passa a depender exclusivamente de um comportamento para ter prazer, surge o risco de limitação e empobrecimento da vida sexual. Tudo bem dar uma olhadinha de vez em quando, mas ficar só nessa é muito pouco. As pessoas que dependem exclusivamente de estimulação visual para alcançar o prazer são chamadas de voyeuristas (*voyeur*, em francês, é aquele que vê, espia).

10. *Priscila, a rainha do deserto* (1994)
A bordo de um ônibus colorido, batizado de Priscilla, um transexual e duas *drag queens* enfrentam a população conservadora do interior da Austrália, realizando shows em clubes e bares. Num desses shows, em uma cena antológica, uma mulher tailandesa, esposa do dono do bar, pratica um exercício explícito de pompoarismo, arremessando bolinhas de pingue-pongue com a força de sua vagina.

> **O que é pompoarismo?**
> Pompoarismo é a técnica (herdada de culturas orientais, em que é praticada há 3 mil anos) de "treinar" a vagina para que ela tenha um poder muito maior de contração dos seus músculos. A palavra vem do tâmul, língua falada no Sul da Índia e no Sri Lanka, e significa "contração voluntária dos músculos circunvaginais". No Oriente, a técnica era uma tradição que se transmitia de mãe para filha. Os ataques moralistas da

dominação muçulmana e, mais tarde, do puritanismo inglês condenaram a tradição. A prática, então, permaneceu somente entre as prostitutas, o que contribuiu para uma imagem negativa da técnica.

As professoras de pompoarismo propõem a suas discípulas exercícios destinados a treinar esses músculos. As bem-sucedidas teriam então a capacidade de proporcionar muito mais prazer para seus parceiros durante a transa. Além de melhorar a potência e duração do orgasmo, os especialistas afirmam que o pompoarismo ajuda a prevenir problemas como queda de bexiga, incontinência urinária e dificuldades no parto.

Primeira exibição

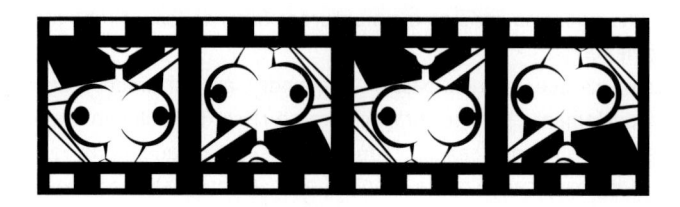

A PRIMEIRA CENA DE NUDEZ
A primazia é disputada por duas atrizes que se despiram em filmes de 1916. Uma delas é a australiana Annette Kellerman (1887-1975), que fez *A filha dos deuses*. Annette ficou conhecida também por ter sido presa em 1907 na cidade de Boston, acusada de atentado ao pudor por aparecer em público de maiô. Quem briga com Annette pelo título é a americana June Caprice, em *The Ragged Princess*.

O PRIMEIRO BUMBUM MASCULINO
A ousadia coube ao ator Anthony Quinn no clássico *Zorba, o grego* (1965).

O PRIMEIRO NU FRONTAL MASCULINO
Oliver Reed e Alan Bates lutam, completamente sem roupa, na frente de uma lareira no filme *Mulheres apaixonadas* (1969), do diretor inglês Ken Russell.

O PRIMEIRO BEIJO DO CINEMA
Foi filmado em 1896. No filme *The Widow Jones* (A viúva Jones) a loira May Irving beijava o bigodudo John C. Ricci por... quatro segundos. O escândalo foi tanto, que ele teve que ser reduzido pela metade na tela. Mas o mais ensaiado de todos os tempos foi aquele beijo dado pela atriz Grace Kelly em James Stewart no filme *Janela indiscreta*. Foram 87 repetições da cena para satisfazer o diretor Alfred Hitchcock.

A PRIMEIRA CENA DE SEXO ORAL (NELE)
A cena de sexo oral que fazia parte do documentário sueco *I Am Curious – Yellow* (1967) impediu que o filme fosse exibido em vários países, como a Noruega e a Finlândia. Lena, uma garota de vinte anos, resolve conhecer tudo sobre a vida.

A PRIMEIRA CENA DE SEXO ORAL (NELA)
No banco de trás de um carro, Virgínia Madsen recebe os carinhos de Don Johnson em *Hot spot – um lugar muito quente* (1990).

A PRIMEIRA CENA DE SEXO ANAL
Marlon Brando usa uma barra de manteiga para sodomizar Maria Schneider em *O último tango em Paris* (1972).

A PRIMEIRA CENA DE MASTURBAÇÃO FEMININA
Em *O silêncio* (1963), dirigido por Ingmar Bergman, a atriz sueca Ingrid Thulin sugere uma cena de masturbação.

A PRIMEIRA CENA DE MASTURBAÇÃO MASCULINA
O filme é *Sexo, mentiras e videoteipe* (1989). James Spader se excitava assistindo a vídeos de mulheres que contavam suas fantasias sexuais e se masturbavam diante da câmera.

A PRIMEIRA TRANSA ENTRE DUAS MULHERES
Numa história de vampiros, Susan Sarandon e Catherine Deneuve quebraram o tabu em *Fome de viver* (1983).

O PRIMEIRO DIÁLOGO MALICIOSO

Em 1953, David Niven chocou a plateia em *The moon is blue* (A lua é azul). Ele chamou a personagem vivida por Maggie McNamara de, veja só, "virgem profissional".

O PRIMEIRO NU FRONTAL DO CINEMA BRASILEIRO

O filme *Os cafajestes*, realizado por Ruy Guerra em 1962, provocou escândalo ao exibir, durante quatro minutos, o primeiro nu frontal de que se tem notícia na cinematografia brasileira. Alvo de um fotógrafo chantagista, Leda – interpretada por Norma Bengell no frescor da juventude – foge completamente nua pelas areias de uma praia deserta.
Norma Almeida Pinto Guimarães D'Aurea Bengell começou a ser conhecida como cantora e *show-girl* nos espetáculos montados no Rio de Janeiro por Carlos Machado em meados dos anos 1950.

STRIPTEASE

Para estrelar *Striptease*, Demi Moore embolsou 12,5 milhões de dólares. Aquele corpão todo malhado custou 1 milhão de dólares em aparelhos de musculação para equipar suas cinco propriedades. Especula-se que ela gasta 200 mil dólares mensais em sessões de exercícios e de atendimento com nutricionista.
No filme, Demi faz o papel de Erin Grant, uma mãe que ganha a vida como *stripper* e que tenta desesperadamente reaver a custódia da filha. Ela trabalha na boate Eager Beaver. Nas legendas do filme exibido no Brasil, a tradução do nome do local aparece como Castor Afoito. Sim, *beaver* é castor, mas também pode ser uma forma maliciosa de denominar o púbis feminino.

☆ Durante o filme, Demi Moore faz cinco *stripteases* e um ensaio.

☆ Preocupado com a concorrência da boate Fazenda da Carne, o proprietário do Eager Beaver pensa em criar um número em que duas mulheres se enfrentariam num ringue cheio de creme de milho.

☆ A personagem Erin Grant cobra 2 mil dólares por um show privativo de uma hora.

Antes da fama

☆ Ainda em começo de carreira, Sylvester Stallone recebeu 200 dólares para trabalhar num filme erótico chamado *O garanhão italiano*. Depois que ficou rico, tentou impedir a comercialização do filme, mas não obteve sucesso.

☆ No filme *Amor, estranho amor*, de 1982, a apresentadora Xuxa vive a prostituta Tâmara, que seduz um menino de 13 anos. Ele vai passar uma temporada com a mãe, interpretada por Vera Fischer, gerente de um prostíbulo frequentado por políticos influentes na década de 1930. Xuxa fez de tudo para evitar o relançamento do filme depois que ficou famosa e virou a "rainha dos baixinhos". Antes disso, ainda nos tempos de modelo, Xuxa foi eleita "Pantera 81", num baile realizado no Copacabana Palace, no Rio de Janeiro.

☆ Em 1954, o publicitário Jim Byron teve uma ideia para explorar as grandes dimensões dos seios da atriz iniciante Jayne Mansfield (1933-1967). Eles mediam 102 centímetros. A jovem estrela chegava diante de cada presenteado, abraçava-o, dava-lhe um beijo, baixava o decote e mostrava os seios. O presenteado precisava tirar o seu presente do meio deles.

☆ Arnold Schwarzenegger processou a revista alemã *Spy* em 1992. A revista reproduzira fotos do ator sem roupa publicadas pela imprensa gay em vários países da Europa quando ele ainda era campeão de fisiculturismo.

☆ Num filme amador em super-8, feito quando tinha apenas 15 anos, Madonna aparecia seminua com um ovo frito em cima da barriga. Ao chegar a Nova York, além de trabalhar como garçonete no Burger King e no Dunkin' Donuts, ela posava nua para estudantes de pintura, recebendo 7 dólares por hora.

LUZES, CAMA, AÇÃO!

☆ Faye Dunaway ganhou um Oscar por *Rede de Intrigas* (1976). Ela contracenou com William Holden, que pela primeira vez na carreira tirou a roupa para fazer uma cena de amor. "Sempre que íamos para a cama, ele não parava de rir", contou Faye.

☆ Alan Ladd foi um dos grandes galãs do cinema entre 1940 e 1964. Tinha 1,56 metro. Em *A lenda da estátua nua,* nas praias da Grécia, para que ele pudesse beijar Sophia Loren (1,70 metro), o diretor mandou cavar um buraco na areia, onde enterrou a atriz até os joelhos.
O filme com o maior número de beijos foi *Don Juan* (1926); 127 beijinhos, beijocas e beijões. O beijo mais demorado, no entanto, foi entre Steve MacQueen e Faye Dunaway, em *Crown, o magnífico* (1968). Durou 55 segundos.

☆ Brookie Shields foi considerada uma das mulheres mais sensuais do mundo quando tinha 11 anos. No filme *Pretty baby* (Menina bonita), ela fez o papel de uma menina virgem leiloada num prostíbulo.

☆ "Fui a primeira mulher a queimar sutiã. Os bombeiros levaram quatro dias para apagá-lo." A frase foi dita por Dolly Parton, atriz conhecida por seus avantajados seios, ironizando o movimento feminista.

☆ Em *Guerra nas estrelas*, o diretor George Lucas mandou a atriz Carrie Fischer, a intérprete da princesa Leia, amarrar os seios com fita crepe. "Nada de seios balançando no espaço", disse ele.

☆ Os diretores da Metro Goldwyn Mayer anotavam cuidadosamente o ciclo menstrual de suas estrelas. Evitavam marcar gravações para aqueles dias.

✯ Elvis Presley teve uma vida sexual agitada. Segundo seus biógrafos, ele teria se relacionado com cerca de mil mulheres, a maioria entre 15 e 21 anos. Depois de uma noite de amor com Jayne Mansfield, ele a surpreendeu com um presentão: uma motocicleta cor-de-rosa.

✯ Para dar um beijo em cena, o ator inglês Hugh Grant não abre mão de seus *sprays* bucais. São vinte tipos diferentes, usados antes e depois de cada beijo.

✯ A atriz Roseanne Barr tem o nome do marido, Tom Arnold, na nádega esquerda. Cher tem um crisântemo japonês na nádega direita.

✯ Na cerimônia de entrega do Oscar de 1974, o exibicionista Robert Opel cruzou o palco totalmente nu, diante do olhar incrédulo do apresentador David Niven. Cinco anos depois, Opel apareceria morto na *sex shop* de sua propriedade, em San Francisco.

✯ O príncipe indiano Aly Khan casou-se com Rita Hayworth (1918-1987) numa cerimônia muçulmana em Paris, no ano de 1948. O casamento durou apenas dois anos. Segundo a atriz, Aly Khan preferia se trancar no quarto para assistir ao filme *Gilda* (1946), estrelado por ela. "Ele se apaixonou pela personagem, não por mim", dizia Rita. "Todos os homens que já tive foram para a cama com Gilda – e acordaram comigo."

✯ A atriz suíça Ursula Andress foi a primeira grande estrela do cinema a aceitar posar nua para a revista *Playboy*, em 1962. As vendas da revista triplicaram.

A sensualidade das divas

THEDA BARA

Com um jeito exagerado de se vestir e maquiar, a americana Theda Bara (1890-1955) foi a primeira grande diva do cinema. Seu nome verdadeiro era Teodosia Godman. E seu primeiro filme foi *A fool there was* (1915). Theda Bara, um anagrama da expressão *Arab Death* (morte árabe), teria nascido no deserto do Saara e seria filha de um artista francês e de uma misteriosa egípcia. Recebia a imprensa acariciando uma enorme serpente. Entre 1914 e 1919, ela apareceu em mais de quarenta filmes, interpretando papéis de mulheres fatais, a exemplo de Salomé e Cleópatra.

MAE WEST

Em 1926, a atriz Mae West preparava-se para estrear a peça *Sex*, escrita, dirigida e interpretada por ela. A polícia proibiu a apresentação. Acusada de obscena, Mae West passou dez dias na cadeia. No ano seguinte, ela anunciou um novo espetáculo chamado *Drag*, "uma comédia-drama gay". Novamente, a polícia proibiu a apresentação, mas o escândalo ajudou a celebrizá-la. Em 1932, Mae West estrearia no cinema em *Noite após noite* e se tornaria símbolo sexual dos anos 1930.

Mae West contou a um repórter que passou 15 horas ininterruptas fazendo amor com um garoto chamado Ted.

Uma das frases mais célebres de Mae West foi: "Isso que você tem no bolso é uma pistola ou está apenas feliz por me ver?"

MARILYN MONROE (1926-1962)

Seu verdadeiro nome era Norma Jean Mortensen. Teve uma infância difícil. O pai morreu logo que ela nasceu, e a mãe tinha surtos psicóticos. Conta que foi violentada sexualmente aos oito anos, embora o primeiro marido, o metalúrgico Jim Dougherty, garanta que ela era virgem ao se casar. Quando o marido foi convocado para servir na Marinha durante a Segunda Guerra Mundial, Marilyn se viu livre para realizar seus sonhos e acabou descoberta por um fotógrafo. Foi o início do estrelato. Divorciada, começou em shows de *striptease*. Pintou os cabelos de loiro e adotou o nome artístico em 1946, ao ser encontrada pela Fox. Casou-se mais duas vezes (em 1954, com o astro de beisebol Joe DiMaggio, e em 1956, com o dramaturgo Arthur Miller). Depois que se separou de Miller, em 1960, a vida de Marilyn passou a se cercar de muito mistério. Teria iniciado um romance com o presidente americano John Kennedy e depois com o irmão dele, Bob Kennedy. Passou por uma fase de depressão muito grande e foi encontrada morta em seu apartamento, aos 36 anos. Até hoje, a morte de Marilyn está envolta em muitas suspeitas. Ainda se discute se ela se suicidou, se foi overdose ou assassinato.

✯ Marilyn pedia que o marido não se lavasse depois do ato sexual para continuar sentindo "seu cheiro de macho".

✯ O calendário de Marilyn Monroe nua foi lançado por John Baumgarth em 1951. As fotos haviam sido tiradas em maio de 1949 por um fotógrafo chamado Tom Kelly.

✯ Seu primeiro empresário, Johnny Hyde, pagou-lhe uma plástica no nariz e no queixo.

✯ Marilyn Monroe costumava oxigenar os pelos pubianos. "Se é para ser loira em cima, também preciso ser loira embaixo", dizia.

✯ Segundo uma amiga de Marilyn, a atriz gostava de relacionar todos os homens que já haviam passado por sua cama. Até o cientista Albert Einstein e o cantor Frank Sinatra entraram na lista.

✯ Marilyn Monroe foi casada com o astro de beisebol americano Joe DiMaggio durante apenas nove meses. Ele tinha dez anos mais que ela e morria de ciúmes de seu sucesso. Queria que ela abandonasse a carreira. DiMaggio pagou o funeral da atriz e durante vinte anos, três vezes por semana, colocava seis rosas vermelhas sobre seu túmulo. Antes de morrer, em março de 1999, as últimas palavras de DiMaggio foram: "Finalmente, verei Marilyn".

✯ Em 24 de novembro de 1998, Marilyn foi eleita a mulher mais sexy do século XX. A eleição foi promovida pela revista *Playboy* americana. Marilyn foi capa da primeira edição da revista em 1944, quando tinha 22 anos. Hugh Hefner, dono da *Playboy*, comprou um jazigo ao lado daquele onde ela está enterrada.

Os escândalos sexuais de Hollywood

HEDY LAMARR
O filme *Xtase/Ecstasy*, também chamado de *Sinfonia do amor* (produção tcheca de 1932), provocou o primeiro escândalo da história do cinema. A atriz austríaca Hedy Lamarr ficava nua, corria entre árvores e mergulhava num rio. Depois, havia uma simulação de ato sexual. Tudo de muito longe. Durava apenas dez minutos, mas um comitê do governo americano se escandalizou. A fita saiu de cartaz, e a maioria de suas cópias acabou queimada. Também por causa do escândalo, Hedy foi espancada pelo marido, um fabricante de armas, que gastou mais de 300 mil dólares para incinerar outras cópias disponíveis na Europa. Disfarçada com as roupas da empregada, Hedy fugiu para Paris e depois para os Estados Unidos.

CULTURA INÚTIL
Para conseguir que Hedy Lamarr fizesse uma expressão semelhante à de quem estivesse tendo um orgasmo, o diretor Gustav Machaty espetou seu bumbum com um alfinete.

MARY ASTOR
Em 1936, numa disputa judicial com o ex-marido pela guarda da filha, os diários pessoais da atriz Mary Astor vieram a público. Traziam detalhes picantes de seus casos. "O corpo de George mergulhou no meu, sob o luar", escreveu a respeito de uma passagem com o roteirista George S. Kaufman.

ERROL FLYNN
O que era para ser um simples passeio de iate acabou se transformando num escândalo para o ator Errol Flynn em 1942. Ele atacou sexualmente duas adolescentes que estavam a bordo. Levado ao tribunal por tentativa de estupro, Flynn foi absolvido.

CHARLES CHAPLIN
Durante o processo de divórcio de sua primeira mulher, Mildred Harris, o comediante Charles Chaplin foi acusado de praticar cunilíngua, fato que chocou os Estados Unidos. Depois disso, em 1943, Chaplin voltou ao noticiário de escândalos. Uma *starlet* ambiciosa foi aos jornais dizer que estava grávida do ator cinquentão. Segundo a versão de Chaplin, ele é que acabou assediado pela moça, que trazia um revólver e o obrigou a transar. No tribunal, Chaplin disse que não aconteceu nada entre os dois. Naquelas condições, completou ele, jamais conseguiria uma ereção.

LANA TURNER
Ganhou as manchetes dos jornais com um escândalo em 1958. Sua filha, Cheryl Crane, matou a facadas o namorado de mamãe, Johnny Stompanato.

ROMAN POLANSKI
O diretor polonês foi acusado de drogar e estuprar uma atriz de apenas 13 anos, numa orgia na casa de Jack Nicholson, em Beverly Hills. Polanski teve que fugir dos Estados Unidos para escapar do processo.

GRETA GARBO
Em 1991, dois ativistas homossexuais revelaram ao mundo, no Festival de Cinema de Turim (Itália), um filme em que a atriz Greta Garbo aparece em tórridas cenas de amor com uma milionária espanhola chamada Mercedes Acosta.

JACK NICHOLSON
Anjelica Houston terminou o casamento de 16 anos com Jack Nicholson ao saber que ele engravidara a amante de 26 anos e pretendia sustentá-la.

ROCK HUDSON

A morte do galã Rock Hudson (1925-1985), vitimado pela aids, chocou o mundo. Ele foi uma das primeiras vítimas famosas da doença. Sua biografia, *Rock Hudson – sua história*, publicada depois de sua morte, contou detalhes de sua homossexualidade. Em 1943, ao entrar para a Marinha, aos 18 anos, Hudson (que havia sido abandonado pelo pai na infância) se apaixonou por um colega chamado Eddie Kraft. Esse fato sempre foi escondido do público. Os executivos de Hollywood chegaram a armar um casamento fajuto entre o ator e sua secretária particular, Phyllis Gates, para abafar os boatos. Mas o casamento de mentira não durou muito tempo. Depois de sua morte, um ex-amante de Hudson, Marc Christian, entrou na Justiça com um processo por danos físicos e morais, alegando não ter sido informado sobre a saúde do ator, e embolsou alguns milhões de dólares.

PEE-WEE HERMAN

Foi flagrado em 1991 num cinema pornô em "atitude masturbatória", conforme dizia o boletim de ocorrência. O ator acabou liberado depois de pagar uma multa de 50 dólares. Mas como Pee-Wee era um herói de programas infantis, Paul Reubens – seu verdadeiro nome – acabou pondo um ponto final em sua carreira.

WOODY ALLEN

Ele deixou a atriz Mia Farrow para ficar com Soon-Yi Previn, filha adotiva da atriz com seu ex-marido, o músico André Previn. Começou, então, uma guerra entre os dois. Mia acusou Woody de molestar sexualmente sua filha menor. Toda essa celeuma acabou indo parar nas telas, no filme *Maridos e esposas*. Allen e Soon-Yi casaram-se em 1997.

MADAME HOLLYWOOD
Heidi Fleiss, apelidada de "Madame Hollywood", foi presa no dia 9 de junho de 1993. Acusação: dirigir uma rede de prostituição de alto luxo, com uma clientela de atores, produtores e executivos da capital do cinema. Uma noite com uma das garotas de Heidi não saía por menos de 1.500 dólares. Heidi, dona de uma mansão de 1,6 milhão de dólares que havia pertencido a Michael Douglas, ficava com 40% desse total. Foi condenada a três anos de prisão, em 1995.

HUGH GRANT
Em 1995, o ator inglês Hugh Grant – galã de *Quatro casamentos e um funeral* – foi preso dentro de sua BMW em Los Angeles, surpreendido no momento em que uma prostituta, Divine Brown, lhe fazia sexo oral. Duas horas depois do flagrante, os dois foram liberados. Como punição, Grant pagou uma multa de 1.800 dólares e teve de frequentar um curso sobre sexo seguro.

JESSICA RABBIT
Escândalo em Acme City. Jessica Rabbit apareceu seminua numa rapidíssima cena do filme *Uma cilada para Roger Rabbit*. A namorada do coelho estabanado estava sem calcinha, mas foi tudo tão veloz que ninguém notou. Só que os americanos descobriram a curiosidade ao congelar a imagem em videolaser. Com esse tipo de equipamento, é possível parar o filme quadro a quadro. Os diretores da Disney não gostaram da brincadeira dos desenhistas.

FRANK SINATRA
Ava Gardner despertava tórridas paixões. Uma de suas vítimas foi Frank Sinatra. Eles chegaram a ficar casados durante alguns anos. Mesmo depois da separação, Sinatra continuava apaixonado. Tanto que pediu que a amiga Lauren Bacall entregasse um bolo de coco a Ava, que estava filmando em Roma. Ava simplesmente ignorou o presente. Ao saber disso, Sinatra cortou os pulsos com uma gilete, mas sobreviveu.

JOAN BENNETT
O produtor Walter Wanger ficou revoltado ao saber que a esposa, a atriz Joan Bennett, o estava traindo com o agente Jennings Lang. Wanger seguiu o casal até o prédio onde os dois mantinham um local para encontros. Aguardou que ambos descessem do carro e atirou duas vezes em Lang. Lang sobreviveu, mas ficou impotente para sempre. Wanger foi condenado a três anos de prisão e, por bom comportamento, cumpriu apenas três quartos da pena.

KEVIN SPACEY
Pouco depois de ganhar o Oscar de melhor ator, em 2000, o ator Kevin Spacey também protagonizou um escândalo. A revista sensacionalista *Star* publicou uma série de fotos de Spacey trocando carinhos com um modelo num parque. "Não publicamos as fotos mais explícitas", garantiu o editor da revista. O ator não quis fazer comentários a respeito de sua vida íntima.

JULIA ROBERTS
Poucos dias antes do casamento, em 1991, Julia Roberts rompeu o noivado com o também ator Kiefer Sutherland. Ele foi flagrado com uma garota de programa e ela não gostou disso.

EDDIE MURPHY
Em 1998, o comediante americano Eddie Murphy foi flagrado pela polícia, em seu carro, na companhia do travesti Atisone Seiuli às 4 horas da manhã.

BRUCE WILLIS
Em 30 de agosto de 2005, o tabloide *National Enquirer* publicou que Bruce Willis estava sendo acusado de assédio sexual por uma jovem. Ele a teria convidado para fazer sexo durante uma festa em Nova York (EUA). O advogado de Willis afirmou ter se tratado de uma brincadeira. Segundo ele, o galã estaria apenas lendo "o texto de um novo personagem".

Entre tapas e beijos

★ Melanie Griffith apanhava do marido, o ator Don Johnson. Quase diariamente, ela aparecia para filmar com hematomas por todo o corpo.

★ Anthony Quinn esbofeteou violentamente a mulher, Katherine De Mille (filha do diretor Cecil B. De Mille), ao descobrir que a moça não era mais virgem.

★ No verão de 1994, Carré Otis acusou o marido, Mickey Rourke, de agredi-la. Depois, no entanto, se arrependeu e não compareceu para testemunhar.

★ Diane Cilento, primeira mulher do astro escocês Sean Connery, declarou que o deixou porque quase todo dia apanhava dele.

★ "A gente se ama. Ele me bate porque me ama. Mas, de vez em quando, ele apanha também." A frase é de Ava Gardner (1922-1990), a respeito de sua relação amorosa com George C. Scott.

ATÉ QUE O PRÓXIMO CASAMENTO NOS SEPARE
Quem foram os campeões em número de casamentos no mundo do cinema

Stan Laurel	8 vezes	Rex Harrison	6 vezes
Zsa Zsa Gabor	8 vezes	Gloria Swanson	6 vezes
Mickey Rooney	8 vezes	Henry Fonda	5 vezes
Artie Shaw	8 vezes	Rita Hayworth	5 vezes
Elizabeth Taylor	7 vezes	Clark Gable	5 vezes
Lana Turner	7 vezes	Ginger Rogers	5 vezes
Ingmar Bergman	6 vezes	Cary Grant	5 vezes
Hedy Lamarr	6 vezes		

Mulheres fatais na telona

ALEX FORREST (*Atração fatal*)
A loiraça Alex (Glenn Close) inferniza a vida de Dan Gallagher (Michael Douglas) neste filme. Acontece que o advogado tinha mulher e filhos, e não estava a fim de perder tudo isso por causa de um caso amoroso. Ele só não contava com a obsessão da amante fatal, que tenta de tudo para fazê-lo mudar de ideia.

CATHERINE TRAMELL (*Instinto selvagem*)
Quem não se lembra da famosa cruzada de pernas de Sharon Stone neste filme? Não é à toa que o detetive Nick Curran (Michael Douglas) cai de quatro pela sedutora romancista. O problema é que ela está entre os principais suspeitos do caso de assassinato que ele está investigando.

JESSICA RABBIT (*Roger Rabbit*)
O famoso ator-coelho Roger Rabbit perdeu a cabeça pela cantora. Afinal, a moça tem atributos de tirar o fôlego: um belo cabelo ruivo, pernas bem torneadas e seios fartos. O orelhudo desconfia, porém, que ela tenha outros interesses – masculinos – e coloca um detetive em seu encalço. E as coisas se complicam ainda mais quando um figurão do mundo do cinema morre e Roger se torna o principal suspeito.

MULHER-GATO (*Batman – O retorno*)
Michelle Pfeiffer encarna esta vilã de garras afiadas. Ela é tão fatal que nem o Batman (Tim Burton) sabe bem se a ama ou a odeia. Santa tentação!

HERA VENENOSA (*Batman e Robin*)
É claro que esta vilã tem outros artifícios de conquista, além da beleza. Seu pó consegue deixar até a dupla de super-heróis Batman e Robin meio abobalhada. Mas é inegável que o corpo escultural, os cabelos avermelhados e os olhos claros a ajudam bastante a executar seus planos maquiavélicos.

BREATHLESS MAHONEY (*Dick Tracy*)
O charme irresistível da personagem, adequadamente interpretada pela fatalíssima Madonna, quase coloca a perder os planos de casamento de Dick Tracy (Warren Beauty) e Tess Trueheart (Glenne Headly). Não é para menos. Esta loira tem realmente atributos de tirar o fôlego.

Loiras sensuais

SHARON STONE
A loira fatal de *Instinto selvagem* foi Miss Pensilvânia aos 17 anos e, antes de se tornar uma atriz de sucesso, integrou o grupo de modelos da agência Ford.

MAE WEST
A atriz exalava tanto *sex appeal* que acabou indo parar na prisão durante dez dias em 1927, acusada de apresentar obscenidades no palco. Na época, a dona de uma das línguas mais ferinas de Hollywood protagonizava um espetáculo de sua autoria chamado, justamente, *Sex* (Sexo).

GRACE KELLY
A preferida de Hitchcock deixou de quatro não apenas o mestre do suspense e o público, como também a monarquia europeia. Em 1955, o príncipe Rainier de Mônaco caiu de amores por ela, que abandonou a carreira para se tornar princesa em 1956. Antes disso, a atriz também namorou Clark Gable e Bing Crosby.

GWYNETH PALTROW
Pelos braços da estrela de *Shakespeare apaixonado* já passaram Ben Affleck, o príncipe Felipe, da Espanha, e Brad Pitt. "Adoro os homens, mesmo quando são uns sacos de lixo mentirosos e traidores. Sou uma pessoa muito sexual", declarou em uma entrevista.

CAMERON DIAZ
Alta e de olhos azuis, ela figura na lista das atrizes mais sensuais e quentes de Hollywood. Não foi à toa que acabou sendo escolhida para protagonizar a versão cinematográfica do clássico seriado televisivo *As Panteras*.

INGRID BERGMAN
Era, de longe, a preferida de Hitchcock. Atuou em *Quando fala o coração*, *Interlúdio* e *Sob o signo*. Ingrid recebeu o Oscar de melhor atriz pelo filme *Anastácia, a princesa esquecida*.

KIM NOVAK
A atriz de *Um corpo que cai* era desbocada, não gostava de usar sutiãs e adorava discutir o roteiro. Isso tudo irritava profundamente Hitchcock, tanto que ela não era a primeira opção para abocanhar o papel (deveria ter sido de Vera Milles). Mesmo assim, Novak foi uma das atrizes mais sensuais a atuar em seus filmes.

MADONNA
Polêmicas sexuais existem aos montes no currículo desta loira arrasadora. Em alguns clipes, a cantora, que chegou a apanhar do ex-marido Sean Penn, apareceu seduzindo até mulheres. Um de seus discos de maior sucesso leva o nome *Erótica*.

TIPPI HEDREN
O diretor Alfred Hitchcock se encantou por ela ao vê-la protagonizando *Os pássaros*. A mágica perdurou ainda em *Marnie, confissões de uma ladra*.

Depois, a atriz decidiu parar de atuar para Hitchcock, e ele, enfurecido, prometeu arrasar sua carreira.

VERA FISCHER
A Miss Brasil de 1969 tem um corpo tão poderoso que pôde se dar ao luxo de posar nua aos 49 anos. Entre suas conquistas estão os atores Felipe Camargo, com quem foi casada, Floriano Peixoto e Murilo Rosa.

> **VOVÔ VIU A UVA**
> Um agente de turismo aposentado se transformou num dos maiores atores de filmes pornôs do Japão. Em 2008, ele estava com 74 anos. O homem usa o pseudônimo de Shigeo Tokuda nos 200 filmes que já fez. Ele contracena com mulheres entre 20 e 70 anos.

Cinema pornô

★ No clássico pornô *Garganta profunda*, Linda Lovelace faz o papel de uma moça que descobre que tem o clitóris na garganta. Por isso, ela precisa encontrar um homem com proporções gigantescas para chegar ao prazer. Antes de estrelar o filme, Linda era engolidora de espada num circo. A fita foi filmada em apenas seis dias, em Miami. O fotógrafo Chuck Traynor, marido de Linda, foi o câmera. Depois disso, Linda enfrentou problemas psicológicos e se internou num mosteiro batista no interior dos Estados Unidos.

★ Marilyn Chambers ganhou fama com outro clássico pornô, *Atrás da porta verde*. Ela aceitou o papel porque estava desempregada. Antes disso, era garota-propaganda de uma marca de sabonete e havia contracenado com Barbra Streisand em *O corujão e a gatinha*.

☆ John Holmes era chamado no mundo pornô de "O Rei" por causa de seu pênis, que atingia a marca de 38,5 centímetros ereto. É verdade que poucas vezes ele conseguiu uma ereção total. Antes de iniciar a carreira artística, John Curtis Estes, seu verdadeiro nome, tinha trabalhado como garoto de programa e se vangloriava de ter transado com 14 mil mulheres, segundo seus próprios cálculos (os biógrafos, no entanto, asseguram que esse número não chegou a 3 mil, incluindo também alguns homens). Foi o primeiro ator a entrar para o Hall da Fama do Cinema Pornô, em 1985. Morreu três anos depois, vítima de aids, aos 44 anos.

☆ Para enfrentar os 38 centímetros de John Holmes, a atriz Melissa Melendez passou o dia tomando relaxante muscular. Resultado: acabou dormindo em cena... com Holmes dentro dela. Sua irmã, Lisa Melendez, também era atriz pornô. Chegaram a fazer o mesmo filme, mas não contracenaram juntas.

☆ Em outro filme, uma atriz iniciante chamada Annie conseguiu a proeza de engolir inteirinho o membro de John Holmes. Começou a ser chamada no mercado pornô de "Little Oral Annie".

☆ Traci Lords enganou vários produtores a respeito de sua idade e rodou a maior parte de seus filmes antes de completar 18 anos. Quando o fato foi descoberto, várias de suas fitas foram apreendidas, e os produtores acabaram processados.

☆ Quando encerrou sua carreira, Ginger Lynn – estrela de *Ataque às calcinhas*, *Dois em uma*, *As novas rainhas do sanduba* e *Orgias ultrajantes*, entre outros – abriu uma locadora de vídeo. Especializada, claro, em fitas pornôs.

☆ A atriz mineira Olívia Del Rio ganhou o prêmio Hot D'Or de melhor atriz coadjuvante no Festival de Cinema Erótico em Cannes, na França. Ela é conhecida na Europa como "Rainha do Anal". Olívia era vendedora de cosméticos em Belo Horizonte e, quando mudou-se para a França, começou trabalhando como empregada doméstica.

☆ O primeiro filme de sexo explícito exibido comercialmente no Brasil foi *Coisas eróticas*, lançado em 1981. Foi visto por 4 milhões de espectadores.

Quem dá mais?

A americana Jasmin St. Claire veio ao Brasil em 1997 para anunciar seu novo filme e também um recorde. Na fita pornô *World's Biggest Gang Bang II*, ela transou com trezentos homens. A marca, no entanto, foi superada logo depois por uma atriz também americana conhecida como Houston. Em *World's Biggest Gang Bang III*, ela atuou com 620 homens. Mas a brincadeira não parou por aí: em maio de 2000, a atriz pornô italiana Rosana Doll resolveu encarar mil homens. Os produtores colocaram um anúncio na internet e receberam quase 10 mil inscrições. Rosana encarou 568 deles em 48 horas, mas, estafada, desistiu de bater o recorde. Missão impossível? Que nada! Logo depois, a americana Montana Gunn transou com 2 mil parceiros em 24 horas, como ficou registrado nos dois volumes da fita *Gang Bang 2000*.

✯ Astros e estrelas de produções pornôs costumam ter carreiras bastante curtas. Com cinco anos de atuação as atrizes já são consideradas veteranas. A grande exceção foi a italiana Cicciolina, que participou de produções por mais de trinta anos.

✯ A americana Candy Apples se tornou famosa ao bater o recorde no *gang bang*, um subgênero do pornô no qual uma pessoa mantém relações com muitas pessoas do sexo oposto. No filme *Faça amor, não faça guerra*, de 1999, ela teve um total de 742 parceiros.

✯ Já na ala masculina, o campeão do gênero é o também americano John Dough (nome artístico), que teve relações com 101 mulheres no filme *O homem mais sortudo do mundo*, de 1997.

Famosos que fizeram filmes pornôs

ALEXANDRE FROTA (ator)
United colors of celebrities (2008)
Na teia do sexo (2007)
A proibida do sexo e a gueixa do funk (2007)
Frota, Mônica e cia. (2007)
Carnaval do Frota (2007)
00Frota – o homem da pistola de ouro (2007)
Especial de Natal do Frota (2007)
Anal total (2006)
Garoto de programa (2006)
Invasão de privacidade (2005)
11 mulheres e nenhum segredo (2005)
Sexo, suor e samba (2004)
A bela e a prisioneira (2004)

GRAZIELLA FANTINI (ex-paquita da Xuxa)
A ninfomaníaca e o pitboy (2008)

GRETCHEN (cantora)
La conga sex (2006)

LEILA LOPES (a professorinha Lu da novela *Renascer*)
Pecados e tentações (2008)

MÁRCIA IMPERADOR (atriz do quadro Teste de Fidelidade, da Rede TV!)
69 semanas de sexo (2008)
Elite das Brasileirinhas (2008)
Sexo na fazenda (2007)
Funk (2007)
Na teia do sexo (2007)
Até que enfim, anal!!! (2007)
Sexo do salão (2006)
Noiva infiel (2006)
Fidelidade à prova (2005)

MATEUS CARRIERI (ator)
69 semanas de sexo (2008)
Fogosas e furiosas (2007)
Club privê (2006)

REGININHA POLTERGEIST (atriz)
Perigosa (2007)

RITA CADILLAC (ex-chacrete)
Carnaval 2008 (2008)
Fogosas e furiosas (2007)
À flor da pele (2007)
Sexo do salão 2007 (2007)

A primeira vez de Rita Cadillac (2006)
Sexo no salão 2006 (2006)

THAMMY GRETCHEN MIRANDA (filha de Gretchen)
Sádica (2007)

VIVI FERNANDES (ex-assistente de palco do Gugu e Sérgio Malandro)
Vivi.com.tesão (2008)
Elite das Brasileirinhas (2008)
Vivi.com.anal (2007)
Vivi.com.vc (2005)

VIVIANE "RONALDINHA" BRUNIERI (ex-namorada de Ronaldo Fenômeno)
Vivi Ronaldinha – minha primeira vez (2008)

AVN AWARDS
Os filmes eróticos concorrem a uma premiação parecida com o Oscar, o AVN Awards. O festival é organizado pela revista *Adult Video News* todos os anos, desde 1984, na cidade de Las Vegas, nos Estados Unidos. O filme recordista do AVN Awards foi *Pirates*, de 2006. A produção recebeu 11 prêmios.

E O OSCAR VAI PARA...
A atriz pornô brasileira Mônica Mattos foi a primeira latino-americana a faturar o AVN, levando o prêmio de Melhor Atriz Estrangeira pelo filme *Devassa*. Mônica já fez mais de 300 filmes, entre eles *Invasão de privacidade*, com Alexandre Frota.

14

"Bem novinhas e gentis, com cabelos muito pretos e compridos pelas costas; e as suas vergonhas, tão altas e tão cerradinhas, e tão limpas de cabeleiras que, de as nós muito bem olharmos, não se envergonhavam."

Trecho da carta de Pero Vaz de Caminha, escrita em 1500

Sexo no mundo

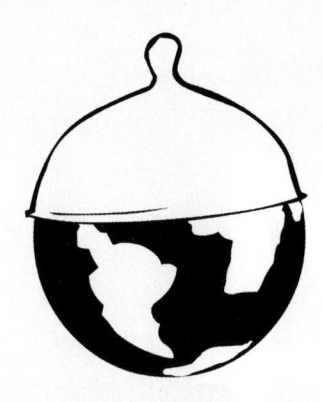

Está pensando que sexo é igual em todos os países? Viaje com a gente, do Afeganistão ao Zimbábue, para conhecer hábitos, peculiaridades e histórias malucas pelo planeta. O passeio inclui também o Brasil dos índios e dos colonizadores, e uma passadinha pelo mundo da Lua.

COMO O MUNDO DIZ "EU TE AMO!"

África do Sul	*Ek is lief vir jou*
Albânia	*Te dua*
Alemanha	*Ich Liebe Dich!*
Arábia Saudita e países árabes	*Bahibak (mulher para homem)* *Bahibik (homem para mulher)*
Armênia	*Yes kez slirumem*
Aruba Curaçao (Papiamento)	*Mi Ta Stima Bo!*
Bangladesh	*Ami tomake walobashi*
Bósnia-Herzegóvina	*Volim te*
Bulgária	*Obicham te*
Camboja	*Kh_nhaum soro_lahn nhee_ah*
Catalunha	*T'estimo*
Coreia	*(Tangsinul) Saranghae*
Croácia	*Volim te*
Dinamarca	*Jeg elsker dig*
Eslováquia	*Lubim ta*
Eslovênia	*Ljubim te*
Espanha	*Yo te amo!*
Estados Unidos	*I love you!*
Etiópia	*Afgreki'*
Filipinas	*Mahal kita*
Finlândia	*Rakastan Sinua*
França	*Je t'aime!*

Gana	Me dor wo
Geórgia	Miqvarhar
Grécia	S'ayapo!
Havaí	Aloha Wau la'Oe!
Holanda	Ik Hou Van jou!
Hungria	Szeretlek Te'Ged!
Índia	Neenu Ninnu Pra'mistu'nnanu!
Indonésia	Saya Cinta Kamu!
Irã	Mahn Doostaht Doh-Rahm!
Ilhas Marshall	Yokwe yuk
Irlanda	Taim I'gra Leat!
Israel	Anee ohev otakh (homem para mulher) e Anee ohevet otkha (mulher para homem)
Itália	Ti Amo!
Iugoslávia	Ja te volim
Japão	Anatawo Aishiteimasu!
Laos	Khoi hak jao
Letônia	Es tevi milu
Lituânia	Tave myliu
Luxemburgo	Ech hun dech ga'r
Macedônia	Te ljubam
Malta	Jien inhobbok
Marrocos	Kanbhik
Nigéria	Mo Feran e
Noruega	Eg Elsker Deg!
Paquistão	Main tumse muhabbat karta hoon
Paraguai	Rohiyu (Guarani)
Polônia	Kocham cie
Quênia	Tye-Mela'ne!
República Tcheca	Miluju te
Romênia	Te ador!
Rússia	Ya Tyebya Lyublyu!
Síria	Bhebbek (homem para mulher) e Bhebbak (mulher para homem)
Somália	Waan ku Jecelahay
Suécia	Jag a'Iskar dig
Tibete	Nga Rang Lha Ga Bu Du!
Tunísia	Ha eh bak
Turquia	Seni seviyorum
Vietnã	Toi Yeu Em!
Zaire	Mono ke zola nge
Zimbábue	Niyakutanda

AMOR NAS ESTRELAS
No seriado *Jornada nas Estrelas*, o senhor Spock e todos os habitantes do planeta Vulcano dizem "eu te amo" assim: *wani ra yana ro aisha*. Já os Klingons, adversários da Federação, falam *qamuSHa'*.

Mi Amas Vin é como se diz "eu te amo" em esperanto, língua criada em 1887 como um idioma auxiliar universal a ser adotado pelos povos nas relações internacionais. A ideia, porém, não deu muito certo.

Afeganistão

De 1996 a 2001, durante o regime do grupo ultrarradical Talibã, as mulheres afegãs não podiam dirigir a palavra aos homens, a não ser que fossem parentes próximos. Elas também não podiam trabalhar nem estudar e, quando precisavam sair na rua, eram obrigadas a se vestir da cabeça aos pés. Com o fim do regime, algumas regras melhoraram, apesar de ainda serem rígidas.

✪ Mesmo com leis de proteção à mulher, muitas ainda sofrem agressões dos maridos e não os denunciam por motivos culturais ou medo. Por isso, muitas mulheres continuam a atear fogo a si mesmas, tentando tirar a própria vida.

✪ Aos casais da minoria xiita, ainda é permitido que o marido prive sua esposa de necessidades básicas, como comida e água, se ela não obedecer às suas vontades sexuais. Nesse grupo religioso, o homem tem o poder de impedir que sua mulher trabalhe e a guarda dos filhos é exclusiva dele.

✪ É proibido amamentar em público, prática considerada atentado ao pudor.

✪ Embora as mulheres acusadas de adultério não sejam mais condenadas ao apedrejamento em praça pública, muitos homens ainda praticam os chamados "crimes de honra" e permanecem impunes. As mulheres presas no passado por praticarem adultério ou por terem fugido de casa continuam na cadeia.

✪ O divórcio é permitido por lei, mas mulheres divorciadas costumam ser humilhadas em público. E, apesar de ilegal, a venda de crianças como noivas ainda é uma prática enraizada na cultura afegã.

✪ Mulheres podem estudar e trabalhar, mas, nesses casos, não podem se misturar aos homens. Também já podem ocupar cargos políticos, mas poucas têm coragem por sofrerem forte preconceito e até ameaças de morte.

África do Sul

✪ Na tribo dos zulus, na África do Sul, o rei podia ter até cem esposas. É proibido fazer sexo durante uma tempestade, após um pesadelo ou depois de o marido ter matado uma cobra grande, um crocodilo ou uma hiena, que seriam atividades desgastantes demais.

✪ Lilian Arrison foi semifinalista no concurso de fotos pornôs promovido pela revista *Hustler*, na África do Sul, em 1996. Acontece que Lilian era secretária do presidente Nelson Mandela, que levou um susto ao ver as fotos. E mandou demitir a moça na hora.

Alasca

Algumas tribos, como os esquimós, mantêm a tradição da "hospitalidade sexual". O homem coloca a esposa ou a filha à disposição de um visitante, num gesto de boas-vindas e amizade. Além do Alasca, essa gentileza é encontrada em alguns pontos da Polinésia e da Sibéria.

Alemanha

Foram os alemães que criaram a primeira organização dos Sexólatras Anônimos, para pessoas viciadas em sexo, em 1989. A entidade ficou conhecida como AS (de Anonyme Sexholiker). Para entrar no grupo, o candidato passa por uma entrevista e precisa ter um parceiro fixo. Além das conversas, os viciados em sexo são orientados a praticar esportes, ler e ouvir música.

✪ No início de 2000, um alemão desempregado e endividado decidiu colocar sua esposa num leilão. O prêmio era uma noite com ela e o lance mínimo deveria ser de 500 dólares.

◎ Uma boate alemã oferece a seus fregueses a oportunidade de fazer sexo com uma prostituta dentro de uma limusine. O veículo vem com motorista, televisão e frigobar.

◎ Uma loja de esportes de Hannover, na Alemanha, foi invadida por uma multidão de pelados. É que uma rádio local ofereceu o equivalente a mil reais em roupas para os primeiros 55 que aparecessem nus na loja.

◎ Na cidade alemã de Aachen, quando um homem foi procurar uma prostituta para se divertir, encontrou a esposa trabalhando. E começaram a brigar. Ela, brava porque o marido estava procurando sexo com outra, e ele por causa do tipo de trabalho extra da mulher. Para apartar a discussão, que ia acabar em agressão, a polícia foi chamada, mas logo o casal foi liberado.

Angola

Quando é coroado, o saba – rei de um grupo de tribos – recebe uma moça virgem e precisa transar com ela em cima de uma pedra sagrada, na frente de seus súditos.

Arábia Saudita

◎ O rei Ibn-Saud (1880-1953) dizia ter possuído três mulheres diferentes por noite (exceto durante as guerras), dos 11 aos 72 anos, quando morreu. Pelos seus próprios cálculos, portanto, ele transou com cerca de 17 mil mulheres.

◎ As mulheres nunca andam sozinhas, mas acompanhadas do marido ou de outra mulher. Os cabelos das mulheres representam o sexo. Por isso, elas cobrem a cabeça com a *chaderi*, que só pode ser retirada para o marido.

◎ O homem pode manter oficialmente até quatro esposas, sendo assegurado o direito ao divórcio a qualquer uma delas.

✪ O visitante nunca deve presentear uma mulher casada. Nos países islâmicos, as mulheres casadas só podem receber presentes do próprio marido.

✪ Segundo o *Shariá*, um homem e uma mulher que não tenham uma relação lícita não podem se encontrar. O homem não tem permissão para visitar uma mulher na ausência do marido, a não ser que esteja em companhia de outros homens.

✪ Uma mulher saudita doou um de seus olhos para restaurar a visão do marido. Logo depois da cirurgia, no entanto, o homem pediu a separação. Em entrevista ao jornal *Al-Jazirah*, ele alegou que não admitia a ideia de ficar casado com uma mulher caolha.

✪ Em junho de 1995, o príncipe saudita Abdul-Aziz pagou 10 mil dólares para ver os seios da *top model* Naomi Campbell. O dinheiro foi doado para uma organização de combate à aids.

Argentina

✪ Em junho de 1991, o presidente argentino Carlos Menem convocou as Forças Armadas para uma arriscada missão: expulsar de casa sua mulher, Zulema Yoma, de quem acabara de se separar. Ela, de fato, saiu arrastada pelos soldados, sem ter sequer o direito de trocar o *jogging* azul que usava.

✪ Mais uma do presidente Menem: em fevereiro de 1996, ele convidou a atriz Madonna, que estava na Argentina para as filmagens de *Evita*, para um almoço. Sobre o encontro, Madonna fez o seguinte comentário em seu diário: "Não sabia o que fazer. Os olhos dele me lambiam, me despiam, me comiam".

Austrália

✪ Os aborígenes da tribo tully river blacks acreditam que suas mulheres engravidam ao se sentar sobre uma fogueira na qual se assou um peixe.

✲ Os homens da tribo waibirir, da Austrália Central, costumam cumprimentar os visitantes de um modo bem diferente. Eles seguram o pênis de um visitante como forma de cumprimento, da mesma maneira que os ocidentais fazem no aperto de mão.

✲ Uma pesquisa mostrou que as australianas são as mulheres que mais aceitam fazer sexo no primeiro encontro.

Áustria

A principal loja de departamentos de Viena ofereceu um prêmio de 385 dólares para os primeiros cinco clientes que se apresentassem pelados em qualquer uma das suas filiais. Era uma forma de chamar a atenção para uma liquidação no início do ano 2000. A temperatura de dois graus centígrados não intimidou os cerca de trezentos candidatos que se apresentaram totalmente nus na entrada da loja. A confusão foi tão grande que a loja acabou distribuindo toalhas e um prêmio de consolação de 34 dólares a todos os participantes.

Bahrein

Um médico não pode olhar diretamente para a genitália da mulher durante um exame. Por lei, ele precisa usar um espelho.

Bélgica

Os maiores seios do mundo pertencem a uma dona de casa belga. São 2,20 metros de busto. Juntos, seus dois peitos pesaram 45 quilos.

Bolívia

Na cidade de Santa Cruz, uma lei diz que um homem não pode transar com uma mulher e a filha dela ao mesmo tempo.

Botsuana

☻ Pequenos lábios vaginais "tão grandes quanto as asas de um morcego" são os atrativos preferidos na sociedade bechuana. Por isso, as meninas, além de puxarem seus pequenos lábios durante toda a puberdade, costumam matar um morcego, queimar suas asas e passar a cinza sobre os ferimentos feitos em volta da região.

☻ Como os homens praticam a poligamia, as coesposas são autorizadas a manter relações entre si, quando o marido estiver ausente.

Camboja

☻ O primeiro *sex shop* do Camboja funcionou por apenas um dia e foi fechado pela polícia. As autoridades concluíram que a loja de artigos eróticos, que funcionava na cidade de Phnom Penh, vendia brinquedos "perigosamente grandes". Tão grandes que poderiam machucar as mulheres do país.

Chile

Na Ilha de Páscoa é proibido namorar quem tem algum parentesco nas últimas sete gerações. Como a população é muito pequena – apenas 3 mil habitantes – fica difícil encontrar o par ideal. Uma garota rapa nui – como são conhecidos os habitantes da ilha, que fica no oceano Pacífico – chega a ter menos de dez pretendentes. O povo acredita que a união entre pessoas da mesma família é um ato satânico e provoca a morte. Por isso, os primos que se casam devem deixar o local. Na ilha, o casamento entre parentes é chamado *kai toto*, que significa beber do mesmo sangue.

China

✵ Em Xiangjou, a polícia fechou duas casas de prostituição. Detalhe: todas as mulheres que trabalhavam lá contavam mais de setenta anos. A mais velha tinha 93 anos. Por uma sessão de sexo oral, elas cobravam 60 iuanes. O preço aumentava para 80 iuanes se o cliente lhes pedisse que tirassem as dentaduras.

✵ Os chineses tinham uma antiga receita que, segundo eles, aumentaria o tamanho do pênis em 7 centímetros. Os ingredientes eram: algas marinhas e extrato de fígado de cachorro branco, aplicados três vezes ao dia.

✵ Os antigos chineses criaram um adereço sexual chamado "anel do amor". Ele tinha a forma de um anel, desenhado para se ajustar ao redor da base do pênis. Servia para estimular o clitóris durante a relação sexual. Era produzido em jade, prata ou marfim. Os modelos atuais são feitos de borracha e possuem protuberâncias.

✵ Quando se casavam, os antigos chineses também levavam para casa as irmãs de sua mulher e suas empregadas, que se transformavam em esposas secundárias.

✵ A etiqueta manda evitar abraços e beijos em locais públicos.

✵ Há 4 mil anos, as chinesas tomavam mercúrio para prevenir a gravidez. O mercúrio é uma substância tóxica para a saúde, que traz riscos de vida em caso de intoxicações maciças.

✪ A imperatriz Wu Hu (683-705), que reinou durante a grande dinastia Tang, criou um decreto sexual para, simbolicamente, elevar a condição da mulher e humilhar o homem. Todas as autoridades do governo e também os visitantes eram obrigados a prestar homenagem a Sua Alteza Imperial, praticando nela sexo oral.

✪ Atenção, turistas com viagem marcada para a China: chapéus e bonés da cor verde significam "homem traído".

✪ A tribo naxi, que vive nas montanhas, tem um hábito pouco comum. Eles fazem tudo montados em cavalos. Comem, trabalham... e transam.

✪ Em 1996, o vigia noturno chinês Qi Mingqin, de 61 anos, foi condenado a prisão perpétua por ter feito 180 ligações internacionais para o serviço de disque-sexo, do telefone da empresa em que trabalhava. O custo das ligações foi de 6.145 dólares, valor classificado como "roubo" pelo juiz.

✪ Na cidade de Chengdu, próxima a Pequim, a polícia prendeu o médico que fechou a vagina da mulher com um cadeado. O fato de ela andar com dificuldade chamou a atenção dos vizinhos, que fizeram a denúncia.

✪ Em junho de 2001, uma dona de casa chinesa entrou com um estranho pedido de divórcio. Todo o processo foi baseado na fala de seu papagaio, que estaria repetindo uma suposta conversa telefônica do marido com a amante.

Cingapura

✪ Em 1997, uma lei determinou que o sexo oral é um "ato antinatural", e ele passou a ser proibido no país, a menos que faça parte da relação sexual completa.

✪ Homossexuais são proibidos de morar no país.

✪ Andar sem roupa mesmo dentro de casa é considerado um ato pornográfico.

Colômbia

✱ Kajaba é o nome de uma sociedade colombiana que tem rituais sexuais bastante exóticos. O contato sexual com animais é corriqueiro; a masturbação é a forma mais usada para alívio sexual; há cerimônias de oferendas de sêmen, especialmente por rapazes que são escolhidos para ter relações sexuais com viúvas. A sociedade determina ainda que, se houver a prática do incesto, a relação deve ser repetida. Coleta-se, então, o sêmen e a secreção vaginal, para oferecê-los a um sacerdote como forma de sacrifício.

✱ Na cidade de Cali, uma mulher só pode ter relações com o marido. Na primeira vez que isso acontece é obrigatória a presença de testemunha: a mãe dela precisa estar dentro do quarto e presenciar tudo.

Congo

A tribo dos zande valoriza as mulheres com seios longos e caídos. Além disso, as mulheres são incentivadas a usar bananas e raízes como pênis artificiais. Entre eles, as relações homossexuais são um costume comum, e o homem não pode se casar com a mulher que foi sua parteira.

Dinamarca

✱ Uma prostituta da cidade de Vejle, a 230 quilômetros da capital, Copenhague, conseguiu deduzir de seu imposto de renda os custos de um implante de silicone nos seios. A princípio, as autoridades fiscais não aceitaram o pedido, explicando que era impossível diferenciar quando os seios eram usados de modo profissional ou particular. Mas o conselho de apelação aceitou o pedido da prostituta, dando como sentença que "a cirurgia era um investimento legítimo para melhorar os negócios".

✱ Os livros de leis dinamarquesas registram um caso curioso na ilha de Falster, por volta de 1650. Uma mulher processou o marido por tê-la feito usar uma espécie de cinto de castidade. Ele foi considerado culpado.

✪ Desde 1990, passageiros que compram bilhetes de trem para viajar para fora da Dinamarca recebem duas camisinhas e um folheto com explicações sobre como evitar a aids durante a viagem.

Egito

✪ A dança do ventre é a versão moderna de uma dança religiosa que representa o sexo e o parto. Por isso, deve ser praticado apenas por mulheres. Uma das primeiras formas de dança do ventre chamava-se *awalem* e era usada como educação sexual para recém-casados no Egito.

✪ Um grupo religioso proibiu seus integrantes de comer berinjela e pepino, por causa de sua conotação sexual.

✪ Mohammed Abdel Rahman, de 29 anos, se matou na noite de seu casamento ao descobrir que sua futura sogra havia trocado os papéis no cartório. Ele viajou a negócios e deixou toda a papelada com ela. Ao preenchê-la, porém, a sogra resolveu colocar o nome de sua filha mais feia.

Equador

A poligamia é aceita pela tribo dos cayapa. A explicação é que, quanto maior o número de mulheres, maior será a capacidade de colher bananas, principal atividade econômica local.

Espanha

✪ Em 1659, um fazendeiro foi executado porque mantinha relações sexuais com uma porca. O animal também acabou sendo sacrificado para "apagar qualquer lembrança do ocorrido".

✪ Você sabe o que significa *esposas* em espanhol? Além de se referir às mulheres casadas, a palavra no plural quer dizer "algemas".

✪ No dia 20 de agosto de 1994, o físico espanhol Marcos Gutiérrez fundou, na cidade de Granada, o Clube da Castidade da Europa. O clube reunia pessoas dispostas a defender a castidade em debates públicos e nos meios de comunicação. O mais curioso é que os fundadores ofereceram o título de sócio honorário ao presidente americano Bill Clinton.

✪ Quando ainda não se falava em assédio sexual, em 1989, a espanhola Maria José López, de 16 anos, foi atacada por seu chefe. O caso chegou aos tribunais, e o juiz atribuiu à minissaia que ela usava a reação de seu patrão, que "não pôde se conter". A sentença provocou revolta no âmbito das entidades feministas.

✪ Em 1997, um motorista de Barcelona atropelou três crianças. Uma menina de 13 anos morreu na hora e dois garotos ficaram gravemente feridos. O motorista explicou que a culpa foi de um *outdoor* que exibia uma garota de *lingerie*.

Estados Unidos

✪ Os primeiros imigrantes ingleses chegaram aos Estados Unidos a bordo do *Mayflower*, em 1620. Logo no primeiro inverno na América, 13 das 18 mulheres morreram. Por isso, durante muito tempo, o número de homens foi bem maior que o de mulheres.

✪ No início da colonização, Thomas Granger foi condenado à forca por ter "abusado sexualmente" de uma vaca, uma égua, duas cabras, cinco ovelhas e um peru.

✪ Os índios cheyenne praticam a curra como punição para o adultério. Curra é o nome que se dá ao estupro cometido por um bando de homens que se reveza violentando a vítima.

✪ O principal sindicato de prostitutas americanas chama-se Coyote. A sigla significa Call off your Old Tired Ethics (Cancele sua Ética Velha e Cansada).

✪ O bordel mais luxuoso de que se tem notícia na história do país, o Everleigh Club, ficava em Chicago. Estava instalado numa mansão com 14 quartos, biblioteca e galeria de arte. As donas eram duas irmãs, filhas de um conhecido advogado.

✪ O casamento mais longo da história durou 86 anos. Os americanos Lazarus Rowe e Molly Weber, do estado de New Hampshire, casaram-se em 1743. Tinham 18 anos. O casamento só acabou quando ele morreu, aos 104 anos.

✪ Um jornal de Fortworth (Texas) publicou a notícia de que a polícia estava atrás de uma mulher com uma rosa tatuada no seio esquerdo, suspeita de roubar um banco. Pelo menos trezentos homens ligaram para dizer que conheciam a tal mulher.

✪ Uma pesquisa publicada pelo jornal *The Washington Post*, em 1994, revelou que os homens norte-americanos têm relações sexuais em média com 15 mulheres diferentes ao longo da vida. A média entre as mulheres é de 8 parceiros.

✪ Nos Estados Unidos, existe pesquisa sobre tudo. A hora do dia em que a maioria dos casais faz amor é onze da noite. O *New England Journal of Medicine* publicou que as mulheres sentem 30% mais tesão do que o normal em noites de lua cheia.

✪ Oito detentos da prisão de Nashville, no estado do Tennessee, conseguiram abrir um buraco para fugir. Mas o final do túnel foi dar numa cela da ala feminina. Adiaram o plano da fuga para transar com as prisioneiras. Os guardas apareceram, e eles foram recapturados.

◉ Em Helena, Montana, uma mulher é proibida de dançar em cima da mesa de um *saloon* se a sua roupa pesar menos de dois quilos.

◉ Em Maryland, os preservativos podem ser vendidos em máquinas somente "em lugares onde são vendidas bebidas alcoólicas para consumo no local".

◉ Você está interessado em comprar testículos humanos? Se estiver, por 20 mil dólares o americano Jerald De Rosset vende os dele. O homem decidiu vender essa parte do corpo porque quer assumir-se transexual, mas não tem dinheiro para arcar com os custos da cirurgia de mudança de sexo. Ele se define como uma mulher aprisionada no corpo de um homem e sem dinheiro.

◉ Uma professora da Califórnia, nos Estados Unidos, foi despedida de uma escola de 2º grau por ter tirado a blusa na sala de aula. Dana Gibson, de 43 anos, alegou que mostrou sua roupa íntima depois que um dos alunos reclamou que as aulas de espanhol eram entediantes. Ela lecionava no colégio católico Sain Joseph, no condado de Santa Bárbara.

◉ Outra professora americana, de 24 anos, está sendo processada por abuso de menores e por contribuir com a delinquência juvenil. Ela foi acusada de ter mantido relações sexuais com oito alunos, de dezembro de 2000 a março de 2001, período em que trabalhou como professora substituta numa escola da cidade de Union Bridge.

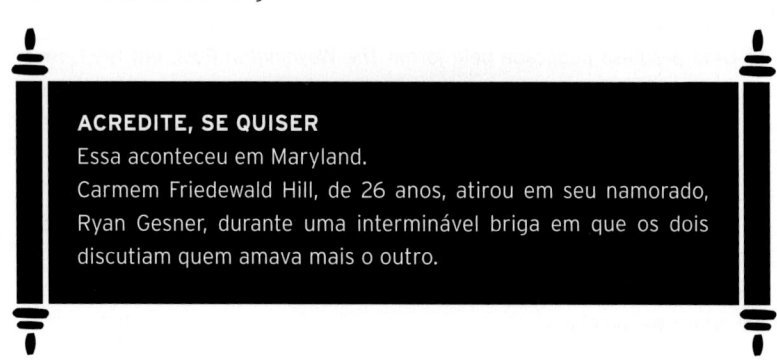

> **ACREDITE, SE QUISER**
> Essa aconteceu em Maryland.
> Carmem Friedewald Hill, de 26 anos, atirou em seu namorado, Ryan Gesner, durante uma interminável briga em que os dois discutiam quem amava mais o outro.

ANIMAIS NA MIRA DA LEI

◉ Em Ventura (Califórnia), cães e gatos precisam de uma licença pública para transar na rua.

- Em Fairbanks, no Alasca, os alces não podem copular nas ruas da cidade.

- Os porcos estão proibidos de manter relação sexual na área do aeroporto de Kingsville, no Texas.

O PAÍS DAS LEIS MAIS MALUCAS

- Em Dyersburg, uma cidadezinha do Tennessee, é proibido por lei que uma mulher ligue para o homem convidando-o para um encontro. No estado de Dakota do Sul, uma mulher, independentemente da idade, não pode conversar com um homem casado na rua. As infratoras podem até ir parar na cadeia.

- Os casais são proibidos de dormir nus nos quartos de hotel de Hastings, no estado de Nebraska. Os donos do hotel devem providenciar um pijama branco para cada hóspede. Nenhum casal pode fazer sexo sem estar usando o tal pijama. Já em Sioux Falls (Dakota do Sul), os quartos dos hotéis só podem ter camas de solteiro. Pior: elas precisam estar 60 centímetros longe uma da outra. É proibido transar no chão, no espaço entre as camas.

- Silêncio, por favor! Um casal pode ir para a cadeia em Liberty Corner (Nova Jersey) se acionar a buzina, mesmo acidentalmente, enquanto estiver fazendo sexo dentro de um carro.

- Se um policial da cidade de Coeur d'Alene (Idaho) suspeitar que um casal está transando dentro de um carro, ele deve primeiro buzinar três vezes, esperar dois minutos e só aí se aproximar.

- Na cidade de Tremonton (Utah), é crime mulheres manterem relações sexuais dentro de ambulâncias. Em caso de condenação, o nome da mulher e o motivo da pena são publicados no jornal. Já o homem não recebe nenhum tipo de punição.

- O sexo dentro de um veículo é permitido em Carlsbad, no Novo México, sob duas condições: o carro deve ter cortinas e o sexo não pode ser feito na hora do almoço.

- Os homens de Alexandria, no estado de Minnesota, são proibidos de fazer sexo enquanto seu hálito estiver cheirando a alho, cebola ou sardinha.

- Na capital dos Estados Unidos, Washington D. C., uma lei determina que só é permitido transar na posição papai e mamãe, lá conhecida como "missionário".

- Em Arnes (Iowa), um homem não pode tomar mais de três goles de cerveja quando estiver na cama com uma mulher.

- Em Connorsville, Wisconsin, os homens não podem disparar armas de fogo quando suas parceiras estiverem tendo um orgasmo.

- A legislação de Harrisburg, na Pensilvânia, não permite que se mantenham relações sexuais com caminhoneiros em postos de pedágio.

- Também na Pensilvânia, é proibido fazer sexo oral usando batom de baixa qualidade.

- É proibido pronunciar palavras obscenas no ouvido da esposa durante uma relação sexual em Willowdale, no Oregon.

- No dia de seu casamento, o homem e a mulher não podem manter relações sexuais enquanto estiverem caçando ou pescando, na cidade de Oblong, em Illinois.

- Em Clinton, Oklahoma, há uma lei que proíbe a masturbação se a pessoa estiver observando um casal transando dentro de um carro.

- Em Oxford (Ohio), as mulheres não podem ficar nuas na frente de uma fotografia de homem.

- Sexo sem camisinha? É proibido no estado de Nevada.

- Esta aqui vale em Bozeman, Montana: é proibido praticar qualquer ato de natureza sexual no jardim da casa, depois do pôr do sol, se para isso for necessário ficar sem roupa.

- Em todo o país, é proibido manter relações sexuais com cadáveres.

Etiópia

Antes do casamento, os homens da tribo afar devem matar um guerreiro inimigo, cortar seus testículos e pendurá-los na entrada da aldeia.

Filipinas

- Imelda Marcos, casada com o ex-ditador Ferdinand Marcos, tinha um guarda-roupa recheado com 3 mil pares de sapatos, duzentas cintas-ligas, mil meias-calças e quinhentos sutiãs pretos. Um deles era à prova de balas.

- Pessoas do mesmo sexo são vistas de mãos dadas em público. Nada de mais: isso significa apenas amizade.

França

✪ Na França do século XVIII, o sexo anal era um crime passível de execução na guilhotina.

✪ Em meados do século XIX, o tipo mais barato de bordel em Paris eram os chamados *tôles d'abbatage* (em francês, "mesas de abate"). É que se usavam mesas em vez de camas.

✪ O príncipe Louis François de Bourbon (1717-1776) se vangloriava de ter feito amor 12 vezes numa mesma noite com sua amante, madame Deschamps.

✪ O Folies-Bergère, um dos mais importantes cabarés do mundo, foi inaugurado em 1869. As mulheres nuas foram incorporadas ao espetáculo no final da década de 1910. O sucesso do *Folies-Bergère* abriu caminho para outros espetáculos, como *Moulin Rouge* e *Crazy Horse*.

✪ Uma lei que caiu em desuso diz que é proibido trocar beijos dentro de trens na França.

✪ Um casal provocou um dos mais graves incêndios de Paris (França). No dia 19 de abril de 2005, após uma discussão feia com o namorado, uma mulher saiu do restaurante de um hotel jogando pilhas de roupa no chão com raiva. Só que algumas delas caíram sobre velas e deram início ao fogo. O incidente deixou 23 mortos e 50 feridos.

Gana

Na tribo ashanti, as viúvas são obrigadas a ter relações sexuais com um estranho para se libertar do espírito do falecido.

Grã-Bretanha

✪ No ano 1000, uma lei inglesa punia com multa de 5 xelins quem acariciasse sem permissão os seios de uma mulher.

✪ No século XVIII, as chamadas Casas de Molie reuniam homens, que se vestiam de mulher em festas homossexuais.

✪ Um dos primeiros casos de um escritor preso e condenado por textos obscenos estourou na Inglaterra em 1725. A vítima foi Richard Curl, autor de *Vênus no convento*.

✪ Em 1850, descobriu-se na Inglaterra uma comunidade chamada Agapemone, em cujas normas incluía-se a prática da troca de casais.

✪ O rei Eduardo VIII abdicou ao trono da Grã-Bretanha em dezembro de 1936, tornando-se apenas duque de Windsor, para se casar com a americana Wallis Simpson, que já havia se divorciado duas vezes. Como chefe da Igreja Anglicana, Edward não teria permissão para se casar com uma divorciada. O trono passou a ser ocupado por seu irmão mais novo, George, pai da rainha Elizabeth II.

✪ Na antiga Inglaterra, quem não fazia parte da família real deveria solicitar uma autorização para fazer sexo. Até para ter filhos, os súditos tinham que pedir licença ao rei. Ao autorizar o coito, Sua Majestade entregava uma placa para ser pendurada na porta de casa, com a sigla FUCK, que significava Fornication under Consent of the King (fornicação consentida pelo rei). A partir de então, *fuck* passou a designar a prática do ato sexual. Ninguém sabe dizer se isso é mesmo verdade, mas foi uma versão que entrou para a história. Outra diz que a palavra vem do inglês *foken*, que significa "bater contra". Seria uma alusão ao choque dos corpos durante o sexo.

✪ As mulheres adúlteras sofreram no governo do rei Canuto, que ocupou o trono da Inglaterra entre 1016 e 1035. Ele simplesmente ordenava que lhes cortassem o nariz e as orelhas. Para os homens, não havia punição.

✪ Durante o reinado de Jaime I (1603-1625), as mocinhas andavam de seios nus para mostrar que eram virgens.

✪ Em sua noite de núpcias, Ethelred – que foi rei da Inglaterra de 978 a 1016 – levou para a cama não só sua esposa como também a sogra.

✲ No período vitoriano, algumas mulheres espalharam que um banho de morangos frescos podia corrigir a flacidez dos seios. Já os homens costumavam ir para a cama com os órgãos genitais amarrados por um cordão. Desse modo, acreditavam, estariam livres de uma "poluição noturna". Nessa época, as normas religiosas inglesas consideravam falta de respeito fazer amor aos domingos.

✲ Ninguém sabe se Eduardo VII, rei da Inglaterra, era bom de cama. Mas "bom de mesa"... Ele mandou construir uma mesa especial para que pudesse fazer sexo em cima dela.

✲ Na Inglaterra, uma lei antiga diz que é proibido beijar dentro do cinema. Os ingleses não a levam nada a sério...

✲ Na ilha britânica de Sark, perto da costa da Bretanha francesa, não existe divórcio, e os maridos são autorizados por lei a espancar suas mulheres.

✲ No início da década de 1990, o Exército de Salvação abriu um centro na cidade de Dartington para receber donativos de sutiãs. As peças são enviadas para mulheres pobres de países como Rússia, Índia e Paquistão.

✲ A polícia de Oxford prendeu Charles Dupon, de 52 anos, sob a acusação do roubo de 105 calcinhas de sua vizinha ao longo de 16 anos.

✲ Resolveu fotografar a namorada sem roupa? Ao mandar revelar o filme, é preciso avisar o laboratório se as cenas forem picantes – o cliente deve fazer um relatório bem detalhado. Aí o laboratório decide se vai revelar ou não. Quem não avisa o conteúdo das fotos pode ir parar na delegacia.

✪ Apesar de parecer absurda, a seguinte notícia foi publicada por uma agência de notícias. No vagão de primeira classe de um trem que ia de Margate para Londres, o casal John Henderson e Zoe D'Arcy se entusiasmou com os amassos. A moça se abaixou no colo de John e teria praticado uma sessão de sexo oral. Nenhum passageiro disse nada. Ao terminar, John e Zoe acenderam um cigarro. Foi a maior confusão. Os passageiros se revoltaram e chamaram a segurança. O casal teve que descer do trem e pagou o equivalente a 300 reais de multa por desrespeitar a placa de "proibido fumar".

✪ É proibida a prática de sexo oral por dois homens adultos, na mesma casa, com uma terceira pessoa. A relação anal entre heterossexuais também é proibida por lei.

✪ Em agosto de 2000, as enfermeiras do setor de cardiologia do Hospital Dorset County, na cidade de Dorchester, foram proibidas de usar calcinhas muito pequenas sob os uniformes. Segundo a direção, o batimento cardíaco dos pacientes safenados aumentava quando as enfermeiras entravam no quarto exibindo as marcas de tanguinha sob a roupa. Isso estava pondo em risco a recuperação dos pacientes.

✪ Crianças menores de dez anos não podem olhar manequins de loja sem roupa.

✪ As prostitutas londrinas espalham seus cartões em cabines telefônicas como meio de fazer propaganda e atrair clientes. Segundo a British Telecom, que administra as cabines, são retirados 13 milhões de cartões de prostitutas todos os anos. Há até clubes de colecionadores de cartões pelo país.

✪ Um grupo de ingleses criou o SOS Pornografia, um telefone especial para ajudar quem é viciado em pornografia. Ao ligar para o número, a voz da secretária eletrônica diz: "Você quer uma alternativa para a pornografia? Dê um passeio, escute uma boa música ou tome uma ducha bem fria".

Grécia

Um caso que chocou os habitantes da ilha grega de Creta: às vésperas de seu casamento, a jovem noiva resolveu levar alguns amigos para conhecer sua nova casa. Ao chegar lá, encontrou o futuro marido na cama com outro homem. Pior: o noivo estava usando o vestido de noiva. A garota teve uma crise nervosa, e o noivo nunca mais foi visto.

Guam

Há homens cujo trabalho é viajar pelo país e deflorar mulheres virgens. Pelas leis de Guam, mulheres virgens não podem se casar.

Holanda

❂ O bairro da Luz Vermelha na capital, Amsterdã, ganhou fama no mundo inteiro. Prostitutas seminuas ficam expostas em vitrines de sua casa, como se fosse uma loja de sexo explícito. A prostituição é legalizada, e as prostitutas pagam impostos, como em qualquer outra atividade.

❂ Uma empresa criou o serviço Amsterdam's Nude Cleaning. Por 43 dólares a hora, as mulheres contratam homens para fazer o serviço doméstico. Detalhe: eles trabalham pelados o tempo inteiro. São quarenta chamados por dia.

❂ A prostituição voltou a ser legalizada na Holanda depois de 89 anos de proibição. Das 6 mil profissionais, 4 mil têm empregos fixos em casas noturnas.

❂ A empresa de internet Tring, da Holanda, lançou a oferta: assine um celular KPN e ganhe dois aparelhos com função vibratória: um aparelho celular e um vibrador. A campanha desagradou a operadora KPN, que não quer sujar sua imagem por causa da promoção engraçadinha.

Hong Kong

✪ Um homem de trinta anos foi condenado a trinta meses de prisão por experimentar *lingerie* feminina no provador de uma loja de departamentos.

✪ A carne de cobra é um dos pratos mais apreciados da culinária de Hong Kong. Ela pode ser servida frita, refogada ou até na forma de sopa. A comida é considerada altamente afrodisíaca por todos.

✪ Uma mulher traída pode matar o marido, desde que o faça apenas com as mãos. Já a amante do marido infiel pode ser morta de qualquer outra maneira.

Iêmen

Andar com uma revista de mulher pelada na rua dá prisão.

Ilhas Carolinas

Os habitantes da ilha Yapese têm o estranho tabu de proibir o banho de mar logo após a relação sexual.

Ilhas Salomão

Os homens da tribo tikopia estão proibidos de tocar em órgãos genitais, incluindo os próprios. Durante o ato sexual, as mulheres é que conduzem o pênis para o lugar certo.

Índia

✪ Somente em 1978 as autoridades indianas permitiram que beijos fossem exibidos na tela dos cinemas.

✪ Em março de 1995, cerca de 1.500 policiais foram enviados à cidade de Chandragutti, no Sudeste do país, para impedir uma romaria. É que a tradição mandava que os peregrinos andassem nus até o templo que ficava no alto de uma colina.

✪ Em algumas culturas, o sexo no período em que a mulher está menstruada é proibido ou desaconselhado, como entre os hindus. Os nayaar acreditam que o homem que copular com uma mulher menstruada ficará impotente.

✪ Muitos casamentos são acertados entre a família da moça e a do rapaz. Se a mulher não aceitar a decisão da família e arrumar outro namorado, existe a possibilidade de ela ser queimada pelos parentes.

✪ Quando uma mulher da tribo toda se casa, ela também se transforma em mulher do irmão de seu marido e mantém relações sexuais com ele.

✪ Em julho de 2001, o indiano Dharam Singh foi condenado à prisão por não casar com uma mulher depois de ter transado com ela. Ele a seduziu com propostas de casamento e pagamento de 170 libras. No julgamento, Singh alegou que a mulher não era mais virgem, mas o tribunal de Nova Déli concluiu que ele cometeu traição.

Indonésia

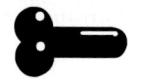

✪ Uma das tradições do país é o uso de bolas de bambu ou metal implantadas sob a parte mais superficial do pênis ou do escroto para aumentar a estimulação do clitóris.

✪ A tribo mori acredita que a mulher só engravida quando ela e o homem conseguem atingir o orgasmo ao mesmo tempo.

✪ A masturbação foi proibida no país. A pena é a decapitação.

✪ Os casais não devem se beijar em público.

Inglaterra

✪ Entre os séculos XV e XVIII as prostitutas da Inglaterra usavam perucas púbicas coloridas, chamadas de *merkins,* para excitar seus clientes.

✪ Na Inglaterra, a professora Helen Ballard espalhou fotos suas em poses insinuantes numa sala de bate-papo da internet. Só que ela esqueceu de apagar as cópias do computador da escola. Depois que ela foi advertida, o pai de um aluno comentou: "É ruim que outras pessoas tenham visto. Afinal, ela não é exatamente uma pintura".

✪ Na Inglaterra, a lei autoriza vendedoras a ficarem de *topless* em Liverpool, mas somente em lojas de peixes tropicais.

✪ Em 2000, um cidadão inglês foi condenado por fazer sexo grupal com outros homens. De acordo com a lei vigente na época, homens só poderiam fazer sexo com outros homens, contanto que a relação não envolvesse mais que dois parceiros. Foi nesta mesma lei que o escritor Oscar Wilde foi enquadrado e preso em 1895.

Irã

✪ As leis iranianas preveem o apedrejamento de mulheres adúlteras.

✪ A revista semanal *Fakhuir* (Pensador) publicou uma reportagem sobre o escândalo sexual do presidente norte-americano Bill Clinton. O texto vinha acompanhado de fotos de Gennifer Flowers, Paula Jones e Monica Lewinsky. Uma corte de Teerã multou o diretor da revista, Reza Ghanilu, em 300 dólares. É que as mulheres estavam sem véu, contrariando a lei islâmica.

✪ A atriz de cinema Gohar Kheirandish foi condenada a 74 chicotadas por ter beijado o rosto do diretor Ali Zamani durante a cerimônia de entrega dos prêmios do Festival do Filme Religioso de Yazd. Pela lei islâmica, o contato físico em público entre mulheres e homens que não são casados é estritamente proibido. Gohar só escapou da pena porque foi beneficiada com *sursis* (suspensão condicional da pena).

Irlanda

A comunidade rural Inis Beag é considerada uma das mais conservadoras de todo o planeta. Quem pratica masturbação ou exploração recíproca do corpo será punido. A nudez é desaconselhada mesmo durante as relações sexuais. Não há namoro, noivado e troca de carinhos. O casamento tem função apenas reprodutiva.

Israel

❂ Cerca de 10 mil mulheres judias ortodoxas vivem casadas pelo regime de angona. De acordo com as ultraconservadoras leis religiosas, essas mulheres não podem se divorciar sem a permissão dos próprios maridos. Os rabinos têm poder para obrigar os homens a se separar, mas raramente o fazem.

❂ As judias ortodoxas não exibem o corpo para o marido. Durante as relações sexuais, elas usam roupas com aberturas.

❂ Os homens não podem tocar na mulher durante o período menstrual.

Itália

❂ Em Veneza, no século XV, as prostitutas estavam autorizadas a exibir os seios nas janelas de suas casas. A ideia é que, desse modo, os jovens seriam afastados do "perigo da aberração antinatural do homossexualismo".

❂ Ilona Staller, mais conhecida como "Cicciolina", recebeu 20 mil votos dos italianos e se elegeu deputada em Roma pelo Partido Radical no ano de 1987. Em toda a sua campanha, apareceu com os seios nus e um ursinho cor-de-rosa chamado Cicciolino. Ela estrelou filmes como *Cicciolina meu amorzinho*.

Seu casamento com o artista americano Jeff Koons durou apenas nove meses. No final de 1991, ela mudou de partido: filiou-se ao Partido do Amor e foi escolhida presidente de honra.

✪ Havia na Itália uma tradição que acabou caindo em desuso. Depois da noite de núpcias, o marido pendurava o lençol manchado de sangue na janela, como prova de que tinha tirado a virgindade da mulher.

✪ Em Trento, um homem de cinquenta anos ligou para o serviço de disque-sexo e notou uma certa familiaridade na voz do outro lado da linha. Depois de alguns minutos, descobriu que a atendente era sua mulher.

Japão

✪ As gueixas eram educadas ao longo da vida para agradar a todos os homens que pertencessem a grupos privilegiados da sociedade, como os samurais e os comerciantes mais ricos. Sabiam tocar *shamisen* (uma espécie de violão) e declamavam haicais. Ao contrário do que se imagina, as gueixas não faziam programas. Nos prostíbulos, quem entretinha os homens eram prostitutas. As jovens eram chamadas de *yujo*, e as mais velhas, de *oiran*. Para distinguirem-se umas das outras, as *oiran* vestiam quimonos exuberantes, acrescentando um detalhe peculiar: a faixa da roupa, que costuma ser presa na parte de trás, era colocada na frente. Além disso, equilibravam-se em tamancos de madeira de 20 centímetros de altura. Era uma forma de demonstrar que estavam realmente num nível superior.

✪ O símbolo do Festival de Kanamara, realizado em todo o Japão no segundo domingo de abril, é um enorme pênis. A tradição começou no período Edo, quando as prostitutas passaram a orar para esculturas do órgão masculino pedindo que não ficassem doentes. Depois a festa passou a ser realizada por agricultores, que oravam por boas colheitas. Atualmente, as mulheres que desejem engravidar devem tocá-lo.

✪ Pesquisadores japoneses trabalham na invenção da "camisinha musical". Instalaram um microchip na ponta do preservativo, que funciona como os cartões musicais. A ideia de um deles é fazer a camisinha tocar *Love me do* na hora da ejaculação.

✪ Os japoneses têm salas de café chamadas *No Pan Kissa*, com pisos espelhados para atender clientes que queiram olhar sob a roupa das garçonetes. Os uniformes das garçonetes, claro, não incluem roupa íntima.

✪ Não faz muito tempo a submissão da mulher japonesa era tão grande que ela precisava andar a três passos do marido, para não pisar sequer na sombra dele.

✪ A polícia de Tóquio prendeu Yoichi Ishihara, especialista em arrombar armários de escola para roubar calcinhas das alunas. Em sua casa havia 1.200 peças íntimas. Ishihara declarou que vendia as calcinhas a fetichistas. No Japão, algumas *sex shops* têm máquinas que vendem calcinhas usadas de colegiais.

✪ Os mangás – histórias em quadrinhos – são muito populares no Japão. Além daqueles mais comportados – para crianças e senhoras –, os que fazem mais sucesso são os Hentai ou Ecchi, de cunho erótico. O quadrinho Hentai adquiriu uma característica dos filmes pornográficos japoneses: não mostrar os genitais. As garotas são sempre desenhadas com olhos grandes e corpo arredondado, ao contrário das japonesas, que têm corpo esguio. Nas histórias, elas geralmente precisam lidar com monstros.

✪ Outra mania no Japão é fotografar calcinhas de colegiais. Os *stalkers* (perseguidores) procuram nas ruas as garotas que usam *sailors* (roupas de colégio) e fazem as imagens. Esse tipo de foto é conhecido como *panchira*.

Líbano

É crime transar com um animal do sexo masculino. Se for do sexo feminino, pode. Relações sexuais com machos são puníveis com a morte.

Malásia

✪ Em julho de 1995, o professor de teologia Abdul Talib Harun, de 35 anos e nascido em Cingapura, foi condenado a 25 meses de prisão por ter dez esposas, quando as regras locais permitem um máximo de quatro, de acordo com as leis islâmicas. Abdul alegou que seguia os preceitos do islamismo xiita, que eram diferentes do islamismo praticado na Malásia (sunita). O juiz não concordou. Ele teve ainda que pagar uma multa de 5.500 dólares. As quatro mulheres legais ficaram presas durante um mês e pagaram uma multa de 200 dólares. As outras ficaram trancafiadas por três meses e foram multadas em 1.000 dólares. Uma delas teve um bebê na prisão.

✪ O governo islâmico proibiu que as mulheres que trabalham nas ruas usem batom. Anunciou também que as mulheres atraentes não podem ser contratadas para empregos públicos, pois tiram a concentração dos homens.

✪ Na cidade de Kelatan, uma lei determina que as luzes dos cinemas devem permanecer acesas durante a exibição do filme para "evitar atos imorais no escuro". O autor da proposta justificou a decisão: "Se podemos ver televisão em casa com a luz acesa, por que não podemos fazer o mesmo no cinema?".

✪ A circuncisão coletiva dos meninos é uma atração turística do país. Os turistas chegam a pagar ingresso para assistir à cerimônia.

Marrocos

✪ Moulay Ismail, imperador do Marrocos que viveu entre 1672 e 1727, entrou para o *Livro dos recordes* como o maior reprodutor da história da humanidade. Ele teria sido pai de 525 meninos e 342 meninas.

✪ Uma lenda marroquina garante que uma ferradura velha pode acabar com a impotência. O interessado deve escrever o pedido na ferradura, aquecê-la no fogo e depois mergulhar numa vasilha com água. Depois de alguns minutos, é só beber toda a água.

✪ No harém do sultão Moulay Cherif, do século IX, nasceram 124 meninas e 24 meninos.

✪ As mulheres ait hadiddou solteiras, viúvas e divorciadas se casam à primeira vista. Uma feira anual de três dias, conhecida como *moussen*, promove os encontros e os casamentos coletivos. As garotas usam vestimentas coloridas e passeiam em turmas. Os pretendentes ficam flertando a distância. Quando escolhem alguém, combinam o valor do dote com o pai da garota. Os pombinhos pagam um imposto de 10 dólares e podem se casar no dia seguinte.

México

✪ Segundo as crenças mexicanas, São Bonifácio tem o poder de "curar os gays de suas preferências sexuais". Em 1732, o capelão de um hospital rezou uma novena em que pedia ao santo que ajudasse os homossexuais a deixar o "vício desonroso".

✪ Em Guadalajara, mulheres que trabalham para o governo não podem usar minissaias ou roupas consideradas provocantes.

✪ Mulheres "direitas" confundidas com prostitutas nas ruas de Cancún, no México, propuseram um acordo: que as prostitutas usassem uniforme. As mais antigas profissionais da história passaram a vestir blusas amarelas e calças ou saias pretas. Pronto, foi o fim da confusão!

Moçambique

Na tribo tonga, o beijo é considerado repugnante, pois há contato com a saliva de outra pessoa. Os homens praticam a poligamia, dando preferência ao casamento com irmãs. As mulheres esticam seus pequenos lábios na tentativa de alongá-los, pois esse detalhe excita bastante os homens.

Nigéria

Há ainda um certo mistério sobre a morte do ditador nigeriano Sani Abacha, em 1998. A imprensa europeia noticiou que ele teria tomado Viagra, remédio contra a impotência, sem saber que poderia causar graves efeitos colaterais a doentes do coração, como ele. O general de 54 anos morreu de ataque cardíaco na cama, na companhia de sua oitava esposa.

Omã

● Há poucas prostitutas neste país do Oriente Médio. Como a prática é ilegal, os serviços custam muito caro. Já a contratação de um rapaz afeminado (*xanith*) é barata e autorizada por lei.

● O homem pode ter até quatro mulheres, desde que pague à família de cada uma o dote, que gira em torno de 70 mil dólares, metade em joias de ouro. Se a primeira mulher se recusar a morar com a segunda, o marido deverá comprar outra casa, do mesmo valor, para a segunda, e assim por diante.

Papua-Nova Guiné

● No idioma dos manus, a palavra "amor" não existe. Estes habitantes analfabetos das ilhas Almirante consideram o sexo vergonhoso e pecaminoso. A maioria das mulheres é frígida e acha a relação sexual dolorosa e humilhante. Histórias, danças ou canções românticas também não existem. Toda a sociedade despreza práticas como beijos, carícias e demonstrações de desejo sexual.

● Ao entrar na puberdade, os meninos da tribo keraki devem participar de uma sessão de coito anal. Acredita-se que os jovens não crescerão se não tiverem recebido o sêmen de homens mais velhos. Também existe a crença de que os homens podem engravidar, a menos que comam uma laranja-lima.

● Na Papua-Nova Guiné, os baruya tratavam o esperma como uma poção mágica. A noiva era obrigada a beber o sêmen do futuro marido antes do casamento. Desse modo, dizia a tradição, ela desenvolveria melhor os seios e teria leite em abundância. As mulheres deviam beber esperma sempre que tivessem alguma doença. Os adolescentes também bebiam esperma para serem considerados adultos. Não podia ser o sêmen de nenhum homem casado, pois eles acreditavam que o contato com as mulheres podia fragilizar o doador. A doação tinha de proceder de um homem virgem e quase em idade de casar. Era proibido beber o sêmen de algum parente.

✪ Já os kiwai, habitantes de Papua, creem que as mulheres darão à luz gêmeos se comerem bananas de uma bananeira com dois cachos. Dizem, ainda, que uma mulher pode deixar de ser estéril se comer aranhas e ovos de aranhas.

Paquistão

✪ As mulheres paquistanesas enfrentam leis muito severas. O homem pode matar a filha ou a irmã suspeita de ter praticado sexo fora do casamento. No caso de estupro, são as vítimas, as mulheres, que vão para a cadeia. Os estupradores ficam em liberdade.

✪ Homens e mulheres comem separadamente. Em todas as ocasiões.

Polinésia

✪ Antes da influência das culturas europeias, as mulheres da Polinésia eram proibidas de comer banana, por causa do formato, e coco, por se parecerem com testículos.

✪ Os casamentos na tribo tikopia são feitos à força. O pretendente sequestra a garota da casa do pai e a leva para uma festa, onde anuncia o casamento. A mulher é forçada a consumar o casamento em público.

Polônia

Na região da Cracóvia, é proibido manter relações sexuais com animais. Na terceira vez, o infrator é condenado à morte.

Portugal

Você pensa mesmo que sabe falar português? Quando o assunto é sexo, veja quais as palavras de Portugal que você deve conhecer:

Broche	Sexo oral feito no homem
Boceta	Caixinha
Cacete	Pãozinho
Dar uma queca	Dar uma rapidinha
Estou-me a ir	Estou gozando
Linguado	Beijo de língua
Paneleiro	Homossexual
Pega	Prostituta
Pica	Injeção
Levar uma pica ao rabo	Tomar injeção na nádega
Pila	O dito-cujo
Pipi	A dita-cuja
Ponta	Tesão
Punheta	Prato feito com bacalhau desfiado
Puto	Garotinho
Trombado	Sexo oral feito na mulher

✪ Em 1715, o rei de Portugal, dom José, assinou uma lei para ajudar os traídos a saberem de sua condição. A pessoa que tomasse conhecimento de uma traição deveria pendurar chifres na porta da casa do traidor.

Quênia

O ex-presidente do Quênia, Daniel Moi, chegou a sugerir que a população ficasse dois anos sem sexo. Segundo ele, essa medida iria diminuir drasticamente a progressão da aids, já que a doença é uma epidemia nacional e os quenianos não têm o costume de usar camisinha.

República Tcheca

O maior clube sadomasoquista do mundo fica na República Tcheca. É o Other World Kingdom, que funciona desde 1985 num castelo do século XVI, a 140 quilômetros da capital, Praga. Ele foi inaugurado por Patricia de Gifford, que se autoproclamou "Sublime Alteza das Mulheres Superiores". O lugar conta com duzentas súditas, que tratam os hóspedes, todos homens, como verdadeiros escravos. O preço da hospedagem é cobrado de acordo com o tamanho do pênis do cliente em estado de ereção. Quanto maior, mais caro.

Romênia

Uma romena de 66 anos deu à luz uma criança, em 16 de janeiro de 2005, e, com isso, se tornou a mãe mais velha do mundo. A professora universitária Adriana Iliescu se submeteu a tratamentos de fertilidade por nove anos antes de engravidar.

Rússia

✪ O regime socialista da ex-União Soviética encarava a prostituição como um mal das sociedades capitalistas. Ao serem presas, as prostitutas eram encaminhadas para cursos de reeducação. Depois da perestroica, muitas prostitutas russas foram trabalhar em outros países, como Turquia e República Tcheca. Elas ganharam o apelido de Natashas.

✪ Uma das edições mais explosivas da história da *Playboy* russa trazia na capa a loira Dana Borisova. Ela era a apresentadora de um programa de TV chamado *Revista do Exército*. No programa, Dana entrevistava soldados e passava mensagens de incentivo. Na capa da edição, lançada em 1997, ela aparecia com uma camiseta bem justinha e botas militares.

✪ Dos haréns não se fala apenas nas dançarinas das mil e uma noites. O grande número de nascimentos de meninas também é muito mencionado. Um exemplo famoso do século IX: os domínios de um embaixador persa em São Petersburgo cresceram com o nascimento de 203 meninas; os meninos eram apenas 57.

Sibéria

✪ A cerimônia de casamento da sociedade Kamchadal é um tanto esquisita. Para tornar o casamento legal, o noivo deve tocar a vulva de sua futura esposa. Só que, antes, ele precisa capturá-la. Se a mulher concorda com o casamento, a perseguição até que é fácil. Do contrário, ela conta com a ajuda das outras mulheres da aldeia, que fazem de tudo para desencorajar o pretendente.

✪ Na comunidade dos yakut, que vive da criação de renas no Nordeste da Sibéria, as meninas usam calças de couro bem pesadas com o intuito de preservar a virgindade até o casamento. Ou seja, quando resolvessem tirar as calças para fazer sexo, elas teriam bastante tempo para pensar se deveriam mesmo fazer aquilo ou não.

✪ Em 1998, a cidade de Novosibirsk passou a conviver com uma lei bastante curiosa: revistas eróticas só podem ser vendidas em farmácia... com a apresentação de receita médica. Segundo o Conselho Deliberativo da cidade, "só um degenerado ou um psicopata pode querer olhar mulheres sem roupa". As autoridades locais também determinaram que as mulheres que fazem *striptease* não podem permanecer nuas por mais de trinta segundos.

Somália

A cada ano, no mundo, cerca de 2 milhões de mulheres passam pelo ritual de mutilação do clitóris (clitoridectomia) e da parte externa dos órgãos genitais. A Somália é um dos países em que persiste essa tradição, praticada em outros países da África, do Oriente Médio e do Sudeste Asiático há 2 mil anos. Como as operações são feitas de modo rudimentar, boa parte das mulheres torna-se estéril.

Sri Lanka

✱ O jovem Khalid Mosood escreveu cerca de setecentas cartas propondo casamento a uma mulher que ele conhecera na cidade de Galle. Final da história: a moça acabou se casando com o carteiro.

✱ O Sri Lanka aparece como o país em que as mulheres mais sofrem agressões dentro de sua própria casa, junto com o Equador e a Tanzânia, segundo dados da ONU. Em seguida, vêm Japão e Costa Rica.

Suazilândia

Em Suazilândia, na África, ninguém usa minissaia na escola. É que o governo atribui a ela o aumento dos casos de aids entre os jovens. Em 1969, houve uma tentativa de banir o uso da minissaia em todo o país.

Suécia

A prostituição é uma atividade legal na Suécia. Ilegal é alguém contratar os serviços de uma prostituta.

Tailândia

✱ Kim Lee Chong, de 61 anos, foi condenado a 15 anos de cadeia por tentativa de manter relação sexual com um elefante. Na hora da prisão, Chong estava com as calças arriadas e se preparava para subir num caixote colocado atrás do animal. Ele alegou que o elefante seria a reencarnação de sua esposa, que morrera 28 anos antes.

✪ Pode parecer piada, mas aconteceu de verdade. A esposa de Prayoon Eklang, muito ciumenta, cortou o pênis do marido durante a noite, amarrou o órgão a um balão de gás e o soltou pela janela. Entre 1973 e 1980, o país registrou quase cem casos de maridos mutilados, acusados de adultério pela esposa. Uma delas chegou a misturar o pênis decepado do marido com a comida dos porcos...

✪ Sair de casa sem cueca ou calcinha por baixo da roupa é proibido.

✪ Um travesti chamado Parinya Kiatbusava venceu o campeonato tailandês de boxe no início de 2000. Usando calções rosa-choque e presilhas no cabelo, ele derrotou todos os desafiantes. Parinya prometeu usar o dinheiro do prêmio para fazer uma operação de mudança de sexo e se transformar numa mulher de verdade.

Taiti

Um grupo religioso chamado Arioi tinha uma maneira toda especial de venerar a deusa da fertilidade. As mulheres nadavam nuas até os barcos e ofereciam-se sexualmente aos navegantes.

Togo

É proibido praticar o sexo anal. Quem desobedece corre o risco de ter a mão cortada.

Tonga

✪ Houve época em que uma das obrigações do rei de Tonga era tirar a virgindade de todas as moças da ilha. Aos oitenta anos, ele ainda cumpria seus deveres várias vezes por semana.

✪ Na década de 1950, os habitantes de Tonga se surpreenderam com a cena de um casal de europeus se beijando. Todos riram e um comentou: "Eles comem a saliva e a sujeira um do outro".

Turquia

✪ O sultão Suleimã (1494-1566) era adorado por seu povo e mantinha um harém com nada menos que setecentas concubinas. Não era à toa, portanto, que ficou conhecido como Suleimã, o Magnífico.

✪ Mehmet Esirgen, de 52 anos, tinha problemas de impotência. Resolveu fazer um transplante de pênis, usando um bem-dotado burro como doador. Por quatro vezes, ele castrou um animal, mas em nenhuma delas conseguiu encontrar um médico disposto a fazer a operação.

Uganda

A tribo caramoja, que habita o Nordeste de Uganda, amarra um peso na ponta do pênis para alongá-lo. Às vezes, o membro fica tão espichado (alguns chegam à altura do joelho) que o dono precisa enrolá-lo para cima.

Vaticano

✪ Os meninos do coro do Vaticano eram castrados para cantar com voz de soprano. Essa prática só foi interrompida em 1890.

✪ Em 1996, o papa João Paulo II lançou sua autobiografia, *Dom e mistério*, escrita originalmente em polonês. João Paulo II sugere que, mesmo na adolescência, nunca teve relações amorosas. "Na escola, conheci moças e rapazes porque integrava o grupo de teatro. Mas, nessa época, estava mesmo apaixonado pela literatura, sobretudo pela literatura dramática."

Venezuela

Uma pesquisa realizada pelo Instituto Roper Starch Worldwide apontou os países em que as pessoas vivem mais felizes sexualmente. O primeiro lugar ficou com a Venezuela, com 46% de respostas positivas dos entrevistados. Em seguida, vieram Brasil (32%), Estados Unidos (27%), México e Índia (26%), Austrália e França (25%), Inglaterra (23%), Nigéria (22%) e Dinamarca (21%).

Vietnã

No Vietnã costuma-se tomar um afrodisíaco para lá de exótico: licor com uma cobra naja em conserva. O tal licor não é a única opção de afrodisíaco dos vietnamitas. Eles também recorrem aos poderes de cavalos-marinhos secos e iguanas.

Zâmbia

✪ Um povo chamado Ila tem alguns hábitos que merecem ser mencionados. A noiva deve raspar todos os pelos pubianos e também o queixo do marido depois de consumado o casamento. Os homens devem evitar relações sexuais antes de uma expedição de caça. As mulheres que mais fazem sucesso são aquelas com umbigo grande e saltado.

✪ Em Ilia, não se pratica sexo oral. Além disso, os homens adultos não têm relações homossexuais porque acreditam que podem engravidar.

Zimbábue

Em março de 1995, Israel Zihanga foi condenado a nove meses de prisão por manter frequentes relações sexuais com uma vaca. Em sua defesa, Zihanga alegou que tomou a decisão de se relacionar com o animal porque tinha medo de que alguma mulher o contaminasse com o vírus da aids.

LEIS MALUCAS

✺ Os muçulmanos não podem olhar os genitais de um cadáver. Os funcionários de funerárias também estão proibidos. Por isso, os órgãos sexuais do morto devem ser cobertos por um tijolo ou por um pedaço de madeira.

✺ Os moradores do distrito conhecido como Joaquim do Boche, no Mato Grosso, denunciaram o estupro de uma bezerra à polícia. Segundo o boletim de ocorrência registrado em julho de 2001, o animal, de propriedade do agricultor Antônio Sérgio, estava sendo vítima de constantes abusos sexuais. O estuprador era um jovem que tem o apelido de "Calango" e trabalha na zona rural da cidade.

BRASIL

O amor entre os índios

✺ O casamento entre índios tem diversas regras, que variam de tribo para tribo. A poligamia é permitida em algumas tribos, como a xavante e a tenethara. Os timbiras prezam a monogamia, enquanto os nhambiquaras só permitem a poligamia entre os chefes.

✺ Ao se casar, o homem xavante deve morar na casa dos sogros. Casa-se com uma ou mais mulheres da mesma casa.

✺ Na tribo tucuna, o homem que deseja se casar procura um outro, que também tenha uma irmã. Pede para casar com a irmã dele e lhe oferece ao mesmo tempo sua irmã solteira.

✺ Entre as etnias tupi, suruí e asurini, é permitido e frequente o casamento de um homem com a filha de sua irmã.

✪ Os casais indígenas não andam de mãos dadas, nem abraçados, nem se beijam. O afeto é demonstrado de outras maneiras. Vamos tomar como exemplo os índios krahós. A mulher pinta o corpo do marido de urucum e carvão, cata-lhe os piolhos do cabelo, tira-lhe os cílios e as sobrancelhas. Ao cair da tarde, o casal põe uma esteira no chão, fora da casa, e fica sentado nela, fumando ou conversando. Quando um dos dois adoece, o outro não sai de casa.

✪ O chefe nhambiquara goza do privilégio de ter várias esposas. A primeira cuida do filho e das tarefas domésticas. As outras mulheres, mais jovens, acompanham o marido durante o trabalho.

✪ Na tribo dos tucanos, as meninas perdem a virgindade de um modo bastante peculiar: um velho impotente introduz o dedo em sua vagina e faz a defloração. Já os meninos iniciam sua vida sexual com a própria mãe, na presença do pai. As mulheres grávidas devem evitar novas relações sexuais. Se transarem, os índios acreditam que o número de fetos pode crescer até o ponto de a barriga explodir.

O sexo no período colonial

✪ No século XVI, os portugueses diziam que índias e negras eram mulheres sem honra e, por isso, passíveis de fornicação sem culpa.

✪ Na mesma época, uma mulher chamada Maria Grega, mameluca casada com o alfaiate Pero Dominguez, delatou o marido por possuí-la sexualmente apenas pelo "vaso traseiro". Sodomia era um crime gravíssimo. Sua pena podia ser a morte na fogueira.

✪ Não havia bordéis no Brasil colonial. O sexo pago era praticado nas chamadas "casas de alcouce", vendas ou tabernas cujos donos faziam as vezes de alcoviteiros ou rufiões. Algumas mulheres atendiam em sua própria casa ou até mesmo dentro das senzalas.

✲ Em 1732, algumas igrejas proibiram a entrada de "pessoas casadas cujos consortes estiverem ausentes". A razão era muito simples: homens e mulheres usavam as igrejas para namoricos e encontros extraconjugais.

> **NA PRIMEIRA METADE DO SÉCULO XVIII, HAVIA DOIS TIPOS DE PAQUERA:**
> **1. Namoro de bufarinheiro**
> Os homens davam piscadinhas de olhos para as mulheres que permaneciam à janela, em dias de procissão religiosa.
> **2. Namoro de escarrinho**
> O homem interessado ficava perto da janela da moça, sem dizer nada. Apenas fungava, como se estivesse resfriado. Se quisesse corresponder à paquera, a moça tossia, assoava o nariz ou dava uma cuspida na rua.

Divórcio

✲ A lei que instituiu o divórcio no Brasil foi aprovada em 1977. O senador Nelson Carneiro lutava por isso desde 1951, mas sempre enfrentou a forte oposição da Igreja e de políticos conservadores.

✲ O adultério é crime no Brasil (artigo 240 do Código Penal). Qualquer relação sexual fora do casamento pode ser punida com prisão de 15 dias a 6 meses. A ação penal só pode ser movida pelo cônjuge ofendido, no máximo um mês após o conhecimento do fato.

Casa, separa

Um casamento católico pode ser anulado nas seguintes situações:
• não houve consumação;
• um dos cônjuges, ou os dois, era "imaturo";
• fatores externos, como gravidez, forçaram o casamento;
• há desrespeito pelas "obrigações conjugais", como fidelidade;
• um dos cônjuges muda de atitude (violência, problemas sexuais) depois do casamento;
• falta "vocação para o matrimônio". Um dos cônjuges, por exemplo, não deseja ter filhos.

Os pedidos de anulação são julgados por um Tribunal Eclesiástico. A pessoa presta depoimento a um juiz auditor e precisa responder às perguntas mais íntimas sobre sua vida conjugal. Dependendo do motivo, o interessado deve ser examinado por um médico ou um psiquiatra. A outra parte tem dez dias para se pronunciar.

> Quem trai mais: o homem ou a mulher?
> A origem da palavra "adultério" é machista:
> ela vem do latim *ad alterium thorum*,
> que significa "com a tora do outro".

POLIGLOTA EM CANTADAS

Fazer amor	
Inglês	To make love
Russo	Jebatsa
Italiano	Fare l'amore
Japonês	Sekkusu-suru
Espanhol	Follar
Francês	Faire l'amour
Alemão	Bumsen

Tirar a roupa

Inglês	*Undress*
Russo	*Rasdewatj*
Italiano	*Spogliarsi*
Japonês	*Nu-gu*
Espanhol	*Desnudarse*
Francês	*Deshabiller*
Alemão	*Ausziehen*

Dar uma rapidinha

Inglês	*Quickie*
Russo	*Bistrij wfjow*
Italiano	*Sveltina*
Japonês	*Chon-no-ma*
Espanhol	*Pegar un kiki*
Francês	*Vite fait bien fait*
Alemão	*Quickie*

Quarto para casal

Inglês	*Double room*
Russo	*Dwoikomnatij kwartir*
Italiano	*Câmera doppia*
Japonês	*Dabururuumu*
Espanhol	*Habitación doble*
Francês	*Chambre à deux lits*
Alemão	*Doppelzimmer*

Sexo oral (no homem)

Inglês	*Blow job*
Russo	*W rtu jobannji*
Italiano	*Pompino*
Japonês	*Ferachiuo*
Espanhol	*Chupamela*
Francês	*Tailler une pipe*
Alemão	*Fellatio*

Sexo oral (na mulher)

Inglês	*Cunnilingus*
Russo	*Pisdu lifatj*
Italiano	*Leccare*
Japonês	*Kunniringusu*
Espanhol	*Chupar el coño*
Francês	*Cunnilingus*
Alemão	*Cunnilingus*

69

Inglês	*Sixtynine*
Russo	*Schesdesjatdjweit*
Italiano	*Sessantanove*
Japonês	*Shikkusu-nein*
Espanhol	*Sesenta y nueve*
Francês	*Soixant-neuf*
Alemão	*Neunundsechzig*

Por trás

Inglês	*From behind*
Russo	*W Schopu*
Italiano	*Da dietro*
Japonês	*Ushiro-kata*
Espanhol	*Por detrás*
Francês	*Par derriére*
Alemão	*Von hinten*

Orgasmo

Inglês	*Orgasm*
Russo	*Orgasm*
Italiano	*Orgasmo*
Japonês	*Orugasumusu*
Espanhol	*Orgasmo*
Francês	*Orgasme*
Alemão	*Orgasmus*

Sexo no mundo... da Lua

A Nasa está estudando alternativas para se fazer sexo em ambientes com gravidade zero. Os corpos costumam flutuar, gerando mais dificuldade para se manterem unidos do que para a penetração. O uso de um cinto elástico foi uma das soluções imaginadas, mas as posições do casal durante o ato ficariam bastante restritas. Uma segunda alternativa está sendo testada. É um colchão cilíndrico flutuante onde o casal pode mover-se e transar em diferentes posições.

DÁ-LHE, SENHOR GORSKY!
Neil Armstrong, o primeiro homem a pisar na Lua, mandou uma mensagem enigmática do espaço em 1969: "Boa sorte, senhor Gorsky!". Ninguém entendeu. Segundo uma versão que passou a ser divulgada pela internet em 1995, o senhor Gorsky era vizinho de Armstrong na infância. Armstrong resolveu revelar o segredo quando soube de seu falecimento. A história era a seguinte: certo dia, ele entrou no jardim dos Gorsky para buscar uma bola de beisebol. Ao chegar perto da janela, teria ouvido a senhora Gorsky dizer: "Você quer sexo oral? Isso só vai acontecer quando o garoto da casa ao lado andar na Lua!".

"Nunca faça sexo com alguém
que tenha mais problemas que você."
Sharon Stone, atriz

"O cérebro é o principal órgão sexual.
É o que nos libera para sentir todo o resto."
Babi, apresentadora de TV

"Não dá para ser *sexy* 24 horas por dia."
Humberto Martins, ator

"No primeiro encontro é sempre assim:
a mulher não pode fumar, beber, falar alto
nem gritar com o garçom para não causar má impressão."
Marisa Orth, atriz

"Aqui no Brasil, tenho de viver desmentindo: não dormi com
prostituta, não sonego imposto, não prejudico ninguém."
Ronaldo, jogador de futebol

"As mulheres devem vestir-se de forma
decente para não encorajar a violência."
Juan Sandoval Iniguez, bispo de Guadalajara
(vinculando o estupro ao uso de roupas provocantes)

⏭

REFERÊNCIAS BIBLIOGRÁFICAS

- ABELSON, Edward. *A vida sexual e afetiva dos gênios*. São Paulo: Rosa dos Tempos, 1989.
- AZEVEDO, Wilma. *Sadomasoquismo sem medo*. São Paulo: Iglu, 1998.
- BANTMAN, Béatrice. *Breve história do sexo*. Lisboa: Terramar, 1997.
- BILAC, Elisabete Dória e ROCHA, Maria Isabel Baltar da (org.). *Saúde reprodutiva na América Latina e no Caribe – temas e problemas*. São Paulo: Editora 34, 1998.
- BOECHAT FILHO, Carlos e CASTRO, Heloísa. *Falando de sexo com amor*. Petrópolis: Vozes, 1999.
- BRENOT, Philippe. *Elogio da masturbação*. Rio de Janeiro: Rosa dos Tempos, 1997.
- CALVOCORESSI, Peter. *Quem é quem na Bíblia*. Rio de Janeiro: José Olympio, 1987.
- CAMPHAUSEN, Rufus C. *The encyclopedia of sacred sexuality*. Rochester: Inner Traditions International, 1999.
- CHICHESTER, Brian e ROBINSON, Kenton. *Segredos do sexo*. São Paulo: Nobel, 1999.
- CHIPKEVITCH, Eugênio. *Puberdade & adolescência: aspectos biológicos, clínicos e psicossociais*. São Paulo: Roca, 1995.
- COHEN, Joseph. *The penis book*. Colônia: Könemann, 1999.
- COMFORT, Alex. *Os prazeres do sexo*. São Paulo: Nova Cultural, 1987.
- COSTA, Moacir. *A pílula do prazer*. São Paulo: Gente, 1999.
- _____. *Cem dúvidas sobre sexo que você gostaria de resolver*. São Paulo: Gente, 1993.
- CUATRECASAS, Alfonso. *Erotismo no Império Romano*. São Paulo: Rosa dos Tempos, 1993.
- DOBLINSKI, Suzana. *Como se comportar mundo afora*. São Paulo: Mandarim, 1997.
- FAÚNDES, Aníbal e PETTA, Carlos Alberto. *Métodos anticoncepcionais*. São Paulo: Contexto, 1998.
- GATES, Katharine. *Deviant desires – incredibly strange sex*. Nova York: Juno Books, 2000.
- GEILING, Katia. *Essa tal primeira vez*. São Paulo: Moderna, 1995.
- GLINA, Sidney. *(Im)Potência sexual*. São Paulo: Contexto, 1998.
- GOLDENSON, Robert M. e ANDERSON, Kenneth N. Adaptação de Lídia Rosenberg Aratangy. *Dicionário do sexo*. São Paulo: Ática, 1989.
- GORDON, Richard. *A assustadora história do sexo*. Rio de Janeiro: Ediouro, 1997.

- GORDON, Smith e MIKE, David. *Fatos estranhos mas verdadeiros sobre sexo*. Rio de Janeiro: Ediouro, 1989.
- GRAVELLE, Karen. *Não se incomode – tudo o que você não quer perguntar sobre menstruação (mas precisa saber)*. São Paulo: Cia. das Letras, 2000.
- _____. *O que está acontecendo aí embaixo? Respostas às perguntas que os meninos acham difícil fazer*. São Paulo: Cia. das Letras, 2000.
- GUARACY, Thales. *A sabedoria da Bíblia*. São Paulo: Mandarim, 1999.
- HAGEN, Philip T. *Guide of self care*. Rochester: Mayo Foundation for Medical Education and Research, 1997.
- KOHUT, John J. e SWEET, Roland. *Real sex*. Nova York: Penguim Putnam, 2000.
- LEONEL, Carla. *Medicina – mitos e verdades*. São Paulo: CIP, 1998.
- LOCKER, Sari. *The complete idiot's guide to amazing sex*. Nova York: Alpha Books, 1999.
- LOVE, Brenda. *Enciclopédia de práticas sexuais*. Rio de Janeiro: Gryphus, 1997.
- MADARAS, Linda e SAAVEDRA, Dane. *The what's happening to my body; book for boys*. Nova York: Newmarket Press, 1988.
- _____. *The what's happening to my body; book for girls*. Nova York: Newmarket, 1988.
- MARQUES, José Antônio e DUARTE, Maria de Fátima. *Gravidez – mitos e verdades*. São Paulo: Contexto, 1997.
- MONTGOMERY, Malcolm. *Mulher – o negro do mundo*. São Paulo: Gente, 1997.
- NOVAES, Carlos Eduardo e LOBO, César. *Sexo para principiantes*. São Paulo: Ática, 1996.
- PALEY, Maggie. *The book of the penis*. Nova York: Grove, 1999.
- PANATI, Charles. *Sexy origins and intimate things*. Nova York: Penguin Books, 1998.
- PASTEUR, Claude. *Dois mil anos de segredos de alcova – de Nero a Hitler*. São Paulo: Rosa dos Tempos, 1997.
- PENTEADO, Nelma. *Fantasias sexuais*. São Paulo: Mandarim, 1999.
- PICAZIO, Cláudio. *Diferentes desejos – adolescentes homo, bi e heterossexuais*. São Paulo: GLS, 1998.
- PUHLMANN, Fabiano. *A revolução sexual sobre rodas – conquistando o afeto e a autonomia*. São Paulo: Nome da Rosa, 2000.
- RAMSEY, Gerald. *Transexuais – perguntas e respostas*. São Paulo: GLS, 1996.
- RODRIGUES JÚNIOR, Oswaldo Martins. *Objetos do desejo – das variações sexuais, perversões e desvios*. São Paulo: Iglu, 1991.

- SAYÃO, Rosely. *Sexo é sexo*. São Paulo: Cia. das Letras, 1997.
- _____. *Sexo; prazer em conhecê-lo*. 3. ed. Porto Alegre: Artes e Ofícios, 1997.
- SIMONS, Geoff. *The book of sexual records*. Londres: Virgin, 1998.
- SPITZ, Christian. *Questions d'adolescents*. Paris: Odile Jacob, 1994.
- SOUZA, José Bento de. *Saúde da mulher*. São Paulo: DBA, 1999.
- SOUZA, Maria Nadege de. *O que é afinal o orgasmo feminino – teorias e mitos*. Rio de Janeiro: Rosa dos Tempos, 1998.
- TAORMINO, Tristan. *The ultimate guide to anal sex for women*. São Francisco: Cleis, 1998.
- TATE, Phil. *Understanding the human body*. St. Louis: Mosby, 1994.
- UMAR IBN MUHAMMAD, Al-Nafzawi. *O jardim das delícias*. Rio de Janeiro: Ediouro, 1995.
- UNAIDS. *Report on the Global HIV/AIDS Epidemic*. Genebra, 2000.
- WALLACE, Irving et al. *A vida sexual de gente famosa*. Rio de Janeiro: Record, 1981.
- ZELDIN, Theodore. *Uma história íntima da humanidade*. Rio de Janeiro: Record, 1994.

Revistas
Atrevida, Big Man Internacional, Capricho, Caras, Claudia, Contigo!, Elle, Emoção e Inteligência, Época, Exame Vip, Galileu, IstoÉ, IstoÉ Gente, Made in Japan, Nova, Playboy, Saúde, Set, Sexy, Superinteressante, Veja, Veja São Paulo, Viagem & Turismo.

Jornais
Correio Braziliense, Diário Popular, Folha de S. Paulo, Jornal da Tarde, Jornal do Brasil, O Estado de Minas, O Dia, O Estado de S. Paulo, O Globo.

Sites
www.inutil.com.br/inusexuais/curiosid.htm
www.dumblaws.com
www.useless-sex.com

A abertura do capítulo *Gente* foi escrita ao som de *Let's do it*, de Cole Porter, numa versão de Carlos Rennó (CD "Canções Versões"/2000).

RESPOSTAS DOS TESTES

O corpo do homem: p. 27, C
O corpo da mulher: p. 53, B
História: p. 80, B
Beijos & prazer: p. 160, A
Pepinos: p. 217, 1C, 2A, 3D
Todas as formas de amor: p. 223, C; p. 227, B
Fetiches e outras fantasias: p. 252, A; p. 263, C; p. 266, C.

AGRADECIMENTOS

Alexandre Saadeh, Ana Maria Almeida, Andrea Bouer, Daniela Castelotti, Fernanda Wendel, José Roberto Miney, Leonardo Medeiros, Lilian Akemi Ota, Maísa Zakzuk, Maria José Arrojo, Milton Goldfarb, Ricardo Baccarelli Carvalho, Sergio Miguez, Sônia Regina Marques, Vera Colonelli e Wânia Cristina Almeida Oliveira.

CRÉDITO DAS ILUSTRAÇÕES

Jefferson Costa (www.jeffersoncostablog.blogspot.com)
Páginas: 13, 16, 28, 38, 46, 64, 74, 80, 85, 92, 99, 108, 128, 142, 160, 166, 171, 177, 183, 191, 198, 203, 229, 235, 245, 247, 250, 276, 282, 287, 296, 301, 311, 313, 322, 333, 348, 357, 362, 372.

Moa (www.moadesenhos.com.br)
Páginas: 10, 18, 24, 34, 43, 47, 48, 59, 60, 65, 67, 82, 87, 90, 95, 105, 120, 138, 140, 154, 164, 173, 178, 182, 184, 189, 194, 202, 218, 224, 233, 238, 244, 256, 264, 278, 284, 289, 292, 306, 315, 329, 334, 342, 352, 356, 363, 368, 371.

Stefan
Páginas: 14, 19, 24, 41, 63, 72, 83, 88, 91, 94, 98, 101, 121, 130, 145, 152, 165, 168, 174, 181, 185, 200, 213, 222, 228, 243, 246, 261, 280, 286, 288, 298, 303, 312, 317, 330, 347, 354, 361, 365, 370.

OBRAS DE MARCELO DUARTE

Coleção O guia dos curiosos
O guia das curiosas (Panda Books)
O guia dos curiosos (Panda Books)
O guia dos curiosos – Brasil (Panda Books)
O guia dos curiosos – Esportes (Panda Books)
O guia dos curiosos – Invenções (Panda Books)
O guia dos curiosos – Jogos Olímpicos (Panda Books)
O guia dos curiosos – Língua Portuguesa (Panda Books)

Livros de referência
Os endereços curiosos de São Paulo (Panda Books)
Almanaque das bandeiras (Moderna)
A origem de datas e festas (Panda Books)

Infantojuvenis
A arca dos bichos (Panda Books)
A mulher que falava para-choquês (Panda Books)
Deu a louca no tempo (Ática)
Jogo sujo (Ática)
Meu outro eu (Ática)
O dia em que me tornei corintiano (Panda Books)
O guia dos curiosinhos – Super-heróis (Panda Books)
O ladrão de sorrisos (Ática)
O livro dos segundos socorros (Panda Books)
Ouviram do Ipiranga (Panda Books)
Tem lagartixa no computador (Ática)

OBRAS DE JAIRO BOUER

Coleção Bate-papo com Jairo Bouer
Álcool, cigarro e drogas (Panda Books)
O corpo das garotas (Panda Books)
O corpo dos garotos (Panda Books)
Primeira vez (Panda Books)

Coleção Quero entender
Tudo sobre álcool, cigarro e drogas (Melhoramentos)
Tudo sobre sexualidade (Melhoramentos)

Infantojuvenis
Sexo & cia. – as dúvidas mais comuns (e as mais estranhas) que rolam na adolescência (Publifolha)
Tipo assim: adolescente (Papirus)

PARA ENTRAR EM CONTATO COM OS AUTORES:
Rua Henrique Schaumann, 286, cj. 41 – Cerqueira César
CEP: 05413-010 – São Paulo, SP
Tel./Fax: (11) 3088-8444
e-mail: mduarte@pandabooks.com.br
         jbouer@uol.com.br

Visite o site da Panda Books: www.pandabooks.com.br

Confira curiosidades novas todos os dias no site
www.guiadoscuriosos.com.br